张宇宏 樊希安 著

公木评传

（修订版）

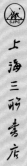

上海三联书店

公木先生

1988 年 7 月 25 日，中央军委将《中国人民解放军进行曲》
正式颁定为《中国人民解放军军歌》，公木为词作者。

目　　录

一座艺术的雕像
——《公木评传》(修订版)序

吴开晋

战士、诗人、学者公木(张松如)先生离开我们已十多年了,他的歌词、诗作仍在广播、屏幕系统中流传,他的诗论和其他学术著作仍在人们的书桌、案头倾诉着老学者的心声。人们不会忘记他对歌词创作和新诗发展的贡献;更不会忽略他的诗学思想和理论著述在诗界和整个哲学、人文科学界所产生的影响。为此,许多评论家、学者撰写了一系列研究他的诗歌创作和学术著作的文章。其中,20世纪90年代初由中年学者张宇宏和樊希安所著的《公木评传》,当是系统研究、评价公木先生一生创作道路和学术贡献的力作,出版后曾产生广泛的影响,并受到普遍好评。但是,此书出版时间较早,90年代中、后期又是公木先生异常活跃的时期,此间,他又出版了著名的《第三自然界概说》并发表了《人类万岁》等许多重要的诗作,此外,还主持编写了《中国诗歌史论》等国家重点社科项目,这些内容不应该被省略。根据师友的殷切期望,先师弟子的迫切要求和出版社的积极支持,原书作者决定对《公木评传》进行修订出版。这是诗界乃至学术界的一件大好事。

摆在人们面前的,就是经过作者丰富补充、认真修订的新版《公木评传》。

写评传是不容易的,不但要写出评传主人公的生平和创作历程,而且要对其一生的主要成就做出科学的、中肯的评价,不溢美,亦不疏漏或评价不到位。在结构上尤要注重丰富的包容性和简洁性并举,语言上也要生动活泼有文采,防止八股气。评传的两位作者在这几方面都付出了艰辛的劳动,因而取得了可喜的成绩,我认为,他们是在用艺术之刀笔为公木先生做雕像。具体说,本书有以下突出的特点:

首先是对原始材料的详尽占有,又捕捉到许多生动的生活画面,既叙述了公木先生多彩的一生,又突现了他独特的生活风貌和艺术个性。比如对公木先生青少年时代孜孜求学和向往革命的叙述,有许多鲜为人知的材料和详尽的记叙。其中写青年公木1932年以"左联"学生代表的名义和几位同学专程望回北平探未的鲁迅先生,事后又写成了《鲁迅先生访问记》一文,就给人印象颇深,材料的挖掘也不易。而到了延安"抗大"以后,公木先生与作曲家郑律成合作写成《八路军大合唱》的过程及在抗日军民中的影响,叙述尤显生动具体。著名诗篇《哈喽,胡子》以何人为原形从而塑造了一位正直的革命知识分子形象,也给人印象颇深。这首诗不仅仅歌颂了向往革命甘愿为抗日革命斗争献身的"胡子",而且批判了延安审干时在康生一伙插手下搞的"极左"的"抢救"运动,是公木先生较早地、大胆地描写了当时不正确的"党内斗争"，从中折射出诗人刚直不阿、一身正气的性格和气质。至于解放战争中，公木先生在新建的东北大学带领师生北迁，50年代父母被邻人的煤气熏死的惨剧，被打成"右派"的不公正折磨和"摘帽"后的重返讲台，特别是"四人帮"统治时期，老诗人写出《棘之歌》以明志，都是精彩动人的片段，使读者对公木先生有一个多侧面的立体的了解。

其次是对诗作的精当评析，使人对公木先生的诗作既有宏观的把握，又能有微观的欣赏和体味。特别是通过艺术比较进行实事求是的评价，尤为难得。公木先生一生创作了大量歌词和诗作，其中有自由体诗、民歌体，也有半格律体和古体诗，这些作品不但具有浓郁的时代气息，而且在艺术上又各有探索，如何把握其要旨，在叙述作者生活经历时又该如何在艺术上评析它们，是使读者了解公木先生创作成就的关键。本书作者对此把握得很有度数。比如对公木先生早期诗作《父与子》的评析，指出了这篇诗作不但塑造了反抗封建地主阶级压迫的父与子两代农民形象，而且大胆地与臧克家先生的《三代》一诗进行了比较，二者各有所长，但《三代》只是客观地写出了农民悲苦的命运，并未深刻地反映出那个时代农村的面貌。而《父与子》则通过儿子塑造了新型农民的形象，并较深刻地反映了经过大革命洗礼后农村面貌的变迁及一代农民的觉醒。这一评析是恰当的。又如对公木先生在"四人帮"淫威统治下的七十年代初写的《棘之歌》的评析，也颇费心思，写得深刻而有特点。这段评析，不但较详细地叙说了在那个独特年代老诗人的极度苦闷的心情和未泯的崇高理想，而且着力评价了老诗人为展示自己不附炎趋势的高尚品格而采用了象征和隐喻等艺术手法，达到了一种"言近旨远"的艺术境界。作者的论述确实抓住了要旨。这篇诗作正因为有上述特点，才成为老诗人晚年优秀的代表作之一。至于新增加的对长诗《人类万岁》的分析和评价，本书作者指出《人类万岁》一诗揭示了人与自然和时空的关系，探讨了关于宇宙人生本体的重大课题，体现出积极向上的奋斗精神，诗中有古代大哲学家老子思想精华的折射，有辩证思维方法的闪光，既具有深邃的哲理性，又富有浪漫主义色彩，启悟人们掌握自然规律，发挥主观能动作用，为创造美好的未来不断努力。作者对《人类万岁》一诗的评析是细微、准确而到位的。

再次是对公木先生诗学理论的科学剖析，使人清晰地了解到公木先生在这一领域的突出贡献，这对推动新诗的发展有不小的作用。尤其是对"第三自然界"的论述，从哲学和美学角度又深化了公木先生的诗学理论。两位作者本是诗评家，对五四新诗理论的发展脉络了然于心，现在又把公木先生的诗学理论置入这一大的历史文化背景中加以研究，其切入点和论述过程自是符合新诗发展和公木先生诗学理论演化的实际情况的。公木先生在诗学建树上有许多独到之处，比如"新歌诗"与"新诵诗"，他在一篇文章中曾专门加以阐述，指出前者即"一切供伴乐歌唱的诗篇，包括民歌、歌词及所有按谱填词或先有词然后有谱的作品"，后者即

"一切供阅读朗诵的诗篇,包括自由体、格律体及所有摆脱了音乐性而纯属语言艺术的作品"。这是两种相辅相成的诗作,歌诗和诵诗的发展是有利于推进新诗大众化与现代化的重要环节。对此,本书作者不仅肯定了它的理论价值,而且总结了公木先生本人的创作实践,又验证了其现实应用的成绩,对诗学理论的建构有很大的启示性。再如公木先生对新诗现代化、民族化、大众化、多样化的艺术主张,曾在许多文章中论及,本书作者则概括提炼出实现这一主张的四条经验。"第一,所谓现代化、民族化、大众化、多样化,首先要以'五四'以来新诗歌为基础,继续前进"。"第二,所谓现代化、民族化、大众化、多样化,决不排斥拒绝,而是争取借鉴外国诗歌的先进经验"。"第三,所谓现代化、民族化、大众化、多样化,对民歌来说,必须熟练掌握,灵活运用"。"第四,所谓现代化、民族化、大众化、多样化,要'古为今用',推陈出新,这也就是对民族传统的批判继承与创造性地发现问题"。作者的概括梳理,使公木先生的诗学主张更易大家理解与把握。再就是对"第三自然界"深入细微地剖析,使公木先生这一理论大家的鲜明形象更突出了。

更为可喜的是修订版《公木评传》增加了"卓有建树的学术研究"专章,对公木先生在老子研究、中国古典诗歌研究、先秦寓言研究、第三自然界理论、毛泽东诗词研究等诸多方面取得的卓越的学术成就加以评说介绍,使读者进一步了解公木先生,不仅是享誉中外的著名诗人、诗歌理论家而且是国学根基深厚、在民族文化研究方面颇多建树的学者。他学养丰厚、思想深邃,在众多的学术领域里有开拓和创造,作出了突出贡献。评传对公木先生作为著名的教育家,在创建我党领导的东北大学以及数十年来教书育人、扶植青年诗人和青年学者方面的贡献,也有许多具体生动的评述。从而,把战士、诗人、学者三位一体的公木先生的形象,用艺术的笔法,立体地呈现于广大读者面前。因此,这部评传的价值便不言而喻了。

公木，我尊敬的诗兄
——《公木评传》(初版)代序

朱子奇

　　各位同志，公木同志——我的老战友、老诗友，我尊敬的诗兄！

　　首先，请允许我转达北京的一些同志对公木同志，对会议的祝贺！北京的许多同志知道吉林的同志们要举行公木创作学术活动五十五周年讨论会，又正逢他七十五寿辰，都非常高兴，认为是很有意义、很有必要的。在电话里，见面时，或在会场上，听说我要来，都恳切地要我转达他们对公木同志的衷心问候和祝贺！有的同志讲了很热情的话，我都记不全、转达不清了。他们对公木的作学问，做人，都表示敬佩，称赞，祝愿他健康、长寿，取得新的成就。这些同志中，有艾青、丁玲、臧克家、舒群、草明、贺敬之、唐达成、李瑛、严辰、柯岩、何洛、陈明、邓友梅、邹荻帆、张志民、杨子敏、金哲和王谷林、关木琴、陈喜儒等，这里面有的是战友、诗友，有的是晚辈、学生。还有一位是萧三同志的夫人叶华同志，她用俄文在电话中对我激动地讲了许多感谢和祝贺公木同志的话。还有一位是大家没想到的，就是前天晚上，我们几十名中国作家、诗人，欢迎苏联作家代表团时，一位大家熟悉的苏联著名诗人叶甫图申柯。我对他说："很抱歉，你明天的朗诵会我不能参加了，我早已应邀要到长春去。"他说："太遗憾了！"我说："我是去给我的老诗友祝寿，去参加他的创作学术讨论会。""是谁?"他问。我说："是公木，著名诗词家、学者，中国人民解放军军歌的词作者。""啊！中国军歌的词作者，一定请你代我转达对这位老诗人、老战士的问候、祝贺！"我说："很高兴，一定转达。"他还同我谈了对军歌重要性的认识。苏联作家代表团团长，我们熟悉的苏联国歌词作者之一的老诗人米哈尔科夫，他得过列宁奖金、国家奖金，并荣获了苏联社会主义劳动英雄称号。苏联国歌的谱，原来也是红军军歌。他还记得1949年我和萧三同志在莫斯科与他见过，他说，一生难忘的是，在那次盛会上，斯大林把他介绍给毛主席，说，这是我们的国歌歌词作者，是一位儿童特别欢迎的诗人。毛泽东同志幽默地说，你很像儿童，祝你永远像儿童。逗得大家笑起来。我旁边坐着李瑛同志，他是总政文化部的负责人。我对他说："在好多国家军歌是要得最高奖的。我们的解放军进行曲起了多大的作用啊！也应得到应有的奖励。"他说："你的建议好，还有国歌《义勇军进行曲》，应一起考虑发奖。"

同志们，我感到很荣幸，能应邀来我国东北、也是全国的文化教育的名城——长春，参加"公木创作学术讨论会"。今年，是公木同志从事文学、诗歌创作学术活动五十五周年和他诞辰七十五周年。召开这个会，对研究公木丰富的创作学术成就、贡献、影响,是十分适宜的。同时,对继承、发扬与他的创作学术紧密相关的我国新文学、新诗歌的传统,对繁荣当前的社会主义文学、诗歌事业,都很有益处。

公木同志是我们大家熟悉的一位老一代的人民诗人、人民学者、人民教育家。他在创作学术上所取得的多方面的成就,是我国文学、诗歌财富的一部分,应当给予应有的重视,应当得到认真的研究。从现在开始,同志们认真了。我特向积极筹备和举办这次讨论会的吉林文艺界、特别是吉林大学的同志们表示衷心的谢意! 预祝讨论会取得成功!

我也是来会上学习的。据说有十几篇专题发言,都作了充分准备。本来,我是抱着很大兴趣,等着听专家、研究者们精彩的发言,但遗憾的是,因临时的任务(中国作协要我赶去重庆参加有关郭老的创作学术讨论会)要先走,听不到了,失望了。我只得希望同志们把材料印出来,寄给我一份。我想,北京的不少同志也都很愿意得到的。

亲爱的公木同志,几十年来,你一直是我所尊敬的诗兄。我称你兄,决非客套,也不光指年龄,还指作诗,作学问,指修养、经验等等方面,你都是我的良师益友呵! 我是作为你的老诗弟,并代表我的老伴陆璀和一家人来向你祝寿贺喜的!

此刻,我看见你安详地、微笑着坐在我们中间,坐在我身旁,我感到兴奋,欣慰,鼓舞! 不由地就会记起1938年在延安那些难忘的热火朝天的岁月来。人老了,记忆就衰退了,昨天的事,今天就可能忘了。但是，同志们，奇怪的是，老人往往对过去老远的事，反而记得蛮牢的。我们都是1938年夏在抗日军政大学毕业的，于1939年10月，和你同在"抗大"政治部工作，一起生活学习，上山劳动，一起锻炼成长，写诗歌唱。你担任全校的时事政策教育工作，经常身背黄挎包，带着地图、讲稿，有时还拿根打狼棍，早出晚归，风雨无阻。你爬山过河，满头大汗，快步如飞。那股劲儿，给我们留下深刻的印象。你热心给学生干部宣传党的时事政策，讲解国际形势。你知识丰富，观点明确，语言生动，常引起听众的欢快笑声。你白天奔跑，晚上在寒冷的窗户都破了的窑洞里，在暗淡的一根灯芯的小油灯下，埋头写诗。有时，冷得发抖，就用一条旧毯子披在身上，用嘴哈着气，暖暖手，再写，再写。你与音乐家郑律成合作的《八路军大合唱》，就是这样完成的。我们住的窑洞相连。我们也曾同住过一个窑洞，睡过一条土炕。有时你把我叫起来，亲切地说："小朱！来唱个歌，唱进行曲，唱军歌！"我喜欢唱，就放声唱起来。窑洞外，大风沙呜呜吹打着，窑洞内阵阵热流滚动着……

　　这部大合唱，一经唱出后，就受到热烈欢迎，唱遍延安，唱遍陕甘宁边区和各抗日根据地。1941年我到延安大学去学俄语，在几千人的群众大会上，我指挥唱《八路军进行曲》。毛主席和党中央一些领导同志都在场。群众热烈呼喊："再来一个！再唱一个向前，向前，向前！""鲁艺"和"部艺"的合唱团正式演唱了《八路军大合唱》，共有六首之多。词曲雄壮优美，充满必胜信心。其中

《八路军进行曲》《八路军军歌》这两首,特别打动人,鼓舞士气。还有《快乐的八路军》《炮兵歌》《冲锋歌》《子夜岗兵颂》等,都各有特色。可是,现在都不会唱。建议你们长春合唱团演出一次完整的。我在延安听过几次全唱的,效果都是成功的。歌词健康通俗,艺术性、战斗性都强,也可单独发表。《八路军进行曲》,解放战争时期改为《中国人民解放军进行曲》,实际成了"军歌"。《八路军军歌》保留原名称。一个国家的军歌,其重要性仅次于国歌。这首军歌,在各个革命时期,起了颇为持久的、极为广泛的动员、鼓舞、教育的作用,成了一首我国全军全民喜听乐唱的不朽之歌。一个国家,不朽之歌是不多的。这首歌在国际上也产生了良好影响。据我所知,在苏联、捷克、罗马尼亚、日本等国就翻译介绍过。记不清谁说过这样一句话:"一首好的革命战歌,胜过一个兵团的威力。"公木同志写的"军歌""进行曲",称得上属于这样有威力的歌。千百万战士和亿万人民长久喜爱它,高唱它,唱着它冲锋陷阵,唱着它消灭敌人,唱着它克服困难争取胜利!这是人民对作者的最高评价、奖赏,也是一个作者的最高荣誉。

公木同志还创造性地提出"歌诗"的系统理论,并取得了丰富的创作经验。我记得他在延安时就写了一部很长的《新歌诗论》,萧三、周扬、艾思奇等同志都看过,都同意出版。后来又写了不少这方面的论著。可惜,延安大变动时,这些草稿失落了。公木同志为发展我国的有悠久历史传统的歌诗创作,作出了开拓性的贡献。"歌诗",我非常赞成提这两个字。什么是歌诗呢?昨天晚上我看了公木同志论歌诗的定义,我觉得这个定义还可以发挥。要提倡我们古老民族传统的能唱、能配音乐、能上口的这样的诗,这样的歌,这样的词,并加以发展、发挥。有一位年轻的诗词评论者写给我一封信,谈歌诗,里面有一段话值得重视和回味:"很遗憾的是,公木的歌诗,甚至包括那些极有影响的《中国人民解放军进行曲》《英雄赞歌》等诗篇,在有些人的眼里,似乎没有把它们看成是诗,一直排斥在文学史之外,这岂不是一种传统偏见?"

公木同志一直坚持提倡与认真实践他自己提出的诗歌的民族化、大众化、现代化、多样化的正确主张。我想起 1941 年至 1942 年,我们在延安中央军委直属政治部又愉快地在一起同事。他是我们文艺室的负责人。那时,他就大力宣传和实践诗歌走民族化、大众化的道路。难得的是,这是在延安文艺座谈会之前,就这样明确主张,这样刻苦实践。座谈会后,更是热情地穿上草鞋,戴上草帽,到农民中去生活、工作,收集丰富多彩的民歌。很快,发表了著名的《陕北民歌选》,这是一部重要的很有影响的关于民歌的书,诗人何其芳同志写了序,称赞公木所做的努力和贡献。

座谈会前,公木的诗创作所走的路子就是正确的。我以为,他的叙事诗《鸟枪的故事》《岢岚谣》等,就是其中突出的例子。其思想性与艺术性都是较高、较统一的。语言朴素、新颖。什么民歌不是诗呵,学习民歌不必要呵,这恐怕是一种偏见,或无知。古今中外,许许多多大诗人都是重视学习民歌的。甚至,以仿民歌,写出不朽之作的也有不少的。民歌,说的是新旧民歌。当然,仅仅学民歌是不够的,还要学古典诗、现代新诗、外国诗。公木的诗既具有浓厚的民歌风的朴素美和古典诗的音韵美,又有现代诗的色彩和外国诗的技巧。可以说,是在继承的基础上创新的,创造了具有中国特色的"公木诗风"。在延安,几次朗诵《鸟枪的故事》,我都参加听了,很受听众的欢迎,算得上是一部雅俗共赏的具有时代意义的杰作。

你别小瞧咱这杆鸟枪,

肉,它可算吃老鼻子啦!
在爷爷手里,
它还是吃飞肉跑肉的;
在爹爹手里,
它打死过披虎皮的走狗;
在我手里啊,
嘿,它已经开过洋荤啦,
它已经吃过东洋鬼子底肉啦!

这首诗,有教育意义,又有诗味儿,写得概括、形象,具有流畅性、明朗美。

在以后的年代里,公木又发表了不少力作。不久前,更系统地完整地提出了新诗"四化"的理论,即现代化、民族化、大众化、多样化,首先要以"五四"以来新诗歌为基础,继续前进;坚持和发扬革命现实主义的传统；借鉴外国诗歌的先进经验。而"五四"新诗歌便是以民歌和古典诗歌为基础，又接受了外来的进步影响而产生、而发展的。社会主义新诗歌的繁荣，不是取决于其他什么，而主要是取决于它同人民结合的深度和广度，取决于它在现代社会生活中所发挥的作用。也就是取决于它能否提出并回答广大群众所关心的问题，取决于能否为人民利益、为社会主义现代化建设服务，取决于它能否被锤炼为创造真善美，剪除假恶丑的锐利武器，它能否被使用作播扬时代精神和理想，亦即伟大共产主义精神与理想的响亮号角。这样，我们的新诗歌就能传达当代亿万人民的真实感情和心声，也就将吸引和激励英勇战士和杰出思想家运用新诗这一艺术武器，来打开人民群众智慧与创造的源泉，也为世界进步诗坛作出我们应有的贡献。公木刚刚出版的《诗论》和《中国诗歌史论》更加详细地、精辟地对此作了进一步论述。这是诗人半个多世纪写诗的结晶、总结，也可以说是对中国进步诗歌运动的一种概论吧。能不能这样说呢？还请同志们注意一下，我上面概括的那些公木的观点，是有一定针对性的。针对着国内外的某些关于诗歌片面的、错误的、甚至荒谬的观点而发的，对我国当前新诗的健康发展，我以为有重要的现实意义。

公木，我尊敬的诗兄哟！从延安时期起，你就一直热心扶植、耐心引导文学后辈、青年写诗人、评诗人，你真是他们的良师益友！真可谓"不惜变泥土，舍命润花根"的可敬的园丁！在延安就是这样。你到哪里，哪里就有一群文学青年、写诗的青年跟着你，围着你,从你那里受益。无论你主编《部队文艺》、筹办《诗刊》、组织《鹰社》、出街头墙报《蒺藜》、编辑《陕北民歌选》等等活动,都有许多文学诗歌后辈被你所吸引,如同香甜的蜜被群蜂围绕着。老诗人萧三满意地说:"公木是你们中一位成熟的老大哥呵!"后来的几十年,你做得更多更好了,你负责主持作家协会的"文学讲习所"的几年,培养了不少成名的作家、诗人。真是"浇汗培桃李,桃李满园新"。这方面,东北的同志,吉林大学的同志,比我了解得更多、更深。

我,就是你的一名诗弟。我成为一个爱好写诗的人,与你的鼓励、滋润是分不开的。1939 年冬,你在我的极为幼稚的手抄本的诗集封面上,写下几个大字:"战斗的歌,尽情地唱!"后来的年代,你又不断给我"浇水、上肥"。遗憾的是,我这棵小桃李,长得太慢了呵,太慢了呵! 公木同志还不止精神上帮助人,物质上也常常是自己刻苦,为别人考虑的多。旧窑洞自己先住,新军装别人先分。我想起那双厚厚的棉布鞋来。1939 年 10 月在山上秋收时,他看到我的脚被刺出血,就把他脚上那双在延安几乎见不到的自己家人给做得很厚的棉鞋,脱下来给我穿上了。我现在还记得那双新棉鞋多么暖和。那时我的脚正流血,穿着这双鞋,说不出话来。我忍着眼泪,看着他自己穿着草鞋。战友之情,火一样燃烧。我曾经写过一篇特写《我们胜利了》,想不到他们找我延安时的诗,还找出了这篇特写,发表在 1939 年 12 月的《新中华报》上。就是这个时候,写我们在山上劳动。身背黄挎包的老张来了(我们那时叫他老张)。"老张来了!"大家高兴地喊着,并将活停下来,听他给我们讲时事。他满头大汗,报告苏联红军出兵进入乌克兰西部罗夫城,城里的人民群众高呼:"乌啦!"出来欢迎红军。我们一天的劳动也胜利了,一片谷子都割完了,要收工回家了。每个人都坐在金黄色的谷堆上,听老张的报告,听完了就"我们胜利了! 我们胜利了!"地欢呼起来。好像我们中国八路军在荒山上劳动,与苏联红军在辽远的战场上的胜利联成了一片!于是我就写下《我们胜利了》,也写了老张。这篇特写,作为"抗大一日"的代表作,被选上参加陕甘宁边区报告特写优秀作品展览。

公木同志,我尊敬的诗兄呵,你说:"世界本来大,天地蓦然宽"。你还在延安,就心胸开阔,面向世界,展望未来。把山沟沟与地球相联,把中苏、东西方反法西斯战场接通。你那时就写了不少国际题材的诗作。可能有十几首之多吧! 这在当时的延安,是很突出的,在中国整个诗坛恐怕也不多吧? 如像你写的《刀纳太太》那样新颖别致又深含幽默感的诗,是颇有特色的。在延安文化沟时,你还从英文翻译了美国大诗人惠特曼的《我坐着去观望》等诗。我去年访美期间,向那里的同行们提到这件事情,使他们很惊讶、钦佩。他们没想到,在艰苦战争年代的荒山沟里,中国共产党的诗人竟会想起美国诗人来,翻译他的诗,在诗刊上发表。

后来几十年里,你写国际题材的诗也没有断。除了写日本的那些精美的韵律体诗和写罗马尼亚的游记诗之外,还写了不少关于匈牙利的政治抒情诗和叙事诗。特别是一首正面描写匈牙利事件的长诗,情绪激昂,含意深沉,诗境开阔。虽因形势变化未发表,但仍值得读,值得研究。因为它是历史的记录,是时代的诗声。

公木,我尊敬的诗兄哟!你对党的事业,对革命的理想,抱着坚定的信念,使我深受感动。你悼念一位战友说:"扪心无疚悔,瞑目无怨尤。襟怀未尝舒,信念未尝丢。"你自己半个多世纪的奋战,也同样是勤耕钻研,不管委屈、冤屈,不顾风风雨雨,总是守在党交给的、人民交给的岗位上,总是抱定一个老战士的责任感,来要求自己。你在延安就明确支持、宣传、实行"首先是共产党人,然后是诗人"的号召,后来提的是"首先是个战士,然后才是诗人"或"做诗人,要先做战士"。作为一个党员、革命战士,这是党性、自觉性的表现。只是不幸,过去这种提法被严重误解或歪曲了。但这和有的同志忘掉了这个,甚至反对提这个,是不同的,至于个别人敌视这样提,则完全是两回事。革命精神、党性,是不会"老",不会过时的。是的,要在艺术创作和学术研究中始终维护原则,坚定信念,又要在新形势下勇于开拓、探索、发展,跟生活、跟人民一同前进,特别是当种种思潮泛滥,风浪四起的关头,这样做是很不容易的,是要有很大勇气的,不是每个写诗人、评诗人能做到的,做得好的。公木的人品、诗品,都经历了各个时期的考验。无论在晴天,或在雨天,甚至在人为的狂风闪电的时刻,都显示了他的信念与艺术统一的威力之美。他的绝大部分作品,洋溢着饱满的政治热情。其主旋律是激越、奋进的。尽管有时产生

"绝望的遗弃与被遗弃底痛苦","在毁灭底悬崖上踟蹰",但仍以一个战士的胸怀唱出不屈的歌:"我以理性与意志合成的剪刀,把昨天底葛藤绞断。踏着现实的条石铺成的坚实大路,在伙伴底洪流里奔向明天。"

今天,时代又向有志者发出新的号召,每个真正的战士要把重担挑。诗人、作家,没有离休、退休,没有二线、三线。只要笔在手,就在岗位上,在第一线上。这是你经常跟我说到的。你哟,早已作出榜样!你的晚年既充实,又丰富。写了好多高质量的著作呵,其中,如近年好几首感时抒怀之作,表现了一位人民老诗人气度上那饱经沧桑却锋芒不减的雄风。真挚,遒劲,胸襟开阔。情感与思绪经历了岁月的沉淀,更纯熟了,更集中、更深化了!诗艺方面,格式的排比,用语的对称,断句的透彻,有声有色,铿锵有力!称得上具有当代中国气派和民族特色的"公木诗风"。用马列主义观点,用辩证唯物论和历史唯物论的眼光,用诗的文笔,完成了《老子校读》等力作。这部书已在国内外产生了广泛影响。在美国、日本的一些最高学府,研究中国、东方古代文明史、哲学史的学者们,已给予重视、称赞、引用。如不久前,邓小平同志接见的美籍华人教授陈鼓应先生就佩服你的《老子校读》写得深入浅出,特专程来访,要求同你合作研究老子。我还特别记得,你抱病撰写了《萧三评传》,对这位为党中央称为"我国无产阶级老一代革命家、杰出的国际诗人",也是你的老战友、老诗友萧三,给予了公正的、深刻的评述与估价,这也表现了你对同志、战友一贯具有的深情与品德。我不由地想起1952年在维也纳,我们给爱伦堡祝六十寿辰时他说的那句话来,他说:我会写出一些好的作品,甚至不朽的作品,我也可以去追求。为了孩子,为了和平,为了友情,我拿时间来奔走,参加各种国际活动,写发言稿,作报告。公木为萧三抱病写评传,为其他战友写诗文,特别是为众多青年晚辈付出了多少心血,又积极参加了各种文学的、社会的活动,如不这样,这些时间和精力,也可以用来创作,写不朽之作。

公木诗兄,老战友! 老牛一样的人! 我给你从北京牵来一头老雄牛的木雕。这木料不怕虫蛀,不畏霜打! 这牛来自古恒河、泰戈尔故乡。今年又是牛年。对于真正的战士和诗人来说,年年是牛年,月月是牛月,日日是牛日。不是吗?"甘为孺子牛"。而你就是一头永不知疲困的牛,一头不会衰老的老牛,默默向天国行走,不止步,不回头! 你吃的是草,苦涩的草,苦涩的草呵;挤的是奶,洁白的奶,香甜的奶呵,各种维他命都有的、营养丰富的奶呀,多少吨,多少吨……

让我们祝公木同志,健康长寿! 永葆艺术青春!

同志们,我们还要衷心感谢公木同志的老伴、老战友吴翔同志,没有她多年的辛勤劳动和相爱相助,公木同志的写作和他的健康是另外一种情形,让我们也祝吴翔同志健康长寿!

注:这是作者1985年10月在公木创作学术研讨会上的讲话,作为《公木评传》代序,又经本人修改。

第一章　滹沱河养育的儿子

滹沱河横卧在冀中平原上，年复一年、奔腾不息地向东流去。它历尽了人世的沧桑，灌溉着万顷良田，养育了一辈又一辈在它两岸生息、繁衍的炎黄子孙。中国人民解放军军歌词作者、著名的诗人、诗歌理论家、学者、教育家公木，就是滹沱河养育的优秀的冀中儿女中的一位。

童年和少年时代

公木，原名张永年，张崧甫，现名张松如，笔名公木、木农、龚棘木、章涛、席外恩、四名、魂玉等。1910 年农历 5 月 15 日出生于河北省束鹿县（现辛集市）北孟家庄一个农民家庭。束鹿地处石家庄以东，保定以南，而北孟家庄离滹沱河有三十里，位于束鹿、深泽、安平三县的交界处。这里的土地十分平坦，当夕阳西下之时，伫立高丘，凝目远眺，能看到太行山的影子。冀中平原上人口稠密，北孟家庄有一百户左右人家，在当时还属于小村庄。这个村子虽然名为"北孟家庄"，但是，由于屡经战乱，人们频繁迁居，孟姓在村中已绝迹，而成了张、王、李、赵等都有的杂姓村落。

村民们互敬、互助,村风很纯朴。当时村中有户姓张的人家,家境较为殷实,过着小康生活。公木就出生在这样一户农民家庭。

公木的祖父、伯祖都早逝。他的父亲存义是独生子,因此,盼望家庭人丁兴旺的曾祖父母,在存义十五岁时,就按当地风俗给他成了亲。那时讲门当户对,娶的是本村一个富裕人家的女儿李梅,她比存义大三岁。他们结婚后,公木的曾祖父母就朝思暮想盼望抱重孙子。公木的出生,遂了老人的心愿,因此,他们喜出望外,特意请乡亲们到家来喝喜酒。父亲给公木取名叫"顺通",希望儿子一生平安,不招灾惹祸。

公木的父亲性格乐观、和善。只读过两年私塾,不算是读书人,但他很关心天下大事,特别喜爱看地图。公木的母亲不识字,性格宽厚、耿直,很有主见,善于持家。公木的性格既受父亲的影响,也受母亲的影响。

公木幼时虽丛生活在偏僻闭塞的农村,但却受到了民间艺术的熏陶。村里每年打完场的农闲时节,几乎都请民间艺人来说书、唱戏。说书的内容大都是"三国""水浒""杨家将"之类。他熟悉这些故事并对古典文学发生兴趣,就是从那时开始的。

孩提时的公木对赶庙会很有兴趣。庙会很热闹,有说书的,也有唱戏的。有河北梆子、河南坠子、柳子调、秧歌戏等,这些通俗的民间戏曲,陶冶了他的艺术情趣,对他后来主张文艺大众化、民族化,创作民歌体新诗不无影响。

辛亥革命没有完成反帝反封建的任务,中国仍处在水深火热之中,连年的军阀混战,穷兵黩武,给人民带来了深重的灾难。公木的家乡,有时能听到远处传来的隆隆炮声。兵痞们在村子里窜来窜去,要吃要喝要盘缠,稍一怠慢就招来祸端。土匪横行,他们抢劫、绑票、火并,闹得鸡犬不宁,村民们整日惶惶不安。

天灾也给人们带来了苦难。旱灾、蝗灾和水灾,使农村愈加凋零,农民的生活贫困不堪。

生活虽然给公木幼小的心灵蒙上了阴影,但他的童年仍是快乐的。

公木生长在一个温暖的家庭里。一家四代同堂,上有曾祖父、曾祖母、伯祖母、父亲、母亲,下有弟弟、妹妹,是农村中的大家庭。全家是那样的和睦、融洽,父慈子爱,兄友弟恭。长辈是那样的和蔼可亲。公木后来说:"我的老人们都很单纯、憨厚,像冀中平原那样坦荡,纯朴。为了家庭的生计,他们经历了不少艰难。"

由于连年欠收,苛捐杂税增多,家中又接连添丁增口,原本还算富裕的家庭逐渐衰败,典出了一部分土地,还借了几百元的高利贷。这些给欢乐的家庭带来了忧愁。父母每年为还利息发愁。当时全家的生计主要靠母亲安排,因此,她的愁苦更大一些。公木在后来写的诗歌中,总是写妇女为负债而发愁,甚至哭瞎了眼睛,就是从他母亲的愁苦和眼泪中体验到的。

童年是在不知不觉中度过的。然而,世态的炎凉,家庭的每况愈下,使公木懂得了在生活中除了有幸福和欢乐外,还有愁苦和哀伤。

1918 年,公木的外祖父请来一位私塾先生教孩子们读书,八岁的公木也上了私塾。在私塾里,他念《三字经》《百家姓》,读《诗经》《孟子》等。《诗经》只开了个头,像念顺口溜,没有开讲;《孟子》也刚读到"孟子见梁惠王","五四"新时代之风就吹到了这里。于是,各地开始兴办学校。公木的外祖父和乡亲们集资,在私塾的基础上成立了村办初级小学。读了一年半私塾的公木,转入了初小就读。

在初级小学,公木感到很新鲜。不再读《诗经》《孟子》,而是学习新的课程。"汉语拼音"是新事物,他学会了注音,觉得比私塾里学的"五方元音"灵便多了。但是,初创的小学,地处偏僻的农村,请不来合适的教师。旧书不读,新的教材又没有,加上学校管理不善,在初小的两年半时间,他并没有学到多少东西。这段时间对他帮助最大的倒是校外的一位本家叔叔。这位叔叔叫张镜人,他读过唐诗宋词,会写旧体诗,能模仿唐宋传奇写小说。他喜欢公木,常给他讲诗词,讲唐宋传奇故事,培养了他对文学的兴趣。

1922 年春暖花开之时,公木升入深泽县河疃高级小学。河疃高级小学是"五四"之后兴办的一所新型正规学校。学校对学生要求很严格。学生一律住校学习,平时不休星期天,一年之中只放秋假、寒假。河疃小学进行的是义务教育。校长康凌烟先生是当地有名气的绅士,他受教育救国思想的影响,把祖传的一套房子捐出来办学校,自己任校长,请自己的学生曹怀珍任教师。

曹怀珍是清末最后一期的秀才,民国后入天津师范学校读书,掌握了不少科学文化知识,毕业后返回故里,从事新型的乡村教育工作。他和校长都不要报酬,白尽义务。学生入学也不交学费,只要背一些米面,解决自己的吃饭问题即可。背多少也没有规定,白面、小米、玉米面都可以。学生和老师在一起开伙。因为这个缘故,来校报名的学生较多。但由于校舍狭窄,只能招收学生60人。

在河疃高级小学,公木学到了不少知识。学校开的课程很系统,有语文、数学、英语、历史、地理、博物、音乐、绘画、体操等。除英语由河疃村的王先生教外,其余均由曹怀珍老师教。他忙不过来,就让他的长子曹贡生和侄子曹俊生来校助教。他们也不索报酬。人们当时称他们为老曹、大曹和小曹。"三曹"对公木影响很大。

曹怀珍当时50多岁,知识渊博,教书极为认真,教学方式灵活、实在。他自己编了一部书,叫《语学》,其实就是文法。当时除了马建忠的书,其他语法书都还没有问世。曹老师很有独创性,按自己的理解,把词分为名、代、动、状、助、介、声、尾、枢(枢指"然而""而且"等转折词)。他还把句子划分为基读、语读等。在反复讲解之后,他要求学生反复练习。他讲的文法给公木打下很深的烙印,终生都不忘记。曹怀珍老师确信"严师出高徒",不仅从严治学,就是在日常起居方面,也有极其严格的要求。严格的制度完全由他手中的教鞭来监督,谁偷懒不做练习、答题不对、考试成绩不好,或触犯了校规,就会受到教鞭的惩罚。他还有一把一尺多长的"戒尺",是打手板用的。

在河瞳高级小学,公木不仅初步奠定了知识的功底,而且受到了科学民主思想的影响。"三曹"中的小曹——曹俊升毕业于素有革命传统的保定育德中学,是经历了"五四"运动,积极宣传新思想的进步青年。他带着《独秀文存》《胡适文存》《白话文范》《白话书信》等来到学校,给学生讲解,并以此为范本让大家习作白话文。

在高小读书期间,家里为公木包办了婚姻,当时他只有12岁。家里把他从学校叫回去,为他娶了媳妇之后,又把他送回学校。媳妇比他大6岁,人很好,由于年龄小,当时公木对这桩婚事没有表示反对。

1924年夏,公木提前半年高小毕业,以第一名的优异成绩考取了直隶(河北)正定省立第七中学。

青年时代

当时,整个河北总共才有十多所中学,农村孩子考上中学,可谓凤毛麟角,而像公木这样以优异成绩考中者更属罕见。他同时也考上了保定第六中学和育德中学。他原想到保定求学,但正定中学一再派人前来动员,因为他是以第一名的成绩被录取的,有些老师殷切期望他到那里就读。1924年夏天,14岁的公木跨进了正定第七中学,开始步入了人生新的历程。

正定县城坐落在滹沱河畔，处于京汉铁路线上，在石家庄北40里，交通方便。"五四"运动、京汉铁路大罢工都在这里产生影响，并有较强的回音。公木在这里学习4年，正当大革命时期，第七中学弥漫着一股革命空气。正定虽在北洋军阀统治下，直系、奉系、晋系轮番易手，冯玉祥国民军第三军也曾一度进驻。当时正处于国共两党第一次合作时期，第七中学有它们各自的组织。校长、训育主任和不少教员是国民党员。教员和学生中也有共产党员、共青团员。在学校范围内，政治思想是相当活跃的。1925年"五卅"惨案发生后，全国各大城市及几百个城镇的人民纷纷举行游行示威、罢工、罢课、罢市及通电、捐款等活动，形成全国规模的反帝怒潮。正定七中的师生罢课，并游行示威。公木也参加在同学们的行列之中，打着小旗，喊着"打倒帝国主义""打倒列强军阀"的口号，步行到石家庄去游行示威。后来，公木的上一届同学、共产党员高克谦被军阀杀害。学校举行了隆重的追悼会。高克谦是在石家庄被枪杀的，清朝末年新军将领吴禄祯也是在石家庄被军阀刺杀的。因此，训育主任胡韵笙送的一副挽联上写道："吴将军遭暗杀，高烈士又惨死，一地永埋双侠骨；太行山头明月，滹沱水上凄风，千秋凭吊两英魂。"这件事使公木受到很大震动，在他思想上打下很深的烙印。此时期，除了参加政治活动，公木还阅读进步书刊。那时学校图书馆里有《新青年》和共产党人办的《向导》等刊物。他经常借阅，懂得了什么是剥削，什么是压迫，现实为什么这样黑暗等道理，思考着中国的出路问题。当时，公本在政治上属于启蒙时期。虽然对现实有了一些认识,也有一定的政治热情,与共产党员、共青团员身份的同学很要好,但并没有参加共产党的要求,献身革命的思想尚未萌生。当时他的理想是毕业后要上大学,将来当一个大学问家。这种想法也是朦朦胧胧的。

正定省立第七中学是一所有着革命传统的学校,在社会上有很高的声誉。这个学校有 400 名学生,教师都是北京大学、北京师范大学、天津北洋大学等学校毕业的高材生。那时人们的价值观与现在的不同,大学毕业愿意当中学教师,而不屑做个县长,认为中学教师是第一等的职业。因此,中学教师很受人敬重。当时的中学是寥寥无几的。正定第七中学居于华北腹地,生活条件优越,因此这里聚集着一批名牌大学毕业的精英。该校又有着严格聘用制度,教师课教得不好,用不了半年就必定被解聘。这就促使教师必须保证教学质量,努力提高教学水平,形成一支高质量的教师队伍。讲授历史课的杨韫斋老师,讲授化学课的吴冶民老师,当时就有著作问世。学生们努力学习蔚成风气,公木更加勤奋刻苦。凡是老师布置的作业,无论是数学、物理,还是化学,他都认真完成,从不敷衍。自习时间,反复演练,力求做到学一科,懂一科。因此,每次考试,总是名列前茅。公木在这里的学习,为他后来的文学创作、学术研究打下了坚实的基础。

这个时期,公木在国文教师赵召德先生指导下,开始学习写诗填词。赵老师古典文学知识渊博,精通诗词格律。公木跟赵老师学会了押韵、对仗,还练习把小说译成诗,把诗译成小说;文言译成白话,白话译成文言。译好后,赵老师逐字逐句地修改。公木还在赵老师指导下熟读唐诗宋词,从唐诗宋词中吸吮到文学的营养,掌握了做旧体诗的技巧。但当时亦感到"作为精神食粮,唐诗宋词就不大解渴",因而同时阅读一些新诗。他喜爱郭沫若的《女神》、胡适的《尝试集》,以及冰心、刘半农、刘大白、蒋光慈等人的诗歌,这些诗给他以启迪。

入中学的第二年,亦即 15 岁那年,"缪斯女神前来叩击诗人的心扉",他开始热衷于写诗。不过很少发表。那时没有学报,老师把学生写的诗选一选用毛笔抄好,贴在会客室的墙上,让客人浏览,这在当时也算"发表"吧!公木这一时期写的诗歌绝大部分"发表"在会客室里,自然也没有流传下来。据他回忆,这些诗歌大部分是写学习的感受、体会,师生之间、同学之间的情谊,没有什么更丰富的内容,艺术技巧也不太成熟。此期间,他开始以魂玉的笔名向报刊投稿,少数作品偶然被《大公报》副刊和《晨报》副刊采用。17 岁那年(1928 年),念四年级时,他在《大公报》副刊《小公园》上发表了诗歌《脸儿红》,这是公木公开发表的第一首诗歌。署名魂玉。它写得较早,并保存下来了,实际上是他练习写的一首词。这首词是这样的:

小饮归来意朦胧,
徘徊夕阳残照中。

山青青，

草青青，

一片春色遥映落霞明。

花香暗自迎衫袖，

无语对东风。

蓦伤情：

那人儿何处去也？

秋千底下喜相逢。

无奈人前却装不相识，

低头过，

空把脸儿红。

这是公木写的一首词，实际上没有这个词牌，是模仿词写的。就这首词本身看，似乎是写恋情的，但是公木当时并没有恋爱，学校里都是男同学，反映的是很要好的男同学之间的感受。公木晚年在《我和〈脸儿红〉》一文中说："诗情是纪实，意中人是同级同学冠玉，纯粹是一种柏拉图式初恋心理的悸动；纯洁、羞涩、微妙，尽在'魂玉'这个署名中蕴涵着。这种感情，随着年龄的增长，被时代风雨漂洗，却永生烙印在脑际直到耄耋。不过被理性压抑着，偶然犹在梦里显现罢了。"由此可见，虽然是一篇习作，给诗人的印象还是很深的。

中学四年结束，公木在毕业考试中以总分第一名的成绩夺魁。就在他收拾行装,准备赴北京考大学时,父亲从百里开外的乡下赶到学校。这个冀中平原的农民,虽然才三十四五岁年纪,但由于岁月的煎熬,已经显出老态了。家里人相继辞世,名目繁多的苛捐杂税压得他喘不过气来。家境愈加破落了,又值旱年,夏收落空,秋收无望。供公木上中学,家里已是竭尽全力,再也没有力量供他上大学了。因此,决计要把儿子带回家去。

公木不愿伤父亲的心,同时也无计可施,别无他路,于是踏上归途,回到了自己的故乡。

确立了坚定的政治方向

时值盛夏,大地干旱,烈日把禾苗都烤焦了,天气异常燥热。公木在家乡停留一个多月,心情是苦闷的。此时他的愿望仍是求学,将来好当大学问家。然而,向理想进军的道路并不平坦。他亲眼看到,农村更加凋敝,农民啼饥号寒,处于水深火热之中。出路究竟在哪里?对个人的前途和国家的命运,公木忧心忡忡。1927年国共两党分裂,当时作为中学生的公木并没有多少感性认识。他盼望北伐军早日打过来,以为北伐军打过来,赶跑了旧军阀,就可以过好日子,可以安安稳稳地读书了,却不知道蒋介石这个刽子手已举起血淋淋的屠刀,向中国共产党和革命人民杀将过来。南方的军队是打过来了,但已不是他盼望的北伐军,而是国民党新军阀。此时,公木的家乡束鹿县已建立了国民党县党部。有的人在街上讲演:"同胞们,同胞们,快快加入国民党吧,有无限的好处藏在里边。"公木的同学、亲戚有的加入了国民党,他们也想拉他加入,动员说:"参加吧,现在国民党吃得开,填表可以填到 1926 年,党龄从 1926 年算起。"公木当时对国民党的本质并不十分清楚,但他对这一套十分反感,心里想:"这是什么玩艺?1927 年怎么能算 1926 年呢,这不是弄虚作假吗?"当他看到一些土豪劣绅也参加了国民党,就更加深了心中的疑虑,因而他陷入了苦闷之中。他再次向父亲提出进京求学的要求,父亲不同意,后来还是母亲说服了父亲,同意他进京求学,可又拿不出钱来。外祖父送来了一百块钱,资助公木求学。于是他辞别了父母,告别了故乡,奔向北京。进京途中,他充满激情,充满幻想,虽然风尘仆仆,但不觉得辛苦。

然而,在北京目睹的一切使他失望了。他是同赵慎馀、仝克斌、阎如璧等几个同学一起到北京投考大学的。而各国立大学都不招生,因为南京国民政府刚接收这些大学,人事还没有安排好。公木他们只好等待。在此期间北京改名北平。

公木看到的不是清明平静的北平,而是新旧军阀争斗、乌烟瘴气的北平。军阀们把北平当成一块肥肉,你一刀我一刀,把它宰割得不成样子。北平的形象被扭曲了。

公木四处奔走,想报考国立大学,但许多国立大学因没有校长,均不招生。当时招生的只有教会办的辅仁大学和军方办的军医大学。他同时报考了这两所大学,都被录取了。他的志向是学文,权衡之后上了辅仁大学。入学后才知道,在这里授课的大都是美国神甫,因而他感到十分懊丧。只读了两个月,得知北师大恢复招生的消息,于是中学同学 4 人一起退学,然后报考北师大,他们都被录取了。

学校是考上了,但是,进京前,公木向往北平,编织的许多美好的梦,几乎一个个地破灭了。北平满目伤痕,一片残败,城里国民党军阀的所作所为,使公木对国民党由失望而至诅骂和唾弃。

1928 年深冬严寒的日子里,公木的情绪非常郁闷。虽然如愿以偿地上了国立大学,但革命时值低潮,许多问题难以解决。在郁闷中,他写了第一篇白话短篇小说《孟老先生歪传》,小说生动形象地揭露了国民党与封建势力的合流。它是公木运用文学作品同反动派进行斗争的一个尝试,也是他用手中之笔鞭笞黑暗、歌颂光明的前奏曲。

公木此时的郁闷,是苦于找不到出路。现实教育了他,他已开始觉醒,然而方向还不那么明确。正是"路漫漫其修远兮,吾将上下而求索。"他后来回忆说:"鲁迅,郭沫若、蒋光慈的作品,我中学时代就读过,但我那时只是当书来读,读过以后很佩服,自己并没有想到要学他们的榜样。到这时候就开始考虑问题了:我应该走什么样的道路呢?"当时新文学界正在进行着革命文学的争论,公木读了许多论争的文章,感到非常新鲜。钱杏邨的文学评论,蒋光慈的诗歌和小说都成了热门货。公木说:"就在这时,蒋光慈成为我心目中最伟大的诗人,他的诗,大部分都曾背诵出来。"蒋光慈的诗歌以及其他人的革命文学作品所体现的革命精神,使他受到鼓舞。一年多以后,他和同学谷万川取得了联系。谷万川是北师大学生,他主编的一个周刊《初步》,作为《益世报》的副刊。公木为该副刊写过几篇短文,这些短文也都触及时弊,鲜明地表现了作者对现实的态度。

此时期公木把国家的命运和前途放在首位,对政治表现出浓厚的兴趣,热衷于探讨政治问题。对于念书有所放松了。这是他思想的重大变化。他不再只是想当大学问家,而开始投身于革命的洪流中。

1929年春天,是公木探讨政治问题最热烈的一个时期。他和几个思想很接近的同学,探索中国到底走什么样的道路。于是和几个同学共同发起成立了"农村经济问题研究社",成员有赵慎余、刘锡麟、孙秉哲、赵如嵩等五六人。会章中写道:本社从研究农村经济问题入手探讨中国社会出路与发展前途,条件成熟时在各地农村成立分社。此设想后来没有实现。他们白天读书,晚上集合讨论。广泛搜集宣传新思想和与中国革命有关的书刊,狼吞虎咽地阅读。先后读了孙中山的《三民主义》《建国大纲》,马克思、恩格斯的《共产党宣言》,列宁的《二月到十月》《左派幼稚病》,斯大林的《论中国革命》,还有布哈林的著作,以及《新思潮》《动力》等北平、上海出版的刊物与宣传各党各派主张的小册子。阅读这些书,公木眼界大开,吸取了先进思想的营养。

经过半年多的学习与讨论,公木的思想有了升华,开始接受马克思主义思想,并以此作为观察、改造客观世界的工具。他明确指出:孙中山的三民主义不行了,只有共产主义才是理想的社会,青年须用共产主义思想武装自己。公木这种思想观点的形成,使他确立了坚定的政治方向。此后,他毅然地走上了革命道路,开始步上了崭新的人生里程。

是年暑期,公木回到家乡,一方面探望父母,同时想对农村经济问题做些实地调查。在国民党县党部工作的表舅孙敬辛和姨父张茂林,套一挂马车邀请他为县里办的一个教师进修班讲课。这个班有200多人参加,为期一个月。头一讲,就把邀请他的亲戚吓坏了。公木慷慨陈词,把讲课变成了讲演,指名道姓地说蒋介石、阎锡山是军阀,并且说土地问题在国民党领导下解决不了。当时束鹿在阎锡山统治下,这真是虎口拔牙! 讲完一课,许多小学教师来找公木谈话,研讨问题,其中还有他的启蒙老师王明盛(他的学名张永年,就是这位王老师给起的)。大家情绪都很热烈。见此情景,亲戚说:"你赶快走吧!"套马车趁天黑把他送出了县城。

公木在校内外的表现,引起了北师大党组织的注意,遂对他有意识地加以引导。1929年冬天,党支部书记指派共青团员郝培庄和公木、孙志远接触,一起活动几次熟识之后,郝培庄对他俩说:"我介绍你们加入共青团,愿意否?"公木和孙志远回答:"愿意!"

1930年1月,公木和孙志远秘密地进行了入团宣誓。从此,公木找到了一条人生的光明大道,树立了共产主义的信念,并始终如一、坚持不懈地为之奋斗。

在斗争中经受锻炼

加入共青团之后，在党、团组织的领导下，公木参加了越来越多的实际斗争。

1930 年，党组织指派公木以作家和社会科学家的身份，参加了左翼作家联盟（对外称新兴文学研究会）、中国社会科学家联盟及华北左翼教师联盟等组织，并参加"北平文总"的活动。严格地说，当时的公木还不是一个作家和社会科学家，文学方面他爱好写诗。但组织认为以上述身份活动更方便一些。大量的参加社会活动，他更加关注祖国的命运和前途。在托派与革命派辩论中国革命何去何从的问题上，他坚定地站在革命派一边，他和他的同志被称为斯大林派。托派写文章公开指名道姓，说北师大有斯大林派，当时，托派和国民党勾结，实际等于向国民党告密。

公木参加"左联"前，写过和发表过一些诗歌，但那是断断续续的，缺少系统而又明确的指导思想，也还没有将文学创作作为一生的志向。参加"左联"后，从文的方向明确了。公木之所以走上文学道路，原因有三点：其一是厚实的文学功底；其二是对现实深刻的感受；其三是革命事业的需要。而第三个原因尤为重要。对他来说，要不是革命的需要，他也不可能拿起笔来写诗。为革命而写诗，这是他走上文学道路一开始就十分明确的。他的诗是革命和文学的紧密结合。因而他自然而然地接受了"文学是宣传"的主张,并以自己的行动去实践。参加"左联"初期,公木曾以席外恩(英语字母 C、Y、N 的译音,系学名张永年三字的英文字头)、四名(与同学谷万川、李树藩、杨殿珣 4 名同学的简称)等笔名,在诗刊上发表若干诗作,还编辑共青团的刊物《红孩儿》,写了一些宣传性的故事、歌谣。这些作品多数都没有保留下来。此时期,他的主要活动是在街头巷尾涂写粉笔标语,在天桥、西单等处搞飞行集会、散发传单等。

当时党内正值李立三"左"倾机会主义统治时期。李立三认为已经具备了在全国"大干"的条件,他提出组织全国中心城市武装起义和集中全国红军进攻中心城市的冒险主义计划。北平也酝酿组织"暴动"。1930 年 5 月的一天,支部通知公木到北大西斋一个房间开会,来人向公木和到会的另一个北大学生传达了省委决定在北平搞"八一"暴动的指示,让他们组织两个大学的学生,把群众发动起来。来的人讲全国的形势,说革命的高潮已经到来,南方要占领长沙,饮马长江;北方要紧密配合,用"暴动"给以策应。人民已经像干柴,一点火就起来了。公木当时并不知道详情,回到师大,立即向小组同志传达。旋即和几位同学黑夜出发,到小胡同里写许多粉笔标语。从 5 月份开始宣传,到 7 月 17 日搞一次"暴动"前的预演,目的是看看准备情况如何。7 月 17 日的预演,由北平市委军事委员老秦指挥,地点在西单。

老秦在电车上把灯泡从怀中掏出来,朝大街上"啪"的一摔,等待在旁边的人马上集合起来。一数才十几个人。小旗也打出来,传单也拿出来,喊着口号向北走,不到 100 米,警察围了过来。老秦见势不好,喊一声"散"! 大家扔掉东西就向四下快步散开。公木没有经验,紧紧跟在老秦后面,跑着跑着,跑进一个死胡同里去了。老秦急中生智,"啪啪"拍着一户人家的门,喊道:"张先生在家吗?"警察一看是找人的,就放过了他们。

"8 月 1 日暴动"虽然准备并不成熟,但还是照常进行了。参加暴动的人聚集在北师大图书馆门前。公木准备了武器——辣椒面、胡椒面、白灰。当时别说枪炮,就是一根铁棍、一杆红缨枪也没有。燕京大学的女同学杨刚登上图书馆门前的台阶演讲,之后,由 52 人参加的游行队伍喊着"打倒国民党、打倒蒋介石、打倒阎锡山"的口号出发了。刚出校门,侦缉队的特务就跟过来了。队伍气势昂扬,个个挺着胸膛沿着新华街继续往南走。走了二三百米,路西是国民党的第六区分部,大家一拥而上,把它捣毁了。这时,100 名个侦缉队员把 52 人包围了,两个抓一个。公木他们不会武术,无力抵抗,结果包括公木在内的 50 人被捕。有两个人是军医大学的学生,穿着军装,特务没敢动,眼看他们扬长而去。

在被捕前,公木曾受过这样的教育:要是被捕了,在公堂上也要宣传共产主义。现在被捕了,先是押在公安局拘留所。审讯室有一个法官、两个警察,他们不讲道理,拿着皮鞭就打,怎么给他们宣传共产主义? 后来转押到了警备司令部,也是面对法官和警察。根据对敌斗争的形势,只能随机应变。公木说:"上街找饭馆,被抓来了。"任凭怎样审问,也不改口,特务没办法,只好到他的宿舍去搜查,结果只找到一本鲁迅翻译的苏联卢那察尔斯基的文学评论集,没有获得什么证据。几天之后,一道被捕的50人,连同前期拘留的300多位同志(公木的老师范文澜先生亦在其中),一起被羁押于北平警备司令部监狱。监狱在警备司令部(现北京医院)后院一个很大的四合院内。关押的人很多,一个大号子里关押二三十人。十几个大号子轮番放风,到院子当中转一圈,再去"稀屎洞"解解手。镣铐声叮当相应,整日不断。这里实际上成为传授革命理论和交流斗争经验的学习班。

公木和同时被捕的李梦龄、孙秉哲(孙志远)关押在一个号子里。这里有二十多人,都是共产党员、共青团员或进步青年。门口虽然有看守,可是室内还是自由天下。只是讲话要用小声,或是手语、目语。公木在这里学到很多东西。他们开会、辩论,编歌来唱,当时,公木已做了被判刑长期坐牢、甚至牺牲的准备。敌人原是准备将他们中的一部分祭刀的。那时,北平正在召开国民党的中央扩大会议,汪精卫与阎、冯合作,另成立了一个中央政府,阎锡山做主席,跟蒋介石打仗。如果胜利了,阎锡山的政府就站住了脚,这批政治犯就要被枪杀。但是九月、十月间,时局发生了变化,蒋胜而阎败,晋军仓促撤退。在这种情况下,在押的同志全部获释。

获释之后,公木又回校读书。同时根据组织的安排,做"社联""左联"的工作。经过严酷斗争的考验,他更加成熟了。

从北孟家庄的一声婴啼,到河疃入高小、正定就读、北师大求学,公木这个滹沱河养育的农民的儿子,走过了一个又一个里程,终于在古老的北京选择了革命道路,确定一生的正确方向。滹沱河两岸的庄稼籽粒丰满,天抚、地育,自有它生长的规律。而人生的道路,也有它内在的逻辑。公木晚年,回顾自己的思想发展变化时说:"你只要是民主主义者,有爱国思想,在中国,在'五四'之后,你只要追求,不是光说一说,而是要为民主主义、爱国主义奋斗,你必然或迟或早会转变为共产主义者,或接受党的领导。这是规律。这规律至今不变。"这段话概括了知识分子所走过的道路。公木自己也是这样走过来的。

第二章　战士诗人的足迹

公木是一位诗人,他是以诗人的激情来感受人生的;他是一位学者,他是以学者的理性来认识社会的;他是一位革命者,他是以革命家的理想来改造世界观的。

首先是战士,然后才是诗人

公木作为一名革命战士,他把整个身心都投入了火热的现实斗争。他的诗歌创作伴随着他战斗的足迹,有时是战斗的宣言,有时是斗争的讴歌。有些诗篇如火红的战旗、嘹亮的军号,激励着千百万战士为民族解放事业而斗争,并在革命斗争中发挥过真枪真刀的作用。

公木自幼喜爱诗歌,三十年代初期登上诗坛。他一直是位"业余诗人",但他的诗歌却直接服务于他所从事的革命事业。正如他在《公木诗选·后记》中说的那样:"吾十有五而志于诗,是从《千家诗》之类学起的,……二十岁参加左联,认定了'文学是宣传',逐渐形成歌诗与诵诗的概念。从那时计算起,已整整过了半个世纪,一直是个业余诗人,就个人一点儿狭隘的实践经验说来,诗要用形象思维,必须抒发真情实感,形式应该不拘一格。……是否可以说从属于政治呢?我的答复是肯定的。前面所说的'业余',实质上就是'政治之余'的意思。首先是个战士,然后才是诗人。永远如此,不容倒颠。"

1931年"九·一八"前后,公木全力投入救亡运动,曾主编过由中国社会科学家联盟师大支部领导的《鏖尔》杂志。1932年3月18日因参加抗日救亡集会,再次被捕,羁押于北平市公安局一个多月。后由北师大学生会和"抗救会"联合保释出来。出狱后,他又于同年夏参加了北师大的学生运动。这年是学生运动高潮的一年。北师大校长徐旭生先生辞职,校政实际由学生会及"抗救会"主持。这年夏,北师大暑期学校是左翼教师联盟主持的。公木任文书主任,教师有马哲民、侯外庐、黄松龄、王慎明诸位先生,都是"教联"成员。同一时期,国民党人曾邀请胡适、张东荪等名流组织学术报告会。胡适曾在协和礼堂讲"治学方法",张东荪曾在朝阳大学讲"辩证法",目的都是批判左翼文化运动,为成立和发展蓝衣社(中国的法西斯组织)做准备。针对这一情况,公木他们"暑校"社会科学班,在侯外庐、马哲民等教授的率领下,每次都列队前去听胡适、张东荪等人的讲演,并当场提出质问,进行辩论,使主讲人陷于困窘状态,弄得瞠目结舌,手足无措。报告会在哄笑声中散场,警察的警笛、警棍,也无可奈何。

1932年冬,鲁迅回北平探亲。公木与同学王志之、潘炳皋(病高)等以"左联"学生代表的名义,一同访问了鲁迅先生,并邀请鲁迅先生来北师大讲演。鲁迅欣然同意。1932 年 11 月 28 日,公木把与鲁迅先生的这次会面,写成《鲁迅先生访问记》,发表在 1933 年 6 月出版的北平左翼作家联盟的机关刊物《文艺月报》创刊号上,署名张永年。公木在《鲁迅先生访问记》中,记叙了这次访问的情景:

鲁迅先生以微笑欢迎他的来访者。并且和蔼地把我们引进屋里去。房里陈设是:一个茶几,三个椅子,一张床铺,一个写字桌。"这大概就是鲁迅先生的寝室,会客室,更兼著作室了吧?"我想,然而总觉得像《呐喊》那样文章,和这房子是不调和的。

"请坐!"

志之和病高坐在茶几两旁的椅子上,我坐在床边。然后他自己也坐在靠写字桌的椅子上。接着他便请我们吃茶、吸烟。这些礼节,正如同我们招待每一位第一次会面的客人一样,一点都显不出什么"权威者"的高傲来,更半点不带"绍兴师爷"气味,如西滢之流所说的。

"周先生几时到北平的?"病高先问。

"大概已有一星期。我在上海接到电报,说我的母亲病了,因此我便赶来北平。"

"在北平打算住多久?"

"最近就要走,多则五六天,少则三四天以内"。

"北平的同学们，都希望周先生留在北平。"志之说。

"啊，那可不成。我这次一来，便有很多的人放冷箭，说我是来抢他们的饭碗，说我是卷土重来。何苦叫这些人不放心，倒不如赶快卷土重去！"

我们都笑了。

在交谈之际，我们感觉到这位面色清癯发须斑白的老人，不但没有像某大教授所说的拒人千里之外的阴森气，而且简直是怪可接近的。……

接着，畅谈了关于文艺和政治的问题，编辑出版刊物的问题。来访者谈道："现在文坛是太寂寞了，尤其北方。"鲁迅先生说："我想，不只是北方，连上海也是在闹着文学的不景气。主要的原因，是由于文字狱，谁要说真话，便被绑去砍头枪毙。不过作家总是杀不尽的，因而第二步办法便是逮捕书店经理和编辑。于是，凡是我们的杂志书籍，很难印刷。而那些在指挥刀保护下的民族主义文学家们，虽然写点东西，却并不见得能称作文学。还有所谓第三种人，藉口左翼批评家批评得太苛了，也都搁了笔，——其实压根他们的笔便没提起过。因为这种种的原因，便造成了今日这文学的不景气。"……

公木和他的同学又问："上海民族主义文学似乎也没有什么消息，周先生对它有什么批评呢?"鲁迅先生回答说："本来所谓民族主义的文学便不会有什么消息的，因为他们只是放空气，实际上并没有那么一种东西。有人骂左翼的文学是由什么收买的,事实已经证明这是敌人的造谣。不过被收买的文学家却是有的,可惜并不是左翼的文学家;也不是用卢布收买的,而是用纪念币或是银行的钞票收买的。例如叶灵凤便是其中之一,假如有卢布可拿,他或者不致屈服在银元或钞票的魔力之下了……"。

这次访问结束时,他们请鲁迅先生在未离北平以前给北师大学生讲演一次,鲁迅先生慨然应诺。

1932 年 11 月 27 日下午 1 时,公木与王志之花一元钱,租一辆汽车去接鲁迅。鲁迅见到汽车,说:"你们花钱租车,太不应该。"便不肯上车。但车已租了,勉强登车。汽车刚驶进校门,欢迎的学生就涌了上来。讲演的场所在北师大最大的房子——风雨操棚。能容纳六七百人的风雨操棚已挤得水泄不通,窗沿上也坐满了人,后面靠墙的地方,还有人搭了长梯站在上面,但门外还是涌塞着大批的听众。因为海报贴在许多学校,学生们都闻讯赶来。

一时三刻,鲁迅在欢声雷动中被扶上了讲台。然而人流还是不断地往这里涌。过了十来分钟,讲演才开始进行。鲁迅尽力说出了"文艺"二字,语音未落,人群中有人提出了请求:"到外面去吧!露天演讲!"鲁迅的心是与群众相通的,他点点头,表示应允。于是会场改为露天操场,有人抬过一张八仙桌,放在操场中间,作为讲台。鲁迅被热情的学生从听众的头上抬上了方桌。在持续几分钟的掌声中,在呼啸的北风中,鲁迅发表题为《再论第三种人》的讲演。约两千听众团团围集的操场上，顿时安静下来了。

鲁迅讲演完毕，又被听众拥入学生自治会休息。大家向他提出各式各样的疑虑不清的问题，有的谈了自己的希望和感想。有的学生说："今天大家瞻仰了您的丰采……"鲁迅幽默地说："不很好看，三十年前还可以。"有人请求："再在我们这儿公开讲演一次吧，北方的青年对您太渴望了。"鲁迅答道："大家的盛意可感，我努力写文章给诸位看好了。因为演讲并不比文章能生色，看文章大家还不挨挤。"……时间不早了，学生们恋恋不舍地和鲁迅先生告别。鲁迅步行去琉璃厂。关于鲁迅这次讲演的事，公木在《永远新鲜的记忆》一文中写下了难忘的回忆。载《鲁迅先生逝世十周年纪念特刊》，东北文化社 1946 年出版。

鲁迅这次来北京期间，还对如何办好左翼刊物，作了具体说明。他对办刊物有三点重要意见：一、刊物不一定都登名人的文章，因为名人写出的文章不一定都好；二、要好好把工农大众通讯运动搞起来，从这中间找稿件，找作家；三、要认真对待泥腿子（农民），陈独秀他们是不喜欢泥腿子的，我们要到泥腿子中间去。由于鲁迅的正确意见和及时帮助，北平进步文艺工作者的团结加强了，相继诞生了《文学杂志》《文艺月报》《文学通讯》《北国》《冰流》《北方文艺》《创作与批评》等进步刊物。1932 年至 1933 年之间，北京的文艺刊物出版发行到十种以上。

1932 年底到 1933 年初，公木与"左联"成员、同学谷万川、王志之、陈北鸥等着手筹办《文学杂志》。当时他们脑海里装满了这类问题——国家民族问题、人生问题、社会问题。他们废寝忘食地探讨这些问题，想要在弹指间解决这些问题。《文学杂志》于1933年4月16日创刊，共出四期，很快就被查封，不得不停刊。这个刊物由谷万川主编，其三、四期合刊，系由公木协助办理的。创刊号上，刊登了鲁迅的《听说梦》一文。文中，鲁迅以幽默尖刻的笔触抨击了黑暗的旧社会言论不自由。鲁迅来北京时，王志之、谷万川他们邀鲁迅先生为他们办的刊物写稿，因此，鲁迅先生在来信中说："寄上文稿一篇，并不是为《文学杂志》而做的，系从别处收回移用。"编辑第二期时，王志之又写信给鲁迅先生催稿，并请他在上海组稿，很快得到回信。鲁迅在信中说："第二期既非我写些东西不可，日内当寄上一点。雁君见面时当一问。第一期诚然有些'太板'，但加入的人们一多，就会活泼的。"可见，鲁迅对《文学杂志》这个刊物不仅给予热情的支持，而且还给予及时的指导。

公木在《文学杂志》第三、四期合刊号上发表了两首诗:《时事打牙牌》和《父与子》，还发表了诗歌理论文章《新诗歌的内容与形式》。当时，正值"左联"发起的文艺界的"文艺大众化问题"的热烈讨论，公木积极参加了讨论，写诗作文也使用起"普罗列塔利亚"（无产阶级）和"无产阶级文学"等术语。在《新诗歌的内容与形式》一文中，他旗帜鲜明地表白了自己对文艺大众化问题的看法。他认为要想创作为大众所了解、所爱好，因而更能鼓动大众的诗歌，诗人便不得不利用为大众所熟悉、所易于接受的形式。

他当时已开始运用马列主义观点分析问题。在文章中,他批评主张抛开一切"旧形式"的偏激论者。他说:"若只是企图着突然有一天由一个天才的普罗诗人,偶然灵机一动,便创出一种崭新的形式来,这样热心的幻想家,还是没有了解伊里奇在《左派幼稚病》中所遗给我们的名言:'左倾空谈主义,其立脚点是无条件地否认一切的旧形式,不理解新内容通过一切旧形式而实现自己。'"

当时左翼文学运动比较严重的偏向是"左"倾关门主义。在三、四期合刊的《文学杂志》的通信栏中,公木以"木农"的笔名写了《批评家须知》,表明了《文学杂志》的清醒的态度。其中反对"左"倾关门主义的意见是谷万川和公木商量着写的。他们的意见是很有见地的,在当时也是十分宝贵的。

公木一走上诗坛,他的诗歌创作就于八 三十年代兴起的革命诗歌的行列 他的诗歌创作,和郭沫若、蒋光慈、殷夫、蒲风等诗人的诗歌创作一样,是三十年代左翼革命诗歌的组成部分。

早期的诗歌《父与子》

1933 年,公木发表了《时事打牙牌》和《父与子》等新诗。《时事打牙牌》是利用民间流行的曲调,宣传反帝爱国内容的诗,属于"旧瓶装新酒"。这首鼓动诗这样写道:

中华民国二十年,九月十八那一天,关东起狼烟;哎咳哎咳哟,关东起狼烟。山海关外风云变,日本强把满洲占,大炮响连天;哎咳哎咳哟,大炮响连天。

……

苏俄本是共产国,自由平等新生活,人人都工作;哎咳哎咳哟,人人都工作。五年计划真伟大,全国产业电气化,生产倍增加;哎咳哎咳哟,生产倍增加。

这首诗曾在"一二·九"运动中被广为传唱。1931 年至 1932 年间,公木曾与同学谷万川、李树藩、杨殿珣合作创作《时事打牙牌》四百多首,宣传红军土地革命及东北义军抗战斗争,油印散发,后来用"四名"的笔名,在《文学杂志》上发表过一部分。《父与子》这首诗是公木反映农民生活的诗,写得最早,也是最有代表性的一首。发表时署名木农。诗人的童年和少年时期是在河北平原的乡村里度过的,他对农村中阶级矛盾的激化,对农民遭受的痛苦,都有真切的感受;受革命思想和革命文学的启迪,便写出了《父与子》这样的反映现实生活比较深刻的作品。《父与子》是一首叙事诗,它描写了在青黄不接之时,地主三阎王乘人之危,强行逼债,夺走了农民家仅有的七亩地、一眼井,逼瞎了"小驴儿"妈的双眼。诗中揭示了地主和农民尖锐的阶级对立的现实,塑造了父与子两代农民的形象,反映了两代人截然不同的精神面貌。父亲对剥削、压迫他的地主,虽然也怀有仇恨,但胆小怕事,忍气吞声,逆来顺受。当他把"穷人阎王"催债逼命的事告诉了儿子,激起了儿子怒不可遏的仇恨之火时，他却感到惶恐不安了。他含恨忍痛地劝说儿子：

啊哟，傻孩子，

不要胡诌！

你不要

拿着鸡蛋碰石头！

你爸爸

受了他一辈子欺压，

你，还得受！

这简短的几句话，述说了父辈的苦难和辛酸，也控诉了"穷人阎王"的淫威与残酷。

儿子是新型农民的形象，他不仅对剥削压迫者的阶级本质有认识，而且大胆地表白反抗的决心：

不，爸爸

你们忍受，

我们却要动手。

你们去

向他乞怜，

向他磕头；

我们，
我们却要动手！

如今已是穷人翻身的时候。
哼，爸爸，
走着瞧吧！

三十年代是中国社会剧烈动荡的年代,中国农民仍然处在水深火热之中,他们的社会地位和物质生活,比起二十年代来丝毫也没有改变。但新一代农民,经过大革命的洗礼和土地革命的影响,在他们身上滋生了一种老一代农民不曾有的新的观念和意识,也就是说他们觉醒了,起来反抗了。对于农民在观念或意识上的变化,在三十年代的小说和戏剧中是有明显反映的,而在诗歌中有意识地去把握,除中国诗歌会的诗人,公木是最早的一位。三十年代诗歌,不乏反映农民生活的作品,从艾青的《大堰河——我的保姆》中,我们看到了农民纯朴的感情和善良的品德,从臧克家的《老马》中,我们看到了农民坚韧的性格和苦难的生涯。这类诗,描写了"封建性的农村"中悲剧型的农民的性格特征。臧克家的有些诗描写了旧中国农民终身倍受欺压以及在动乱中流离失所的悲惨境况。抗战时期,他被誉为"泥土诗人",出版了诗集《泥土的歌》,其中的诗,虽然散发着乡村的泥土气味,但反映农民的悲惨生活的多,而歌颂和鼓舞农民奋起战斗的少。像《三代》一诗,这样写道:

孩子

在土里洗澡;

爸爸

在土里流汗;

爷爷

在土里葬埋。

类似这样的诗,虽然客观地写出了农民悲苦的命运,但未能深刻地反映出那个时代农村的面貌。

然而,在三十年代初期,公木创作的《父与子》却鲜明地表现了农民的反抗意识,描写了农民的觉醒,反映了三十年代农民的新特点,这是极为难能可贵的。可以说《父与子》是填补空白之作。从这个意义上讲,这首诗应该在现代文学史上占一席地位。

虽然在这首诗中,新一代农民的形象还不够丰满,但是它是运用通俗口语写成的自由体诗,自然朴实,有些句子也很传神。如:"那一天,/狗腿子小四儿,/跑到咱家,/呼哧呼哧/喘着气/……。他说完,/转身就走,/丢了个白眼。/他妈的,/财主的狗,/穷人的活对头!"

三十年代初期的诗坛,有的诗人坚持新诗反帝反封建的战斗传统,继续讴歌革命,表现反抗侵略、追求民族新生的精神。有的诗人却一时看不到前途,产生幻灭情绪。他们有的回顾过去,表现自己周围的现实生活。有的则只在心灵的小圈子中游荡,以精致的文字描绘自己的苦闷和空虚。而在黑暗的政治环境中,诗坛有些颓废的靡靡之音,更是不足为奇的。在这种情况下,刚刚走上诗坛的公木,能够写出《父与子》这样反映现实比较深刻,又有鲜明的形象、充沛的感情、浓郁的生活气息的诗篇,而且,这首诗还具有"中国诗歌会"所强调的"大众化的诗歌"的特点,而没有概念化的毛病,因此,这首诗是不可多得的好诗。

奔赴抗日战场

由于被特务追踪,1933 年春,公木被迫离开北师大,到山东滋阳省立第四乡村师范教书。该校教师中有教联盟员孙铁夫、段雪生、熊渭滨、胡一若、钟鸣宇等。公木是通过教联的关系才到这里工作的。在这里,他们在学校中发展并建立了华北左翼教师联盟支部,在鲁南几个县的小学教师中撒下了革命种子。

这一时期,公木已与十二岁时家里给包办的妻子商定离婚,并立下字据为证,把家产交给她。从此,他就离开了比自己大六岁的第一个妻子,成了自由人。

1935 年春,公木通过自由恋爱在北平建立了小家庭。赁居西城天仙庵一间北房,度过了一个寒假。之后,把新婚的妻子涤薪安排在北平光华女中寄读,他便接受河北正定中学聘书,前往任教。在正定中学同事中只有姜文彬、王眉徵少数进步教师。教联的组织活动不易展开;学生里面思想极活跃。公木除担任他们的壁报辅导外,还从事拉丁化新文字运动,这样联系面就突破了他任课的班级。到正定之前,《文学杂志》已被查封,主编谷万川也被捕判刑押在南京监狱里。因此,在正定期间,公木写的诗文很少,只作过一篇《屈原研究》,又把在滋阳乡师教学中编写的讲义加以整理,印行过一本《中国文字学概论》。当时,他并非热衷于著书,只是为了取得在高级中学任课的资格。因为当时政府规定,不是大学毕业,就必须有专门著作,才得做高中教员。不过,书是出了,教员还是没有再当下去。"双十二"事变后,学生中酝酿着一种不满情绪,为反对教员中几个国民党分子,突然闹起罢课风潮。校当局暗地向省教育厅报告,说公木是幕后策划人;教育厅派督学孟扶唐来校查办。孟扶唐先到公木家把原委告知,并让他不辞而别,回北平去。这已经是 1937 年春天的事了。

公木回到北平,先在石附马大街一位杨姓宅院里,赁租了两间东厢房,把家安顿下来。这时,他们夫妇已经有了一个女孩。然后经过申请,又回师大中文系复学。文学院恰好正在石附马大街,与他的住处相距不到抽一根烟卷的工夫。这时期,社联、左联、教联都已解散,他曾与武新宇、张更生、李梦龄、王之平等五六位同志,共同酝酿,想把教联恢复起来,结果未成。后来便参加了"民先"的活动。在这半年间,写了一本《白荣斋九歌注》,这是教了四年书的一点收获。

1937年卢沟桥一声炮响,抗战开始了。为了声援抗战的将士,公木和同学走上街头进行募捐,并赴彰仪门外对将士进行慰问。可是,只活动了一天多,警察就挨家挨户告诉市民不准出屋。说是日本人要放毒气。第二天早晨,整个古城静得出奇,原来二十九军已经撤离,这里已没有中国军队了。接着便看见日本军队排着队伍进来了,北平沦陷了。突然的事变需要做出果断的决策。公木与孙志远、赵慎馀等几位同学一起商量何去何从。有的说要去西山打游击,可是拉家带口怎么走?最后决定还是等等再说。一个多月后,北平与天津通车了。公木决定离开北平。于是他携妻将雏,与孙志远夫妇,一同挤上去天津的火车。到天津后,他们又乘船去青岛。又由青岛去济南。到济南后与刘西林相会,共同决定随孙志远去河北找孙殿英部队。这时,孙志远已经和孙殿英部队中的党组织接上了关系。为了减少旅途的负担,公木让妻子涤薪带孩子先去山东邹县娘家,等安定下来再接他们出来。可是没想到,刚到石家庄,车便不通了。没办法,他只好暂时回束鹿县老家。孙志远、刘西林也分别回到定县和深泽,相约找到组织后再联系。在家里,公木看到国民党军队星散南逃,孙殿英部队也不知去向,冀中沦陷,各县政府也逃散了,又同孙志远失掉联系,他实在呆不下去,决定走。他父亲给他凑了六七块钱的路费,很快便和一个本家亲戚送他到高邑。当时火车也不用买票,他挤上南下的火车去郑州。一路上也没有卖食品的,连小店也没有。

老百姓管他的饭,一天多就到了郑州。在郑州,碰上了同学唐般若,他从大名师范来,带着二百多元工资,这样生活费不愁了。听他说,师大已迁到西安。于是他们便决定去西安。到西安后,找到了学校,吃住都不成问题了。公木便给夫人写信要她来西安。此时,在西安又与李洁相遇了,共同考虑何去何从的问题。夫人孩子到西安后,公木与唐般若、李洁三人到八路军办事处,恰巧见到了林伯渠同志。三人谈了他们的想法,林伯渠给他们出主意,叫他们去延安,说到延安可以教书。但当时的公木认为延安是后方,他想到山西太原前方去。唐般若决定去延安。公木和李洁一起想去找孙志远,听说他已到了太原,于是俩人决定去太原。

如果说抗战爆发以前,公木思想还保留着自由主义,有自己的打算和理想。他把做一个左翼教授确定为自己的理想,那时也希望生活能安定一点儿。但是抗战开始以后,他的思想起了巨大的飞跃。客观形势变化了,主观认识也发生了巨大的变化。他把自己交给了民族解放斗争的伟业,个人的一切置之度外了。他和妻子商定一齐奔赴抗日战场,当时不满两周岁的女儿白桦成了他们的拖累,于是,他们毅然地把孩子托付给一位好心肠的陌生人家寄养。夫妇一同轻装赴山西参加了晋绥军区的抗日战争。结伴同行者有二十多人。在晋绥军区,公木做过二战区动委会《动员》杂志编辑,做过神池县与岢岚专区干训班的主任与指导员,做过由程子华任司令员的敌后游击队的宣传股长,在宣传股里他结识了很富文艺才华的马瑜、陈强、何文瑾、贾克等,还接触到分配来游击队工作的一些长征战士,包括抢渡大渡河的英雄。敌后游击队的任务是扰乱敌人,不与敌人正面打硬仗。整天行军,穿山沟。为了不使大家掉队,公木与宣传股的同志们边行军边做宣传鼓动工作。等后面的同志都走过去,他们才跑去追赶队伍。

紧张火热的前线战斗生活,使公木的思想感情发生了巨大的变化。他虽然早已宣誓要献身革命,但只有这时他才由一个革命的知识分子真正变成了一个拿枪打仗的革命战士。在革命、战斗的集体里,他深切体会到人民军队上下级和同志们亲如手足的阶级感情。在行军中,司令员程子华曾多次把自己的骡子让给他骑,给他扛枪。他亲眼看到,亲耳听到人民群众在抗日战争中的可歌可泣的动人事迹。就在这个时期,公木向党组织提出了入党申请,他要把自己无保留地献给人民,献给革命。

紧张的行军,繁忙的工作,几乎使这位"业余诗人"没有了"业余",但火热的生活,动人的事迹又迫使他不得不为之歌唱。这期间公木除了创作一些活报剧和小唱本,还写了一些诗文,由于战地生活飘转不定,印刷条件亦差,那些诗文稿多未保留下来。

公木参加革命之时,是反革命屠刀飞舞、革命者血流成河的时候,是革命处于低潮的年代。如果说这个期间他还只是做一点儿口头的与文字的宣传活动,那么卢沟桥一声炮响,革命高潮到来,他便毅然决然将亲骨肉——自己两岁的小女孩寄养陌生人家,而携夫人一起投身战场。这是基于他的科学世界观,他懂得了社会发展规律,认识到共产主义是社会发展之必然道路。因此,才投身到这一伟大事业中来。同时也基于诗人的使命感。为了解放被侮辱、被损害、被压迫、被剥削的中国人民,公木才做出这样的选择:不怕艰苦,不怕牺牲,不惜用自己的头颅、鲜血,贡献给人民的解放事业。公木参加革命不是革命高潮"卷进来"的,而是通过学习,基于对社会的认识,对马克思主义的信念而投身到革命队伍中来的。不是出于一时的感情冲动,而是本于一个真正诗人所应有的对人民大众深沉而热烈的爱。

正因为他参加革命,是以广博的学识、马克思主义理论为基础,是以热爱祖国与人民的思想感情为动力,因此才能历尽磨难,备尝艰辛,而能坚持不懈,勇往直前。

长篇叙事诗《岢岚谣》

公木在晋绥军区工作那段时间,了解到大量的人民群众与日本侵略者及汉奸英勇斗争的可歌可泣的事迹,它激励着诗人将自己的所见所闻熔铸成战斗的诗行,从而激发人们投入战斗的行列。1938年5月,公木创作了优秀叙事诗《岢岚谣》。这是诗人运用民歌的形式写叙事诗的最初尝试。这首诗以其题材的现实性和形式的独创性而为人们所称道。从写作这首诗开始,他正式采用"公木"这一笔名。

这首诗塑造了一位与日本侵略者进行顽强的斗争,最后与敌人同归于尽的农民抗日英雄娄德明的形象。诗人热情地歌颂了人民群众抗日救国的献身精神。

长诗一开始，诗人用民歌的调子，设置了故事情节展开的自然环境：

三月里，

三月三，

春风不上岢岚山，

河滚水，

鸟啼寒，

塞外黄沙遮青天。

东流一道川，

西流一道川，

两川之间有个庄子名叫三丈湾。

三丈湾，

好田园；

谷米香，

山芋甜，

菜籽花开一片黄，

荍麦花开十里鲜。

如此美好富饶的三丈湾，农民却岁岁愁吃愁穿。地主军阀的残酷压榨，使"百姓枯槁受熬煎"。东洋鬼子打进来，更大的灾难降临了。当村里人都上山逃难，娄德明老汉却犹豫，要走要留左右为难：

> 要走吧？
> 毛驴正卧病，
> 房子没人看；
> 窖里有山芋，
> 缸中有莜面。
> 要留吧？——
> 越响越近，
> 炮声震破三丈湾，
> 震得心惊胆又颤。
> ——要走要留左右难！

最后他急中生智，将泊田鼠的药，碾得细又烂："撒进清水瓮，/撒进烧酒瓶，/撒进莜面缸，/撒进酸醋坛"，准备毒死入侵的敌人。一切准备好了后，他下决心上山去找游击队。但是没等他撒出，鬼子已闯进院子，逼他烧水做饭。他心里暗自高兴：毒死鬼子的时机到了。但是，饭做好后，狡猾的鬼子和汉奸让娄老汉先尝第一口。为了不引起敌人的怀疑，达到最后消灭鬼子和汉奸的目的，娄老汉毅然喝下有毒的酒，吃了有毒的面食。这样鬼子和汉奸就上了当，都被毒死了。娄老汉也壮烈殉国。长诗充满激情地歌颂了娄德明老汉"一片忠心如丹染，一片忠心长留人间"的爱国主义精神。

1938 年抗日战争已打了一年。在中华民族生死存亡的紧急关头,诗歌义不容辞的使命就是用它的艺术力量歌颂人民的爱国赤心,鼓舞人民杀敌的士气。《岢岚谣》正是这样的爱国主义诗篇。

这首诗在艺术上也是相当成功的。该诗用民歌的表现手法,不愧为民族化、大众化的成功之作。全诗情节起伏,韵律铿锵,扣人心弦。老英雄的形象塑造得很生动。鬼子逼进村庄,村中的男男女女都上山逃难,诗中这样描写娄老汉当时的心情:

> 独坐茅屋门半掩,
> 夕阳残照颤东山。
> 把一天愁闷装进烟斗里,
> 把一天愁闷化成一缕烟。
> 一缕烟,
> 飘不散,
> 迷迷忽忽缭绕在眼前。

这些诗句,十分贴切地刻画了老人苦闷、不宁静的心情。他在左思右想怎样应付眼前的形势,怎样对付鬼子,终于急中生智想出办法来:

一袋烟，

一袋烟，

又是一袋烟。

一点流星忽一闪，

一个急智闯进脑门关，

——年时治田鼠，

这药很灵验……

描写了老人经过深思熟虑，终于想出了治服鬼子的办法。

诗中运用比喻、排比、复唱等手法，增强了诗歌的表现力。朴实、生动的大众语言，更增加了诗歌的表现力和生活气息。诗中这样描写娄老汉以身殉国前的情景：

他走到院里，

象梦游，

飘飘然。

耳热脸烧，

口燥舌干，

目晕头眩，

腿颤脚软。

草棚摇摇如倒塌，

金星纷纷似飘散。

42

伸手摸摸石槽里，

侧身倒卧毛驴边。

窗里群魔狂声叫，

窗上魔影乱一团，

老娄咬紧牙，

挥向一空拳。

重重黑影立面前，

重重黑影是高山。

那高山上啊，

密密枪声成一片。

娄老汉虽然倒下去，但游击队打回来了。参加游击队的儿子、儿媳回到了三丈湾。诗歌的结尾是悲壮的。娄老汉的儿子儿媳见到为国捐躯的爹爹，"二人齐扑地，/抱头扶住肩。/晓风吹，/白发飘飘；/口血凝，/红痕斑斑。/颗颗热泪滴上老人面，/颗颗热泪滴出骨肉缘。/……/一片忠心如丹染，/一片忠心长留在人间！"

这首诗后来曾被改编成话剧，在抗大演出过，优秀作曲家郑律成还为它谱过曲。

这一时期，公木和其他诗人不一样，他很少写抒情诗，而主要写叙事诗。对此，我们应该给予足够的重视。叙事诗是反映和描绘现实生活的画卷。我们从荷马的《伊里亚特》《奥德赛》中，可以了解到人类童年的古希腊社会;从普希金的《茨冈》中,可以了解到俄罗斯专制农奴制社会;从杜甫的《自京赴奉先县咏怀五百字》中,可以了解到安史之乱以前危机四伏的唐代社会……1937年茅盾曾写了一篇题为《叙事诗的前途》的文章,文章说:"这一年来,中国的新诗有一个新的倾向:从抒情到叙事,从短到长。""这在一方面来说,当然是可喜的现象,……这是新诗人们和现实密切拥抱之必然的结果;主观的生活的体验和客观的社会的要求,都迫使新诗人觉得抒情的短章不能适应时代的节奏,不能把新诗从'书房'和'客厅'扩展到十字街头和田野了。""因此我觉得'从抒情到叙事','从短到长',虽然表面上好像只是新诗的领域的开拓,可是在底层的新的文化运动意义上,这简直可说是新诗的再解放和再革命。"这段话恰当地分析了抗日战争爆发前后出现的叙事诗的意义,自然也包括了公木的叙事诗。

《崇岗谣》的出现,在现代诗歌史上有着独特的意义。这首叙事诗出现在抗战初期,及时地反映了抗日斗争的社会现实,塑造了农民抗日英雄形象,采用民歌的形式,通俗、朴实,具有浓郁的生活气息,是民族化、大众化的优秀诗篇。它产生在《王贵与李香香》《漳河水》等叙事诗之前,对民歌体叙事诗作了尝试,更有其特殊意义。可以说,它为叙事诗的发展提供了有益的借鉴。

公木初期的诗,在形式上是自由体和民歌体并用的,这是基于他的如下的认识:"在今日的中国,在新诗歌的现阶段中,我们主张:新诗歌的创作,一方面要尽可能地利用活在大众中的旧形式,一方面要极力创造能被大众所了解,至少要能够被大众的前卫所了解的新形式。"这样的认识,公木通过他的诗歌创作实践充分体现出来。而且随着时代的前进,不断有所深化。

1938年8月,为了护送几位不适于在前方工作的女同志回后方,公木西渡黄河,到达延安。到延安后,他进了抗日军政大学学习四个月。在这里,他光荣地加入了中国共产党。未及结业,便被分配到抗日军政大学文工团编写歌词。后来又被调到抗大政治部宣传科任时事政策教育干事。抗大的学习是紧张的,抗大的生活是愉快的。一批批抗战的健儿来这里受训,一批批革命的火种从这里播撒出去。在塞外,在华北,在抗日前线,在民族解放的战场上,燃起熊熊烈火。公木担任抗大政治部宣传科时事政策教育干事,"经常身背黄挎包,带着地图、讲稿,有时还拿根打狼棍,早出晚归,风雨无阻。他爬山过河,满头大汗,快步如飞,充满了青春的活力。他热心给学生干部宣传党的时事政策,讲解国际形势。他知识丰富,观点明确,语言生动,经常引起欢乐的笑声。公木白天奔跑,宣传党的时事政策,晚上在寒冷的窗户破了的窑洞里,在暗淡的一根灯芯的小油灯下,埋头写诗。有时,冷得发抖,就用一条破旧毯子披在身上,用嘴哈着气,暖暖手,再写"。(朱子奇:《公木,我尊敬的诗兄》)对子弟兵的一往深情,燃烧着他的创作热情。

《中国人民解放军军歌》的诞生

　　1938年冬,公木在延安抗日军政大学文工团编导室工作时,第一次见到了郑律成同志。郑律成同志中等身材,腰杆挺直,红面庞,两眼炯炯有神,当时人们管他叫"小郑"。说话间,公木才知道他就是郑律成,"抗大"音乐指导,《延安颂》《延水谣》的作者。想到他的歌子已传遍整个陕甘宁边区,几乎人人都会唱,都在唱,都爱唱,他不禁有些惊讶:"噢哟!还这么年轻啊!"他们二人都很腼腆,没有多少话。公木顺口提到《延安颂》和《延水谣》,说它们很受群众欢迎,在瓦窑堡街头上,山沟里到处听到有人唱。郑律成有点儿不好意思地说:"那只是习作,试作。"然后他表示还要努力向中国民族传统学习,向民间音乐学习,争取实践毛主席关于"为中国老百姓所喜闻乐见的中国作风中国气派"的指示。公木比郑律成人四五岁,两脸胡子,团里都叫他"老张"。郑律成对他说:"老张同志,以后咱们多多合作吧!"这样,他们就算认识了。话虽然没有谈多少,手可是握得非常非常紧。

　　过了没有多久,公木被调到宣传科,搞时事政策教育工作。当时,他和郑律成一同住在延安南门外西山坳一个土窑洞里。从此,他们同饮一个杓桶打的开水,同吃一副扁担挑的饭菜,风晨月夕,同在崾畔上听科长谢翰文同志讲井冈山,讲瑞金,讲遵义,讲雪山草地。有时又同听谢翰文科长宣读华北、江南各个战场八路军、新四军传来的捷报。这些便成为他们在工作中的精神食粮:

有的同志拿去写通讯,有的同志作宣传画的题材,公木把它们写在时事报告提纲里,郑律成同志谱入歌曲中。

1939年春,公木把精力完全用在编写时事报告提纲上,每个月差不多要用三分之二的时间写,三分之一的时间去连队或大队讲。瓦窑堡的一大队和蟠龙的四大队,也要隔一两个月去讲一次。他已顾不上写歌词了,抱歉地对郑律成说:"顾不得同你合作了。"而郑律成却说:"不,还是要合作的,你去作报告,我去教唱歌。都是面向学员,配合行动,不也是合作吗?"于是,他们总是一道下连队。有时报告要以支队或大队为单位,郑律成更不放过机会,一定一同去,通过政治处的文艺干事和各俱乐部的文娱委员,组织声势浩大的歌咏活动。群众歌声像烈火,郑律成就是一颗火种,他走到哪里,哪里就爆发出烈火般的歌声。每次集会,总是先唱,唱得群情激奋了,才开讲;休息时,又唱;讲完后,再唱;唱得尽兴,然后才解散。有一个连队的"墙报"上刊出了这样一首"顺口溜":

坐地听报告,
站起来唱歌。
说说唱唱,唱唱说说,
不知不觉晌午错。
晌午错,也不饿,
歌如潮,情似火。

身居窑洞里，

心怀全中国；

翘首登荒山，

放眼看世界。

我们多亮堂，

我们多快乐！

　　郑律成特意把这首短诗抄记下来，在归途上给公木看，并说："这是对我们合作的奖励啊！"

　　这年7月中旬，抗大总校教职工万余人在校首长罗瑞卿率领下，东渡黄河，开赴前方。政治部宣传科只留下公木和郑律成两人，奉命等待到筹办中的抗大三分校工作。三分校政治部各科室人员一时还没有调配齐全。在此新旧交替之际，他们紧紧抓住这个短暂空暇的宝贵时间，去实现共同合作的夙愿。有一天郑律成告诉公木，他为《岢岚谣》作了曲。公木很惊讶，近二百行的长诗，谱曲会多么费力呀！郑律成还说，想为《子夜岗兵颂》谱曲。这是公木半年前在抗大一大队做学员时写的一首短诗，登在连队墙报上。诗中反映了他深夜站岗放哨的一点儿感受。郑律成把它拿去不声不响地用咏叹调谱成一首独唱曲，然后用他那带着浓重朝鲜音调的清亮歌喉唱给公木听，这使公木又惊奇又激动，紧紧握着他的手说不出话来。以后，郑律成经常催促公木，让他作词供他写曲。他诚恳地说:"你是从前方来的,让我们携手合作为八路军歌唱吧!"他进一步建议:"咱们也搞一部大合唱吧!""什么大合唱?""当然是《八路军大合唱》啦!"经他一再鼓励,并且提出命意,点出题目:"军歌、进行曲、骑兵歌、炮兵歌、冲锋歌,再添一篇'快乐的八路军',《子夜岗兵颂》也算一篇,总共七八篇或八九篇就够了。"两人具体商定,立即动手创作《八路军大合唱》。由郑律成作曲,公木作词。他们决定这个大合唱要由八支歌儿组成,要的是这个"八"字。一时间,战火纷飞的疆场,一队队荷枪实弹奔赴抗日前线的八路军的雄姿,战士们英勇杀敌的矫健身影……,萦绕在诗人公木的心头,也萦绕在作曲家郑律成的心头。对祖国的无限热爱,对人民的高度责任感,对八路军的一往情深,掀起了他们感情的巨澜。灵感之火把创作的激情点燃,而且越烧越旺,终于凝铸成火一般的诗行,弹奏出发自肺腑的乐章。公木一气呵成,写下《八路军军歌》《八路军进行曲》《快乐的八路军》《炮兵歌》《骑兵歌》《冲锋歌》《军民一家》,加上原来创作的《子夜岗兵颂》共八支歌的歌词,完成这些歌词的创作,还不到一周时间。从命题构思,到谋篇造句,唯一的合作者就是郑律成。以前是郑律成为公木现成的诗篇谱曲,而创作这些歌词时,是公木为郑律成未成的曲子作词。两人配合默契。凡谱曲需要的,如创作《骑兵歌》,要写出马蹄嘚嘚前进的脚步声;《炮兵歌》要写出轰隆隆震天响的气势;《进行曲》要长短相间,寓整于散,要韵律谐和,节奏响亮,中间还要并排安插上三个四字短句。诸如此类,凡力所能及,公木都严格照办。只要郑律成满意了，就算拍板定稿了。在写作这一辉煌的历史性名曲《八路军大合唱》中，诗人公木与作曲家郑律成的合作，十分充分、完善，树立了合作的楷模。

公木每写成一篇歌词，郑律成就拿去作曲。没有钢琴，连风琴也没有，只是摇头晃脑地哼哼着，打着手势，有时还绕着屋中摆的一张白木茬桌子踏步转悠。意识到公木带着笑意注视他，他就走出窑洞，躲到崄畔或爬上山坡去"创作"。制谱似乎比作词更费些斟酌，他也经常用鼻音哼哼出一个调儿来，征求公木的意见。作曲的时间拖得比较长，大约到八月底、九月初，全部编曲才算完成了。郑律成说："给词作曲，如同为虎生翼"。公木说："为虎生翼，不是一句好话。"郑律成笑道："不管它。咱们的虎，是吃日本鬼子，吃反动派的虎。生了翼，更凶，更猛，更厉害，有什么不好？"当郑律成把"翼"生出来，抗大三分校已经正式开学，公木搬到三分校政治部住，继续搞时事政策教育工作，郑律成同志则调到鲁迅艺术学院音乐系做教员去了。郑律成虽然离开抗大，还是经常回来教歌。三分校的每个连队，无论在行军途中，无论在集合会场，到处都在唱："铁流两万五千里，直向着一个坚定的方向。""向前，向前，向前，我们的队伍向太阳。""炮声震天响，战火漫天烧，看我健儿抖擞精神个个逞英豪。"1939 年秋冬，这嘹亮的歌声在延安的山山岭岭回荡着。这年冬季，《八路军大合唱》由鲁艺音乐系油印成册，还在中央大礼堂组织过一次晚会，由郑律成亲任指挥，进行专场演出。此后，不只抗大学员唱，各机关、部队、学校也都传唱起来。学员们一批批毕业了,也就把歌声传向四面八方。这部大合唱,一经唱出后,就受到热烈欢迎,唱遍延安,唱遍陕甘宁边区,唱遍各根据地。

1940年夏季的一天,总政治部宣传部部长萧向荣邀请郑律成和公木到文化沟口青年食堂吃了顿红烧肉,以示犒劳,并告诉他们说,这些有关八路军的歌曲已由抗大学员传唱到各个抗日根据地,很受广大战士欢迎,特向他们祝贺!萧部长笑着说:"今天破例,都喝三杯。一杯酒,祝你们继续合作取得更大成果;二杯酒,祝你们更认真地向工农群众学习;三杯酒,祝你们再接再厉写兵,并且为兵写!"他们表示,一定铭记在心,努力奋斗。

后来,《八路军军歌》和《八路军进行曲》便正式刊登在《八路军军政杂志》上,这表示军委正式认定了它们。其余几首,随着时间的流逝,慢慢便唱得少了;只有军歌和进行曲经历了较久的考验。抗日战争胜利,到了第三次国内革命战争时期,八路军发展为人民解放军,《八路军军歌》也便随之失去生命力,而《八路军进行曲》则被改为《中国人民解放军进行曲》,继续被广泛传唱着。

这一时期公木的生活视野更开阔了,诗歌的观念更丰富、更复杂了一些。1939年,他写了诗歌理论文章《新歌诗论》,提出新诗创作应按"新歌诗""新诵诗"两条路子走。前者指能唱的新诗、歌词、鼓书、弹词、歌剧唱词等皆在内,后者是自由体朗诵诗。这种理解,较之前期新诗观念有所发展,也是探究中国古典诗歌流变史和新诗创作实践的结果。公木这个时期创作的歌词,就是在新歌诗理论指导下创作的。

　　不论中国还是外国，最早的诗都是歌词，诗和音乐是互相结合的，谱曲就能唱。荷马的两首长篇英雄史诗《伊里亚特》和《奥德赛》，实际上也是歌词。莎士比亚的大部分剧本都插有能唱的歌词。歌德、海涅、彭斯、普希金也都写了不少歌词。中国新诗人，也写了不少能谱曲、能"入乐"的诗。特别是抗日战争时期，创作的歌诗更多一些。好的歌诗，意境深邃，形象鲜明，感情激昂，韵律铿锵。公木的《八路军大合唱》的歌词就具有这些特点。如《八路军军歌》：

　　　　　铁流两万五千里，

　　　　　直向着一个坚定的方向。

　　　　　苦斗十年，

　　　　　锻炼成一支不可战胜的力量。

　　　　　一旦强虏寇边疆，

　　　　　慷慨悲歌奔战场，

　　　　　首战平型关，

　　　　　威名天下扬。

　　　　　嘿！游击战，敌后方，

　　　　　铲除伪政权；

　　　　　游击战，敌后方，

　　　　　坚持反扫荡；

钢刀插在敌胸膛。

巍峨长白山，
滔滔鸭绿江，
誓复失地逐强梁。
争民族独立，
求人类解放，
这神圣的重大责任，
都担在我们双肩。

这首歌词深沉雄壮，通俗流畅，赞颂了八路军是一支不可战胜的力量，在抗日战争中起了巨大的鼓舞作用。

又如《快乐的八路军》：

我们奔驰在冀察的山岗，
清响的驼铃随风而叮。
我们奔驰在冀鲁的平原，
碧绿的田野喷吐着芳香。
我们奔驰在热辽的沙野，
纷纷的雨雪遮断了边疆。
不管是城市村庄，
不管是腹地边疆，

到处招引着欢迎的手,

飘荡着欢迎的歌唱。

我们把祖国的同胞,

由黑暗引导向光明,

我们把侵略的强盗,

用战斗叫他们灭亡!

我们出没于敌人的炮火,

我们出没于敌人的后方。

战场上学习,战斗中成长,

谁能比得上我们快乐洋洋,

谁能比得上我们快乐洋洋。

　　这首歌词轻快活泼,旋律跳荡,洋溢着革命乐观主义精神。唱起这支歌,许多老战士会情不自禁地想起烽火连天的战斗岁月,想起驰骋长城内外的疆场和敌人英勇搏斗的艰苦日子,从而更珍惜今天的幸福时光。

　　又如《八路军进行曲》:由《八路军进行曲》改为《中国人民解放军进行曲》时,歌词有改动。后来改为《中国人民解放军进行曲》,歌词是这样的:

向前向前向前!

我们的队伍向太阳，

脚踏着祖国的大地，

背负着民族的希望，

我们是一支不可战胜的力量。

我们是工农的子弟，

我们是人民的武装，

从不畏惧，

绝不屈服，

英勇战斗，

直到把反动派消灭干净，

毛泽东的旗帜高高飘扬。

听！风在呼啸军号响；

听！革命歌声多嘹亮！

同志们整齐步伐奔向解放的战场，

同志们整齐步伐奔赴祖国的边疆，

向前向前！

我们的队伍向太阳，

向最后的胜利，

向全国的解放！

这首歌词,气魄宏伟,生动地描绘了人民子弟兵的伟大形象。这是英雄的集体,这是巨人的群像,"脚踏着祖国的大地,背负着民族的希望",为了人民的解放事业,他们"从不畏惧,绝不屈服,英勇战斗",勇往直前,无坚不摧。这是中国人民解放军的本色。歌词气势磅礴,节奏抑扬顿挫,韵律昂扬和谐,再加上作曲家为它配上雄壮优美的曲调,给它插上了音乐的翅膀。这首歌在消灭日本帝国主义,解放伟大祖国的斗争中,发挥了巨大的作用。"这支歌确如狂飙天落,旋卷整个艰难困苦而又英勇卓绝的抗日战争、解放战争的英雄年代。我们每一个解放军战士,就是高唱着'向前向前向前!我们的队伍向太阳',排山倒海,冲锋向前,击败日寇,覆灭蒋家王朝,涤荡尽旧中国的污泥浊水,捧献出光辉灿烂的新中国。这首'我们的队伍向太阳',正是全中国无产阶级和人民战斗的歌。"(刘白羽:《火一般炽烈的歌手》)

"一个国家的军歌,其重要性仅次于国歌。我们这首军歌,在各个革命时期,起了颇为持久的、极为广泛的动员、鼓舞、教育的作用,成了一首我国全军全民喜听乐唱的不朽之歌。"(朱子奇:《公木,我尊敬的诗兄》)这首歌在国际上产生过良好的影响。苏联、捷克斯洛伐克、罗马尼亚、日本等国翻译介绍过。有一句话形容得好:"一首好的革命战歌,胜过一个兵团的威力"。公木、郑律成合作创作的《中国人民解放军军歌》,称得上属于这样有威力的歌。千百万战士和亿万人民喜爱它,高唱着它冲锋陷阵,高唱着它争取胜利! 这是人民给予作者的最高荣誉和奖赏。

主编《部队文艺》和发起成立"鹰社"

1939 年至 1940 年,公木与萧三、刘御、师田手、海棱诸同志共同发起并成立"延安诗社",开展街头诗和诗朗诵运动。延安诗社是一群青年诗人在萧三团结和指导下成立起来的。这时萧三任延安文化俱乐部主任,把主持诗社活动,看做为推进文艺运动的一项重要工作。先是编印《新诗歌》油印小报(1940 年),继而主编铅印的《大众文艺》月刊(1941 年)。在这两年中,延安诗歌运动——街头诗运动和诗朗诵运动,风起云涌,热火朝天,是以萧三为核心开展起来的。为了建立和发展延安诗社,萧三曾发出响亮的号召,大声疾呼:

> 诗人,起来！现在这时节
> 不能贪取甜蜜的睡乡。
> 莫忘了,千百万战士的热血
> 流在中原的沙场上。
> 每个人都应该和他们一道。
> 你现在不能丢炸弹,动刀枪——
> 你应当写些诗歌给他们唱:
> 诗人,诗歌可比作子弹和刺刀。[①]

---

① 萧三:《诗人,起来》(1940 年)。

萧三把诗歌比作"子弹和刺刀",这一思想指导他的创作,也直接影响着他周围的年轻诗人。公木当时就是其中之一。公木经常把自己写的诗和诗论稿拿给萧三看。那时,萧三喜欢马雅可夫斯基讲究响亮的节奏和严格的韵律的诗歌,而公木认为"用自己的语言抒写自己的情意,惠特曼的形式可资借鉴的地方更多些"。① 萧三表示同意,并把手头唯一的一部1936年莫斯科出版的《草叶集》赠送给公木,他如获至宝。在后来的《论萧三的诗》一文中说:"这本书伴我度过封锁线,陪我住过板棚,直到现在还保存着。我珍视它,不仅是由于从四十年代开始我的诗风曾受到它的影响,更尤其是作为赠品它使我永远怀着一种崇高的情谊。"当时,萧三希望他成为延安专业作家,公木却愿意一边工作,一边写作。那时朗诵诗在延安刚刚兴起,听众不习惯,纷纷议论朗诵诗要改良。公木从诗坛实际和他自身的创作体会出发,把新诗发展的理论又向前推进了一步。由原来主张的"一方面,要尽可能地利用活在大众中的旧形式;一方面,要极力创造能够被大众所了解,至少要能够被大众的前卫所了解的新形式",而发展为"新歌诗"和"新诵诗"的理论,并认真实践。公木对在延安兴起的朗诵诗从理论到实践都予以热情的支持。萧三在《漫忆四十年前的诗歌运动》(《诗刊》1982年第5期)一文中说:"公木同志在那时已经是一个比较有修养的诗人。他的作品和他对新诗的见解比许

---

① 公木:《论萧三的诗》,《文艺报》,1981年13期。

多青年同志较为成熟。大家从他当时以及后来发表的许多首诗就可以看得出来。"

在这个时期,公木遭婚变,深受刺激。因此申请赴前方,回到家乡冀中军区去工作。经抗大与军委批准,正整装待发,传来中央决定暂时停止向敌后派遣干部的决定,因此没有走成。1941年5月,公木调到军委直属队政治部文艺室任主任。当时这个文艺室刚刚成立,它是部队中开展文艺创作活动的一个专门组织。其成员还有朱子奇、晋驼、方杰、李洁、李溪等同志,总共有十来个人。此外,鲁艺派来的两名实习生也加入了他们的行列,一名是文学系的侯唯动,另一名是音乐系的李尼。文艺室刚成立时,曾附设有一个评剧团,后来拨归中央文化口,成立了延安评剧团。

文艺室成立后的主要活动有两项:一是创办了一个综合性的铅印文艺刊物——《部队文艺》;二是成立了一个文学团体——鹰社,并编辑出版过一期墙报——《蒺藜》。《部队文艺》创刊于1941年冬,是解放区部队文艺中最早出现的一个刊物。总共编印过三期:第一期于1941年12月印行;第二、三期合编为一册,于1942年4月印行。当时在边区物质条件十分困难的情况下,《部队文艺》是采用根据地自己生产的土纸印刷的,设计和装帧亦甚朴素大方,美观精巧。公木担任《部队文艺》的主编。这个刊物受到了党和部队有关领导同志的重视与关怀,并给予大力支持和鼓励。刊头四个字是由当时兼任军直政治部主任的胡耀邦题写的。担任《八路军军政杂志》文艺负责人的吴奚如为《部队文艺》写了发刊词。这个刊物，在延安和敌后有着一定影响。为了便于开展活动，他们以文艺室为核心，发起了一个文学团体，叫鹰社。为什么叫鹰社？其含意颇深。抗日战争中，陕甘宁边区23个县，它的地图像一只昂首东翔的雄鹰，关中分区是它伸向八百里秦川，要扑击魔窟西安的一只利爪。叫鹰社，也寓意在部队新文艺创作上如雄鹰展翅，翱翔奋飞。这个文学团体，在延安是不同一般的。当时的情况是《在延安文艺座谈会上的讲话》发表以前，文艺界奇谈怪论不少，除毛泽东在《讲话》中批判的以外，还有什么"沉淀论"，认为应过了几十年以后再写抗日战争，认为"文学的目的是给人以慰安以休息"等。鹰社旗帜鲜明，它的主要任务是研究文艺规律，开展文艺创作，活跃文艺生活，为抗战服务，为发展部队文艺创作服务。参加鹰社的成员，先后约有二三十人之多。其中属于部队范围内的有公木、朱子奇、晋驼、方杰、李洁、李溪、沙英、黄既、沈其东等同志；属于部队范围以外的，有麦播、侯唯动、贺敬之、李立方、天兰、周民英、柳勉之（即东方白）、袁血卒等同志。当时，晋驼负责在延安青年作家中发展成员，侯唯动负责在鲁迅艺术学院中发展成员。在鹰社成立与活动的一年多时间里，先后召开过两次成员会议。重点讨论了文艺的本身与创作，以及研究如何运用文艺形式来表现工农兵的问题等，在帮助大家提高思想认识和艺术水平方面，收到了良好的效果。①

为了交流思想和创作，生动活泼地开展文艺活动，鹰社还编辑出刊了一期墙报，名为《蒺藜》。它在"直政"山下，文化沟口，与《轻骑队》并列。但它和《轻骑队》的关系不是唱和，而是唱对台戏。当时也受了延安写讽刺小品的影响，所以刊登了公木的《大围墙》《小围墙》等讽刺诗和晋驼的讽刺小品，同时也刊登了朱子奇、侯唯动的歌颂诗。《蒺藜》和《轻骑队》唱对台戏的宗旨，经过几个负责人的研究，由晋驼执笔，写了一篇发刊词。大意是：蒺藜生长在大路旁，但走正路的人不会为它所刺，它专刺不走正路和横冲直撞的人。基于这种对客观现实的认识——人有走正路的，也有不走正路的，当然歌颂、讽刺兼容并收。这与只登讽刺文章的《轻骑队》，具有性质上的区别。据闻，康生在一次审干报告中说："《轻骑队》旁边有个《蒺藜》，里边也有坏分子。"康生的信口雌黄，却种下了祸根。鹰社社员在几十年风云变幻中，各受到不同程度的磨难，但经过长期的考验，社员近30人，都不愧为鹰，不愧为隼。这和人生"定弦性"的青壮年时期，大家互相影响，互相砥砺，不能没有关系②。

著名诗篇《我爱》《哈喽，胡子》《鸟枪的故事》等

在延安时期，公木的生活天地和创作视野比起三十年代来开

---

① 参见刘锦满：《延安时期的军直文艺室和〈部队文艺〉》，《新文学史料》1982年第1期。

② 参见晋驼：《对延安〈部队文艺〉和鹰社的回忆》，《新文学史料》1982年2期。

阔得多了,可以说脱离知识分子的圈子而走向了工农大众。这促使他的诗歌创作出现了一个高潮。1941年至1942年是他的诗歌创作的高峰,著名的诗篇《我爱》《水》《自己的歌》《冬夜》《哈喽,胡子》《再见吧,延安》《我看见你们了》《鞋底歌》《风箱谣》《鸟枪的故事》等都写于这一时期。此时期,他的诗歌在题材和形式方面都有新的开拓。但是,最吸引诗人注意的歌咏对象还是知识分子和农民。这当然是因为诗人对他们的心态和生活最为熟悉,写他们是轻车熟路。但更为主要的还是因为知识分子和农民在抗日战争中,甚至是在整个民主革命阶段,起着特殊的作用。所以不独是公木,还吸引了许多作家。当然,公木也写了八路军,但正如毛泽东同志说的,那不过是武装的农民。公木还写过盐工,但与其说是盐工,不如说是盐农,因为他们和农民一样,被束缚在一小块土地上,经受着封建式的剥削。然而,公木写知识分子的诗章,最足以显示他不同于别的诗人的思想艺术特色

受惠特曼的影响,用自由体写成的《我爱》,是一首抒情诗,抒发诗人的主观情怀,实际上也是用诗的形式写成的一篇诗论。开篇,诗人通过想象和联想,描绘了让人们驰骋遐想的艺术空间,并形象地提出了问题:

雷闪,

不能把光芒和声响,

永留在天空。

颤抖的星，

水样的月光，

甚至灼烁的太阳——

能够照穿乌黑的夜，

直到把黑夜消灭。

然而它们照不亮

人的心,这大海洋：

……

　　诗人认为诗歌艺术能够照亮人们心底的海洋,能够引导人们
思想的航船驶向光明的未来:"你把一代的精神,/赋以活的呼
吸,/吹向来世。"诗人认为诗歌创作还应该歌颂正义,歌颂真理,
鞭挞一切剥削者和丑恶的事物:

你拂去蒙蔽正义的尘土,

你使罪恶低头而战栗。

你比空气更轻灵,

你是前进的急先锋。

对每个新辟的领域,

你总是做向导。

你的伴随,

是创造的意志,

是真理的美。

······

诗中倾吐了诗人对诗歌的由衷酷爱。诗中这样写道:

什么

生命力最久常?

什么

光照得最深最强?

是你啊,

我心爱的诗。

······

我爱过许多男人和女人

我却没有

像爱你这般深。

　　这深沉的感情,不仅表达了诗人所坚守的诗歌信念和创作纲领,而且也抒发了一个革命知识分子的生活信念和追求真理的热切心情。这虽是一篇"诗论",却并不是抽象的议论。诗人不仅敞露胸怀,抒发自己对诗歌艺术的钟爱之情,而且善于运用丰富的想象,把"诗歌"拟人化,把它比作一个亲爱的人和老朋友,因此诗篇洋溢着浓烈的感情色彩。诗人通过强烈的主观抒情,唤起读者的感情共鸣。从艺术表现上看，含蓄蕴藉，这是此前一个时期的诗歌所不曾具有的。这首诗构思新颖，语言朴实，特别是那非常鲜明的节奏，和着情绪的起伏，产生了强烈的艺术感染力。

这首诗和《自己的歌》《水》《冬夜》《再见吧，延安》《哈喽，胡子》等诗，其实都是写知识分子的。正是在这一组诗里，我们看到了公木诗歌创作的独特风格。

在《自己的歌》中，诗人用形象的比喻，明确地表白自己与旧我告别，而要走向光明，投入战斗的革命集体的坚定信念：

> 我以理性与意志合成的剪刀，
> 把昨天的葛藤铰断。
> 踏着现实的条石
> 铺成的坚实的大路，
> 在伙伴的洪流里，
> 奔向明天。

诗中表明了诗人对黑暗势力和一切丑恶事物的无比憎恨，对光明和一切美好事物的热烈向往和追求。诗中有这样一段生动感人的内心独白：

> 起来，投向阳光里！
> 起来，投向音响里！

起来,投向前进着的行列里!

负着我肥硕而又沉重的背包,

让我的步子,

踏得更有力些,更有力些呵!

把蒙在身上的尘土振落!

把蒙在灵魂里的尘土振落!

这个时期,诗人在诗歌艺术形式方面正进行着多方面的探索。他主张"诗要用形象思维,必须抒发真情实感,形式应不拘一格"(《公木诗选·后记》),一个有成就的诗人,应该在艺术上进行多种形式的尝试,从而走出自己的艺术之路。公木正是这样做了。由于他的多种艺术追求,他的四十年代的诗歌呈现了多姿多彩的艺术风貌。

《水》这首诗写得含蓄、深沉。以比喻和象征的手法嘲讽那些不愿做默默无闻的平凡工作,而一心想出人头地的所谓一鸣惊人者:

水掺入酒里,

水笑着吐出白沫:

"从此我也算做酒了!"

而自封为酒的水不能使人醉,

反累得被冲淡了的酒

为饮者所诟詈。

诗歌揭示了一个深刻的哲理：物尽其用，人尽其才，各得其所，才是对的。不能异想天开，想入非非。要尊重事实，遵循客观规律，谁要违背它，谁就会受到惩罚。伟大是出自平凡的，其实水是非常宝贵的，但它认识不到自己的价值，因此盲目地妄自菲薄。

> 其实，世界假如没有水，
> 绿洲也要变成沙漠，
> 一切生命将枯萎，——
> 水又何必自惭非酒而脸红？

认识不到自我的价值，在生活中找不到自己的位置，追求虚荣，羡慕华贵，正是这种人的可悲的下场。什么是他们的最高生活原则呢？——

> 以骄傲而睥睨同类，
> 以特殊来掩埋自我。

最后，诗人以反语结尾：

> 祝福你装入酒坛的水，

你可以笑傲那汪洋的波涛了。

诗人提出了一个发人深省的重大问题：人，应该如何对待自己，应该如何生活，应该有怎样的追求？诗虽然不长，但内涵很深，容量很大，言有尽，而意无穷。

《再见吧，延安》写于 1942 年 4 月，是一首充满激情的诗章。"没有真正的激情便没有真正的诗"，公木的诗是充满了激情的，是战士的激情，是思想家的激情。不是基于直观、直觉，不是来自生活的浮浅的感受，而是源于理性认识、科学思考，是来自生活的学问。公木诗中的激情，是来自革命理想，不是基于个人的得失，不是被动地表现生活感受，而是基于人民的情感，是主动地表现生活的理想，表现美好的愿望。因此，公木的诗是以社会的学问，生活的认识，人民的感情，革命的理想构成艺术形象来拨动人们的心弦，感召人们的心灵的。《再见吧，延安》，描写诗人即将告别延安走向新的征程时，对革命圣地延安的无比依恋之情。在这首八十二行的长诗中，诗人饱含激情地抒发了自己对延安一草一木的挚爱和依依惜别的眷恋之情。诗人寓情于景，从宝塔山、古刹、俱乐部、桃林、延河写起，一直写到大礼堂、窑洞、小白杨、保育院……笔底洋溢着诗人爱恋的深情。诗人纯朴、凝重、真挚的感情作为诗篇的主旋律，撞击着读者的心扉，引起强烈的共鸣，因而，使这首诗具有很高的美学价值。

这首诗在艺术上明显地受惠特曼诗风的影响，热情、奔放，挥洒自如。读这首诗,很容易使我们联想起郭沫若的《晨安》一诗,在风格上他们是相近的,而公木的这首诗感情更深沉,景物描写更含情脉脉。

如果说,每一个诗人的诗中都有诗人的个性的话,那么写知识分子的诗中,显示的诗人的个性就更突出。正如何其芳、艾青等诗人笔下的知识分子有自己独特的精神面貌一样,公木笔下的知识分子,也有自己独特的精神面貌,而这种独特的精神面貌,每每是诗人自己独特的精神面貌的反射。

民主革命时期的知识分子,差不多都经历了从个人主义到集体主义、从民主主义思想到无产阶级思想的转变。一切革命诗人也不例外。但实现这种转变却是十分艰巨的,有时是迂回曲折的。知识分子的这个转变的历程,当然要在诗歌里留下清晰的印痕。于是我们在诗歌里看到了知识分子的彷徨苦闷和对光明的追寻,以及对自己的虔诚而苛刻的自责。因此,在这样的诗歌里,有时我们感受到一种悲凉的感伤的节奏。

但是,公木写知识分子的诗歌,却是属于另一世界。因为他一进入诗歌的王国,便已经用"理性和意志合成的剪刀,把昨天的葛藤铰断"(《自己的歌》)。也就是说,他基本上实现了从民主主义思想向无产阶级思想的转变,马克思主义世界观,使他摆脱了一般知识分子所常有的那种苦闷和感伤。他不是今天与明天之交的知识分子,也不是走在探索路上的知识分子,更不是咀嚼身边小小的悲欢并以此为整个世界的知识分子。在抗战的烽火里,他已与人民汇合,沐浴着党的阳光,呼吸着解放区的清新的空气。昨天的葛藤不是不来缠绕他,但那不是温馨或甜蜜的回忆,而是梦魇一般过去的奴隶生活,他自然要剪断它,而"踏着现实的条石","在伙伴的洪流里,奔向明天"。正因为如此,诗人的抒情,是战士的抒情,调子自然是明朗乐观的,对于未来也抱着坚定的信念。

在著名的诗篇《哈喽,胡子》中,诗人写了一个知识分子出身的革命者,他纯朴、宽厚,善于思索,他阅历多,学问深,对革命同志像兄长一样关怀爱护,而对一切虚伪和不义,都予以鄙视,同时他又意识到肩负的历史使命的沉重。

> 自从对罪恶挥起愤怒的剑,
> 你不曾把紧握的剑柄松弛。
> 阿谀脂粉的眼泪没有浸软你横起的心,
> 戳在心窝的枪口没有吓退你迈进的步伐。
> 你一启程就向着"自由的王国",
> 单凭你正义的直感选定了这个方向。
> 你从口红和酒排的包围中冲出,
> 留一片蠢然的嗤笑在你的身后。

他长期从事地下工作,经历了重重磨难,终于从白区来到被他"爱得想到就流出热泪的地方"。这时候,诗中这样描写他:

你的心谦虚得像一只空瓶：

你向老乡问一声路，

必定先来一个最端正的敬礼；

你坐在合作社，①

从不敢放肆地喊一声小鬼或敲一下桌子；

因为你来到了延安啊，

这个被你爱得心疼的地方，

这个被你爱得想到就流出热泪的地方！

对每个人甚或打身旁擦过的赶路者，

你都从心里呼唤着："同志，喂，同志！"

这个比铜锤击打洪钟还响亮的名字，

这个把战斗的队伍结合成一堵铁墙的名字。

这样的知识分子，已经有了更大的跨越。他已经成为无产阶级的先进战士。与人民群众溶合在一起，与革命的集体溶合在一起，是他的希望和理想。为人民的利益，为真理的事业，他是"不吝啬付出血去灌溉，付出生命去繁殖"的。

但是革命的集体中也不是平静的。"胡子"由于鄙视那些喜欢吹牛、以剽窃和说谎而炫耀自己、抓取名誉的家伙，"对他们你

---

① 合作社，在当时的延安指的是饭馆。

永远不屑翻一翻眼皮,轻蔑的笑影闪跳在你胡须的<u>丛林</u>里"。于是"你总显得如此孤寂又如此沉默"。

而你的形貌却慢慢变得滞重了:

> 时间的手,
> 在你本是油黑的脸上,
> 偷写出无数条纤细的褶皱:
> 在你牛犊般的身体里,在你风箱般的肺腔里,
> 装进了各式各样的病苦。
> 爱和忧愤熬煎着你,……

延安审干时,曾左倾地搞起"抢救运动",要求干部纯而又纯,加上当时又有康生等一帮坏家伙的插手,因此许多好同志受了委屈,甚至被认为是"敌人",敌我不分,使亲者痛,仇者快。这使一贯正直无私的"胡子"感到极为伤心。公木在这首诗中反映了左倾思想指导下的过火斗争给革命者心灵造成的伤痕——淡淡的哀怨。公木在那时就认识了这种灾难,但是恐怕他也无法想到后来越演越烈的灾难。作为一个真正的诗人,他没有粉饰现实,没有回避斗争。而是真实地描写了"党内斗争"在革命者心中留下的阴影。但是诗人笔下的"胡子"不是悲观者,而是一位坚定的革命战士。他是非分明,在复杂的情况下,能把稳方向盘,旋动引擎。因为:

在真理的面前，

你永远是一个倾听命令的小卒。

真理命令你："前进！"

你就立刻迈开阔步，没有踌躇过；

真理命令你："冲锋！"

你马上就上好刺刀，把仇恨投向敌人。

你从不吝啬付出血去灌溉，付出生命去繁殖，

完全用不着老朋友为你担心啊！

因为你的心里自燃着永不熄灭的火种，

风一吹就会发出炽热的熊熊的火焰来；

因为板着脸的冰床阻不住潺潺潜流的河水，

春来嘘一口气息冰床也会展开笑颜而欢唱。

水要奔流，火要燃烧，

声响和光彩就是这样产生的，

你就要生活在声响和光彩里了！

　　《哈喽，胡子》这首诗是以真人真事为基础，诗人深情地描写了他的老战友，在延安时期一直生活和工作在一起的，绰号叫"胡子"的李洁同志。诗中的"胡子"是具有鲜明个性的先进知识分子，歌颂了他的无私无畏和为革命而献身的精神。实际上这个形象，也有公木本人的影子在里面。公木的诗歌总是以真情实感为

基础,因而他的诗歌虽然朴素无华,但内涵深厚,因此感人至深,这首诗体现这一特点更为突出。当作家们的笔力都集中到歌颂工农兵的先进人物的时候,这样一首歌颂知识分子的诗的出现自然有着特殊的意义。这首诗后来刊登在胡风主编的《希望》上[①]。周恩来同志每次离开延安到国统区,总要征集一些诗文稿件带去,分别介绍给各报刊发表。

公木写八路军的诗歌更为人们所熟悉。除了《八路军大合唱》那一组歌词以外,他写得最感人的诗是写人民群众劳军的。公木曾在八路军中工作过,他深知军队无敌的力量的源泉在于人民群众之中,所以人们说军民鱼水情,军民一家人。公木正是用诗人的眼睛,写了人民群众对子弟兵的支援。

《鞋底歌》这首诗就很有特色。劳动妇女认识到:

八路军是什么人?

是人民的胆,人民的灯;

他们踏着雪花走,

人民的脚呵冻得疼。

正因为有这样的心连心的感情,他们才不顾疲劳、克服困难,给前线的战士赶做军鞋。这首诗的结构很有特色,以一个战士手

---

① 参见侯唯动:《五十年前的"鹰社"及其他》,《新文学史料》1982 年 3 期。

捧军鞋,思绪翻滚,联想到人民群众忙做军鞋的情景来布局谋篇的,对诗歌形式,做了可贵的探索。诗歌写得情意绵绵,把民歌和自由体诗结合得水乳交融,极其和谐自然,给人以新颖、活泼的感觉。

《风箱谣》抒写边区人民和子弟兵之间的鱼水之情。诗中满怀深情地描写了一位子弟兵的老妈妈林大娘,她为了行军打仗的子弟兵经过这里时能喝上一口绿豆水,能喝上一口小米汤,不顾酷暑严寒,不顾烟呛火烤,日夜守在灶前拉风箱。诗中描写了她对子弟兵的疼爱和挂念:

不,豆儿还硬,
我必须再添一把火。
说不定子弟兵
哪会儿就打这里经过。
他们嗓子热得冒烟,
他们比火烧的干锅
还更加感到焦渴呀!
……
不,小米还生,
我必须再添一把火。
说不定子弟兵
哪会儿就打这里经过。

他们眉毛上挂着冰柱，

他们比冻结的水缸

还更加需要温暖呀！

咕哒，咕哒，咕哒……

风箱永不疲倦地唱着歌。

夏天煮绿豆水，

冬天熬小米汤。

可以想象，当行军打仗路过这里的战士，夏天喝上林大娘送上来的清凉解渴的绿豆水，冬天喝上热乎乎的小米汤，心情是多么不平静啊！他们定会把人民的爱化作奋勇杀敌的动力，带着人民的殷切期望，更勇敢地奔向解放的疆场。

这首诗语言朴素自然，感情真挚，旋律和谐，具有陕北风情和民歌的风味。

《我看见你们了——纪念雁北游击队司令员李林同志》描写一位双目失明的妇女对八路军的深情，她自己的儿子也参加了八路军。可是，八路军什么样呢？她看不着。诗中写道：

一天，八路军开进村里来——

拐杖领着她找到队伍上。

她扔掉拐杖，

向空中伸出两只手，

那手由于激动而颤抖着：

"来，让我摸一摸！"

可谁能想到，她摸的竟是雁北游击队司令员李林同志。从笑声中，她发现"八路军里还有女娃"，战士们告诉她，这是赫赫有名的司令员李林同志。李林同志亲热地伸出手——

那拿过绣花针，

又被枪把磨出茧来的手，

和那瞎女人紧紧地相握了。

于是，那妇女激动地喊出："我看见你们了！/我看见你们了！"质朴的话语，表达了她对子弟兵的深情。诗歌也侧面描写了司令员李林同志，在战场上是屡建奇功的英雄，在群众面前是纯朴、谦虚、平易近人的普通一兵。

《鸟枪的故事》是诗人继《父与子》之后用自由体写成的又一部长篇叙事诗。比《父与子》显得更加丰满充实。它标志着诗人的诗歌创作更加臻于成熟。

长诗以小战士铁牛的叙述口吻，讲述了他家祖传的鸟枪的来历和它在祖孙三代人手中的不同作用。从诗的构思看，是以一支鸟枪为中心线索，展开了故事情节，描写了祖孙三代农民的不同命运。虽然时间跨度大，容纳的事件和人物也多，但主线却十分

清晰:

> 你别小瞧咱这杆鸟枪,
>
> 肉,它可算吃老鼻子啦!
>
> 在爷爷手里,
>
> 它还是吃飞肉跑肉;
>
> 在爹爹手里,
>
> 它打死过披虎皮的走狗;
>
> 在我手里啊,
>
> 嘿,它已经开过洋荤啦,
>
> 它已经吃过东洋鬼子的肉啦!

长诗围绕这杆鸟枪,生动形象地概括了人民革命斗争的历史。爷爷这一代农民属于辛苦麻木而生活的老一代农民。爷爷买了一杆鸟枪,打点飞的跑的猎物,自己家舍不得吃,都要挑到集上去,"就是逢年过节的日子,/也不过塞塞牙缝儿——/还要给东家送礼,/挑着肥的大的都送礼了!"爷爷受了一辈子剥削和压迫,但是始终不觉悟。他认为地主所以富是命里注定的,"有福星照着哩"。自己受穷,当然也归于命了。爹爹这一代农民的阶级意识开始觉醒,在深重的苦难面前,他们组织自发地反抗斗争:

> 三股麻拧成绳,

78

众人拾柴天烧红!

巴不清谁倡的头,
这句话就像长上了翅儿,
它绕过富人的油漆大门,
飞进每一间穷人的茅草屋。
……

全村都哄翻了,
邻村也闹欢了,
有人树起大红旗,
红旗迎风飘呀飘的飘着,
我们这一带村庄全红了。
……
大家鼓起劲来,
还想着攻城哩!
有人拿铁铲,
有人拿木棒,
爹爹就拿着这杆枪。

　　在严酷的斗争中,爹爹悲壮地倒下去了,但是已经点燃起的革命火种是不会熄灭的,它定能燃起熊熊大火。正如诗中写的那样：

> 秃子伯伯攥紧了拳头，
> 眼里冒着火星星，
> 牙齿咬得断一根铁钉：
> "截断了一道小河沟，
> 横竖是填不平大海！
> 枣核子还能挡住大车吗？
> 哼，走着瞧吧！"

孙子铁牛属于新一代农民，他们的反抗斗争，已经由父辈的自发斗争走向自觉斗争。在更为深重的民族灾难面前，铁牛拿起鸟枪，参加了游击队，投入了党领导的革命军队，找到了真正的出路，肩负起抗击日寇的伟大使命。

> 鬼子和咱庄稼人，
> 正是冤家死对头；
> 不赶走鬼子，
> 这洋罪可没法受！

长诗告诉人们一个真理：被压迫的人民只有拿起武器斗争，才能有解放的出路。

在长诗中,还描写了一个值得人们注意的形象——淑华。她虽然出身于地主家庭,但进学堂以后,接受了进步思想,毅然和老子划清界线,对待当日本鬼子汉奸的老子,她的态度是:"不再认他叫爸爸啦!"淑华也参加了抗日队伍,成为一名女兵。这个形象在诗中出现是有深刻意义的。它说明出身于剥削阶级家庭、或有反革命老子的青年,只要自己决心与家庭、与反革命老子划清界限,完全可以成为一名革命战士。实际上是给非劳动人民家庭出身的青年指出一条光明道路。

这首叙事长诗具有鲜明的民族特色和大众化风格。长诗描绘了富有个性化的人物形象,语言通俗朴素、生动活泼、生活气息浓郁。在形式上,它以自由体为主,融会了民歌的长处。叙事和抒情有机结合,在时间、空间和感情上都是跳跃推进的,因而节奏感强。

《鸟枪的故事》的创作,是诗人对叙事诗发展的又一新贡献。可以这样说,从《岢岚谣》到《鸟枪的故事》,公木的叙事诗在解放区的叙事诗创作方面起了开路与奠基的作用。

《崩溃》等政治讽刺诗

四十年代,诗人写了一组政治讽刺诗,包括《希特勒底十字军》《崩溃》《万纳太太》等。《希特勒底十字军》是诗人读了1941年7月18日《解放日报》上塔斯社报道的《德国召募反共十字军惨败》的消息之后,有感而作的。诗中辛辣地讽刺了希特勒法西斯侵略的罪行。诗中写道：

> 带着卐字臂章的
>
> 虔诚的威廉布里的使徒，
>
> 扛着一面褐色的旗帜，
>
> 醉舞在哀愁的欧洲。
>
> 旗面上暴跳着两行大字，
>
> 涂成一片浓黑：
>
> "组织反共十字军，
>
> 招募国际义勇队。"

　　尽管他们的口号冠冕堂皇——"我们要保卫人类文化，我们要代表整个欧洲"，但是各国人民对他们的侵略本质和罪行却一目了然。他们东扎一头，西扎一头，到处招摇撞骗，可是参加他们"反共十字军，国际义勇队"的只不过是"十名强盗和凶犯""一个乞丐""二十位冒险家"。希特勒站在阅兵台上，"台下回应一阵瞌睡的掌声，一只苍蝇在嗡嗡地飞鸣"。诗人讽刺的是何等巧妙啊！

　　《万纳太太》一诗，揭露和讽刺了德国法西斯的侵略罪行和他们腐朽靡烂的生活方式。诗中写道："万纳太太一眨眼，/就仿佛看见：/金钱、珠宝、丝织品/以及各式各样好吃的东西……/组成无数道河流，/呜咽着，哭泣着。/（那是多么好听的音乐呵，）/从法兰西，从荷兰，从丹麦，/从整个低着头的欧洲，/流向德意志，/

流向她自己居住着的这个国家。/佩戴卐字臂章的占领军,/是勤劳的运输队。"

玩火者必自焚,万纳中尉在攻打莫斯科的侵略战争中,罪有应得地受到了惩罚,一颗愤怒的子弹送他见了阎王。万纳中尉一死,万纳太太不得不受命于领袖的意志,"为满足神圣的道德",加入了配偶站。在"世俗及法律之外,/去实行女人应尽的天职。/有三十万优种的亚利安男子"等待她们。……

《崩溃》一诗,在公木的诗歌中占有特殊的位置。它标志着诗人在艺术上的创新。在这首诗中,诗人展开奇特的想象,描写了光明与黑暗的角逐,寓意人民同帝国主义法西斯的斗争。并把这一斗争拟人化,设想出一个统治黑暗王国的魔王和他的爪牙们,描写他们由一时的猖狂得意,到阻拦光明来临的挣扎,直至最后的灭亡。这首诗写出了整个黑暗王国崩溃的过程。诗的立意高远而深邃,艺术构思十分精巧,通篇运用象征手法,很像一首寓言诗。诗的开篇形象地描写道:

当黄昏的西风,慢慢

吹长了吹长了牧人的身影;

浓须的夜魇紧眉披着万丈黑发,

从天的那边,

从遥远的东方蹒跚地走来,

头顶上装饰着几颗金星。

一切声息都沉寂了，

一切生命都停止了活动，

人的舞台让给魔鬼来上演。

于是鼠群出没，野狼横行，鸱鸮冷笑，群魔狂叫……

群魔之王披着无尽长的黑斗篷，

群魔围起他粗野地旋转；

卷成一阵旋风开始了杳乱的舞蹈。

一个嘶哑的令山岳与海洋都战栗的

大合唱激荡着激荡着：

"什么比黑暗还更伟大呢？

它吞蚀了一切：

山、河、树林、村庄、城市……

只有能自身发光的东西，

它才留予一个位置。

……"

正当群魔狞笑、狂舞，高呼"黑暗万岁！黑暗的王国万岁！" "光明已经死亡，白昼永不来临！"之时，报晓的雄鸡一声长鸣划破夜空，"群魔之王切着牙齿发令：'消灭所有一切鸣唱者！'"

而鸡鸣却是不可遏止的，

这快乐的昂奋的挑战的歌声，

烧成一片熊熊的火焰：

彼此呼应地合唱，

传递着信心和希望。

鼾睡者有的已被唤醒了；

鸥鹣惊惧地拍一下翅膀，

它听见窗子里低声地说：

天快要亮了！

值得注意的是，诗人不仅看到"微亮立刻浮现在东方，曦光立刻煊荡在东方"，更认识到黎明前的黑暗中，"白昼和黑夜的搏斗展开了！"并且在诗中描写这一激战，警告人们千万不能放松对敌人的警惕：

而将归消灭者也愈加疯狂，

群魔之王舞起多节的毛手，

扬播着黄沙像个暴跳的雷，

它发誓要埋藏那升起的太阳。

黄沙的飓风，挟着

群魔歇斯底里的呐喊，

一场光明和黑暗的激战！

光明终于战胜了黑暗，诗人满怀兴奋之情写道：

什么力量能阻住黎明的车轮呢？

黎明飘着红色的舞衣，

循着黑夜走过的路来到人间。

凡被黑暗所染污过的地方，

都被光明所彩濯，

大地伸出欢迎的手笑了。

群魔之王吐一口黑血，

倒卧在荆棘的丛莽。

……

黑暗完全消逝了，

天边奏起云雀的歌声。

　　读着这些充满胜利欢悦的诗句，人们很容易联想起艾青的《黎明的通知》，而艾青的这首诗侧重于报告人们黎明的信息，让人们分享胜利的喜悦；而公木的《崩溃》一诗，侧重描写黎明前光明和黑暗的激战！告诉人们胜利来之不易。

　　《崩溃》这首诗就其思想内容来说，是属于现实主义范畴的，但是艺术手法上，它采用的是象征手法。这说明公木的诗歌创作虽然以现实主义手法为主，但是同时他也努力探索其他艺术手法和表现形式，这首诗写的是很成功的。象征主义，作为一种艺术手法，在不少新诗人的诗作中都程度不同地运用了，即使是以现实主义手法为主的诗人的创作中,也能寻到它的踪影。

《崩溃》一诗运用象征主义手法的成功,启迪诗人们在艺术领域里要勇于开拓和探索,可以借鉴和采用任何艺术手法。诗人们在"第三自然界"的形象王国里可以展开艺术的翅膀自由自在地翱翔、奋飞。

采录陕北民歌与创作《十里盐湾》

1942年5月,公木收到凯丰和毛泽东同志的请柬,邀请他参加延安文艺座谈会。5月2日前往中共中央办公厅参加会议时,在大厅门口,他看到毛泽东等中央领导同志正在一一与前来参加会议的代表握手。当介绍到他是《八路军大合唱》歌词的作者时,毛泽东紧紧地握着他的手说:"你写得好啊,今后多写一些。"在会上,他聆听了毛泽东关于文艺问题的重要讲话,受到很大的启发和教育。在"大众化"问题上,纠正了他头脑中潜在的"化大众"的偏向。

这个时期,公木的思想更加成熟了,运用辩证的观点看问题比较自如了。比如,对旧体诗的看法,就发生了变化。抗战之前,他认为旧体诗是发辫、小脚,一概不看,也不写旧体诗。这个时期,他对旧体诗的看法不再那样绝对化、片面性了。这不仅是由于学习了《反对党八股》,而且更重要的是由于参加了以萧三同志为核心的"新诗歌会",并通过他接触到"怀安诗社"的延安五老诸前辈的诗作,体会和认识到古典诗词也能反映现实,服务于抗战。

但此时公木并没有创作旧体诗。1942年9月,公木被调到鲁迅艺术文学院文学系任教,是周扬请他去教文学史的,可是去后,刚好整风运动进入高潮,因此,文学史不开了。公木也转向搞民间文学。1944年秋,他与天蓝同志一同赴南泥湾访问。这年冬又与鲁艺戏音系的孟波、刘炽、于兰、唐荣枚四同志一道赴绥德地区,下乡闹秧歌并采录民歌。这期间编写了一些唱词,在诗歌创作上,他更加有意识地向民歌学习,并创作了后来收在诗集《十里盐湾》中的一些诗篇。采录民歌,与何其芳同志合编"信天游",创作了一首长诗《共产党引我见青天》。

诗集《十里盐湾》虽然是1953年出版的,但写作时间却是1945年的春节。1945年春节,诗人从延安到绥德分区的十里盐湾住了两个月。任务是帮助盐工们闹秧歌和采录民歌,主要是给秧歌队编唱词。由于诗人有了深刻的生活体验,了解了盐工们的非惨谮遇,和他们觉醒的过程,同时也强烈地感受到他们翻身得解放的无比喜悦和高度的生产热情,因此,他用民歌的调子写成十里盐湾组诗。

《十里盐湾》在铺叙故事、交待环境、描写人物时,都注意吸收民歌的长处,注意语言的形象化,因此避免了枯燥、抽象的叙述,语言形象生动、朴素自然。

在《十里盐湾》后记中,他说:"新诗当然不一定仿用民歌体,尤其不一定填写现成曲调;而我却是这样做的。推其原因,不外两点:一则是像前面说的,这些东西原是给盐工秧歌队写的唱词,必须用他们熟悉的爱唱的现成曲调;二则是我当时对于陕北民歌的采录正在兴头上,这些曲调确乎深深感染了我。我是有意地向陕北民歌学习的。"

当然也不能否认,在公木的诗歌中也有急就章。这样的作品,在当时起了团结人民、打击敌人的鼓动作用,但时过境迁之后,再来琢磨它,就觉得有的诗味不足,有的从内容到构思上,显得匆忙些。但是总的看,公木的诗歌创作态度是严谨的。三四十年代他创作的大部分诗歌都做到了思想和艺术的和谐统一。有些诗篇写得新颖、浑厚、朴实,在诗歌史上闪烁着璀璨的光芒。

公木在三十年代初走上诗坛,他的诗歌创作一开始就步入了左翼革命诗歌的行列。他于反动势力群魔乱舞、抗日烽火燃烧中华大地之时参加革命军队,他手中的诗笔,伴随着他战斗的足迹,为革命而高歌,为民族解放事业而擂鼓助阵。他并不是以诗篇为生命,而是以生命写诗篇的人,他是一位政治抒情诗人。四十年代是他诗歌创作的丰收期,也是他的诗歌创作走向成熟的时期。诗歌的题材领域不断扩大,艺术形式方面也作了多种多样的探索,并且结合自己的创作实践,不断在理论上进行总结,逐渐形成"歌诗"和"诵诗"的观念。从四十年代至五十年代,他的诗歌创作基本上是按"歌诗"和"诵诗"这两条路子发展下来的。但是不管是他的"歌诗",还是他的"诵诗",都反映了人民大众的心声,跳动着时代的脉搏,并紧密地服务于中国人民的革命斗争。

第三章　献给新中国的歌

中国人民经过八年浴血奋战,终于在 1945 年 8 月迎来了抗日战争的胜利。日本帝国主义的铁蹄践踏了 14 年的白山黑水,回到了祖国的怀抱。但是蒋介石勾结美帝国主义,企图抢占东北,夺取胜利果实。东北何去何从? 在两种前途、两种命运决战的关头,中共中央和毛泽东同志先后从延安、华北、山东派遣部队和干部挺进东北,开展政治、军事斗争,发展文化教育,建立巩固的东北根据地。此时,公木接受了新任务——到东北开展革命工作。他参加了由舒群、沙蒙同志任正副团长的东北文艺工作团。近 60 人的东北文艺工作团,于出发前——8 月 31 日,在延安留下了有历史意义的合影。9 月 2 日,他们从延安出发。在行军途中,诗人公木写下了《出发》《大道》两首诗。在《出发》一诗中,诗人豪迈地写道:

> 我们是毛泽东撒出的火种,
> 我们是毛泽东放射的光芒。
> 翻越高山,

涉渡深水，

穿过无边的草原和森林，

前进，前进，前进……

把温暖送到最寒冷

和所有一切寒冷的地方；

让风雪的严冬

永不再临。

把光亮送到最黑暗

和所有一切黑暗的地方；

让魔鬼的黑夜

永远消灭。

向前，向前，向前！

向四面八方，

向全中国。

……

东北文艺工作团于十月底到达沈阳。公木被任命为本溪市委宣传部长，做了短期的文艺宣传工作和党的地方工作。1946年元旦前后，东北局宣传部部长何凯丰同志指示当时在东北局宣传部工作的著名作家舒群创办东北公学，并指示他聘请当时任本溪市委宣传部长的著名诗人公木和当时任沈阳市市长、中苏友好协会会长的著名病理学家白希清教授，参加筹备工作。1 月 10

日左右,东北局决定由白希清任东北公学校长,舒群任副校长,公木任教育长,并调集张东川、黄耘、李先民、许法、萧岩、梁志超、石明、王辉等同志陆续到校工作。经过短期的筹备,由公木教育长亲自起草的《东北公学招生广告》,首次刊于 1946 年 2 月 20 日的《东北日报》上,并开始招生。不久,东北局又决定将东北公学改名为东北大学,任命张学思兼任校长,白希清、舒群任副校长,公木任教育长。校址设在本溪。这样,一所由共产党领导的人民的大学,迎着纷飞的战火,创建起来了。学校最初的任务是"培养为人民服务,献身于新中国、新东北之建设的政治、经济、文化、教育、实业、医学等专门人才,并积极进行学术研究及艺术创作,而致力于国家文化水准之提高。"

创办之初,舒群、公木、张东川等同志在本溪市委的大力支持下,一边整修校舍,筹集教学设备,一边分别奔赴各地招生。经过考试,预科和研究室录取了学生 70 余名,行政训练班录取了学生 200 余名。正在准备开学的时候,国民党反动军队向本溪、抚顺进犯,学校被迫撤到安东(现在的丹东市)。

在国民党反动军队向东北大举进攻,战火席卷了东北南部平原的形势下,学校决定以中国革命问题、形势与任务教育为学习重点,结合实际,有针对性地展开民主讨论,端正认识,提高觉悟,把学生组织成为一支革命队伍,以适应大踏步后撤的长途行军的要求。为此,3 月 10 日左右,针对学生中的团结与纪律方面的问题,教育长公木主持的校务会议,决定组织学生讨论,上一堂"民主"课。3月12日,公木以《怎样过民主生活》为题,向全校学生作了报告。报告中先讲了学校已决定北撤通化一事,在整装待发之时,要先解决思想问题,使学校"树立起紧张活泼、切实朴素、团结友爱的校风来"。接着,公木着重讲了四个问题:关于立场与态度问题;关于自由与纪律问题;关于思想与感情问题;关于批评与吹毛问题。他强调说:在东北大学里,办学的和入学的所站的立场同是人民立场。办学的要培养为人民服务的人才,入学的要学习为人民服务的本领。要把学校办好,就要同心协力,就要发扬民主,"民主就是咱们的地基";一方面,"行动必须遵守一定的纪律",另一方面,又要正确地开展批评和自我批评。"一个人非有批评精神不能进步,一个团体非有批评精神不能巩固。"同时,他教育同学,在学习过程中,遇事"应该用大脑去思索",不要用冲动掩饰错误,更不要挑剔,吹毛求疵。

公木教育长的报告,针对性强,说理透彻,语言生动形象,寓意深刻,给学生以很大教育。报告为学校北上、辗转,统一了思想,鼓舞了斗志;对建校初期树立革命校风,起了奠基作用,也为学校的思想政治教育工作开创了一个范例。

3月15日,学校向通化转移。一路上,师生们坐在汽车上,高唱《松花江上》《东北青年进行曲》等歌曲,情绪激昂。在通化约一周时间,便又改乘火车,经梅河口、吉林,于4月26日到达长春。当时的长春,东北民主联军刚刚进驻,各项事业正待恢复和发展。《东北日报》已迁至这里出版,东北电影公司宣告成立,中小学校陆续开学,《知识》杂志等刊物正在积极筹备刊行。东北大学的迁入,为长春市文教事业增加了新的力量。校长张学思曾到校看望师生,并向在校师生讲话,勉励师生们共同努力,办好东北大学。学校的队伍也进一步壮大。东北局又给学校派来陈静波、高亚天等数名干部。学校招聘了理、工、医等方面教师;成立了卫生所;接收了伪满大陆科学院和新京气象台。但这时,国民党反动军队在抢占了四平之后,正在向公主岭进犯。5月22日深夜,根据东北局让出长春的决定,学校再度北撤。副校长白希清亲自向师生们作紧急动员,在校的300余名师生,纷纷表示"坚决跟着共产党走"。黑夜里,师生们在公木等率领下,徒步行军,由12辆大车运载物资设备,撤出长春。23日上午,到达长春北30公里处的米沙子火车站,登上北行的火车。由于车厢十分拥挤,部分学生只好趴在车厢的顶上。

列车行驶到丁家园车站时,突遭国民党反动派飞机的扫射,机车被打坏,司机被炸死;东北大学学生马希文当场牺牲;苏庆儒、孙继斌、苑士铎、赵长谦等同学身负重伤。全体师生立即肃立在马希文同学的遗体周围,沉痛地追悼遇难的战友。教育长公木致了悼词。他说:"卖国贼蒋介石一伙国民党反动派杀害了马希文同学。马希文同学的死,是一个号召,号召有良心、有热血、有正义感的青年们,要把最大的仇恨抛向吃人的野兽蒋介石法西斯;马希文同学的死,也是一个指标,指明了东北青年要想得到解放,只有一条路——坚决地跟着共产党前进!"①接着,孙继斌同学又牺牲了。

东北大学的同学们没有退缩,更没有被吓倒。他们从血泊中站起来,高喊着"坚决地跟着共产党走",继续前进。列车到达哈尔滨前,年仅18岁的苏庆儒同学又离开了战友。他在弥留之际,用生命最后的力量喊出:"共产党万岁!"到达哈尔滨后,师生们立即把受伤的同学送进了哈尔滨市第一医院(当时为东北民主联军卫戍医院)。广大师生纷纷为受伤的同学输血,想尽一切办法抢救受伤的同学。不久,苑士铎同学也停止了呼吸。

5月27日,全校师生在哈尔滨举行送葬游行,声讨国民党反动派屠杀青年的暴行,揭露美蒋勾结挑起内战的阴谋,5月28日,学校除留部分师生在哈尔滨接收哈尔滨医科大学外,继续北撤。6月1日,最后一批师生到达北满根据地——佳木斯市。这时,身受重伤的赵长谦同学也牺牲了。6月8日,佳木斯文化界和东北大学全体师生为悼念在"五·二三"事件中牺牲的五位同学,隆重举行了追悼大会。追悼会后,师生们还走上佳木斯街头,开展了多种形式的反对美蒋的宣传活动。"五·二三"是东北大学创办初期的重大事件。它使广大师生在几经辗转、长途跋涉中,经受了一次战火洗礼,使一些学生彻底抛弃了盲目正统观念,丢掉了对国民党反动派的幻想,锻炼了革命意志,坚定了革命的

---

① 张松如:《五·二三悼词》,载《知识》第3卷第4期,1947年5月5日出版。

信心。

　　学校由南到北的大踏步撤退,历时三个月,行程三千余里,边行军,边学习,边宣传,边招生,经历了千辛万苦,流血牺牲,但队伍日益壮大,同学们的觉悟不断提高。这一段艰苦的工作,主要是由教育长公木组织领导的。他以出色的才干和无畏的革命精神为东北大学的建设立下了汗马功劳。公木同从本溪、安东、长春等地陆续到校工作的张东川、吴锦、黄耘、许法、萧岩、李先民等同志,始终在第一线。他们和同学同甘苦、共忧患,表现出对革命事业的无限忠诚,显示了党的干部的优秀品质和作风。他们用自己的模范行动、表率作用,团结广大同学,克服重重困难,胜利完成了转移的任务。青年学生也在这艰苦历程中,表现出积极向上、追求真理、不畏艰险、不怕牺牲、坚决跟着共产党走的坚强意志,显示了一代俊杰的雄姿。他们是开拓者,是榜样,在东北大学的创建中谱写下可歌可泣的篇章。

　　在三年解放战争和建国初期,公木主要筹办并从事学校教育工作。他把全部精力都投入到东北大学的筹办上。因而,对这所学校他是有着深厚的感情的。他是东北大学的首任书记(1946年2月～9月)。在东北大学工作期间,他除担任繁重的教育长工作外,还担任过《知识》半月刊的编委、《东北文化》综合半月刊的编委,并在这两个刊物上发表过重要的论文《新民主主义与共产主义》《世界反动中心》《美国是个什么样的国家》等。当时的《知识》《东北文化》两个刊物,在东北青年和学生中是很有影响的。

1947 年 4 月,经东北局批准,成立东北大学教育学院,公木任院长,吴伯箫、智建中任副院长。由于教师数量不足,任课教师的工作十分繁重。学校领导也都任课。公木讲授《国际知识》《政治常识》等课。他深入浅出、生动形象的讲解,至今仍被学生们称道。①

东北大学为夺取解放战争的胜利,为建立新中国,培养和输送了大批人才,他们像火种一样遍布祖国大地,燃起熊熊烈火。

这个时期,公木肩负着教学和行政工作的重任,无暇挥笔写诗,留下的诗作不多。尽管如此,诗人也还给我们写下了《忘掉它,这屈辱的形象》《给 L》等诗歌,特别值得一提的是,他还写了当代新诗的最早的著名诗篇《中华人民共和国颂歌》。

《中华人民共和国颂歌》等诗篇

1949 年 10 月 1 日,开辟历史新纪元的伟大节日里,中华人民共和国成立了。公木在沈阳街头,看到张灯结彩,锣鼓喧天,人人兴高采烈,个个笑逐颜开的狂欢喜庆的场面。他仰望着那鲜艳的五星红旗在万里晴空中高高飘扬,心情激动不已。他心潮澎湃、感慨万千。多少年来,中华儿女前赴后继,英勇奋斗,不正是为了这一天吗! 在血雨腥风的日子里,他将生死置之度外,毅然

---

① 参见《东北师范大学校史》,东北师范大学出版社 1996 年版。

投身革命,不也是为了这一天吗!漫漫长夜过去了,冉冉红日从东方升起。在这划时代的时刻,诗人奔涌的思潮,化作滚滚的诗情。当天晚上,在沈阳至长春的列车上,他以火热昂奋的心情,挥笔写下了二百零三行的长篇抒情诗《中华人民共和国颂歌》。

这首共和国的颂歌,在社会主义诗歌史上,占据着开篇第一章的显著位置。当代诗歌史将以醒目的大字记载着这雄伟壮丽的诗章。它是诗人这个时期的代表作之一。这是一首雄浑豪放的政治抒情诗,气势恢宏,感情奔放。诗的主题思想精深博大,构思别具匠心。诗人站在时代的高度,以一个赤子对母亲的真挚感情,热情地歌颂了中华人民共和国的诞生。诗人在学生时代就踏上了革命征程,经过火与血的严峻考验,因此,对于祖国的新生,他有着特殊的感受。这首诗正是以诗人的思想感情来推动诗情的逻辑发展的。诗的开篇描绘了千载难逢的开国的大吉大庆之日,人们狂欢喜悦的情景。这是诗人从现实生活中摄取的影象在自己感情波流中的映照:

> 我从一座高大的饰着松枝的拱门中走出。
> 巨幅的绣着镰刀锤子的红旗
> 和五星红旗交叉在门首上,
> 在十月的高空里,
> 掠着彩云,迎风飘扬。
> 我阔步行进在大街当中,

大街已经淹没在旗帜的海里了。

每个人脸上都笑开了花，

和那旗面一样鲜红。

诗人描述了自己独特的感受：

人们，我叫不上名姓来，

在今天以前从没有见过一面的，

却又是这么稔熟，这么亲切，

我永远分离不开人们呵，

我亲爱的中华人民共和国的同胞！

诗人为什么对自己的同胞有这样深厚的感情，原因在于："我们生活在一个时代里，/战斗在一个时代里，/地主老爷的皮鞭和帝国主义强盗的刺刀，/驱迫着我们走上共同的命运，/我们的血和泪共同流在一起，/共同被风雪吹打被太阳煦照"。基于深切的感受，诗人"翱翔想象的羽翼，飞架联想的桥索"，以想象、幻想、夸张的手法描绘了毛主席的声音："如同山洪，如同飓风，/如同分裂岩石的瀑布的音响——/汹涌着，激荡着，倾泻着，/向东方，向西方，向南方，向北方，/它打开一切通往未来的闸门，/冲破一切阻挡前进的堤防……

中华人民共和国中央人民政府，

已于本日成立了！

占人类总数四分之一的中国人，

从此站立起来了。

此时，诗人的感情达到高潮：

我们的心随着这共同的韵律而跳动，

我们的脸上泛着共同的笑的红光。

来呵，我亲爱的中华人民共和国的同胞们，

让我们共同为这千载难逢

万古流芳的开国的吉日良辰，

来尽情地欢腾庆祝吧！

是跛子也要舞蹈，

是哑巴也要歌唱。

诗人纵情歌唱新中国的缔造者人民的领袖和伟大的中国共产党，也放声歌唱勤劳勇敢的中国人民。

《中华人民共和国颂歌》与建国前夕诗人写的《忘掉它，这屈辱的形象》相比，形成鲜明的对照。《忘掉它，这屈辱的形象》一诗写于 1945 年 10 月。那时，诗人初次来到遭受日本帝国主义践踏 14 年的沈阳，到处见到"九十度的鞠躬"，这屈辱的形象，这奴隶

的礼节。诗人痛感到"它滴沥着刺刀的鲜血,它咽诉着皮鞭的恐怖",因而大声疾呼:

> 而法西斯已被我们打倒,
> 今天面对的是自己的兄弟同胞。
> 让我们紧紧地相握,
> 废止这奴隶的礼节吧!
> 凡是中国人
> 都应该挺直胸膛挺直腰。
> ……
> 扬起永不再低下的头,
> 我们要做主宰自己命运的主人。
> 主人的腰杆是坚挺的,
> 废止这奴隶的礼节吧!
> 忘掉它,这屈辱的形象,
> 像忘掉昨天的噩梦一样。

而《中华人民共和国颂歌》中描写的是站起来的、充满民族自信心、自豪感的中国人民的伟大形象。

创作《中华人民共和国颂歌》这样一首宏伟的诗篇,诗人既要对中国的历史和现实加以高度的艺术概括,又要对自己的所见、所闻、所感加以高度的艺术浓缩。公木不愧为以政治抒情诗见长的诗人,他善于将深邃的思想寓于精心选择的艺术形象之中。如对"没有共产党就没有新中国"这一闪光的真理,诗中是以形象地总结历史的发展来揭示的:"古老的历史,痛苦与屈辱/串成的岁月啊,像一条破布片/被我们的手扯断了。/在领袖和党的领导下,/我们终于冲出了/荆棘与蛇蝎的幽谷,/封建主义——资本主义的幽谷啊!/毛泽东的路标指引着/我们走上了宽阔的/通往社会主义的新民主主义的大道。"

回顾斗争的历程,诗人深情地描述了革命者在艰苦的岁月里,在斗争的年代中是如何盼望着胜利的一天,盼望着新中国的诞生。将现实与历史联系起来,加强了诗歌的历史纵深感。接着又由历史的镜头转向现实中来。诗人浮想联翩:"看得见吗?大气流里/正飞逐着无数无数祝贺的电波。"电波把喜讯传遍祖国的各个角落,全国城乡一片欢腾。电波把喜讯传到全世界,各兄弟党、兄弟国家和一切爱好和平的人民为之欢呼。而各国的反动派呢,也不敢轻举妄动。

诗的结尾照应开头,这样写道:

我挺起胸膛站立在

高大的饰着松枝的拱门之前。

巨幅的绣着镰刀锤子的红旗

和五星红旗交叉着;

庄严地飞舞在我的头顶上。

诗中的我，显然是代表屹立在东方的中国人民；诗人的歌唱，实际上是代表亿万人民的歌唱。诗人回顾历史，展望未来，将历史上的痛苦与屈辱、斗争与挫折，和现实中的胜利与欢悦、幸福与自豪交织在笔端，奏出一曲对中华人民共和国的大气磅礴的史诗般的颂歌，颂扬中国共产党领导中国人民所建立的英雄伟业。

诗人曾说过："每篇真正的诗都扎根在诗人的心中，都是从诗人的心坎生长出来的；都必然带有诗人本人的独特的风格和个性；但所有真正的诗篇都必须有一个共同特点：反映人民的思想和感情，"[①]因为"诗人内心的丰富必须源于与人类命运相通的战斗生活的丰富，空虚并不产生声音和色彩。"[②]

1950 年 8 月，公木又写了一篇政治抒情诗《烈士赞》。这首诗构思巧妙，意境新奇。诗的开篇描写一个满天星斗的静谧的夏夜，"树枝筛着月影慢慢移动。母亲坐在草地上向孩子发问：'爸爸呢？你爸爸呢？'"诗歌采用一问一答的对话形式展开。母亲发问之后——

孩子睁大眼睛，

抬头向天上找寻。

——倏地伸出兴奋的小手，

---

① 公木：《谈诗歌创作》，1958 年新文艺出版社出版。
② 公木：《政治·现实·知识》，《人民文学》1983 年第 3 期。

板起母亲低垂的头。

妈妈你看哪，

你往远里远里看：

爸爸在天上照耀，

爸爸对着我们笑。

孩儿的小手，

指向一颗明亮的金星。

那小小的手臂伸得硬直，

活像父亲英武的神气。

这首诗，借孩子的口点明了题旨。"爸爸在天上照耀"，深含着爸爸虽然牺牲了，但英灵永在，浩气长存，革命精神常驻人间。"爸爸对着我们笑"，暗示烈士为革命献身，死而无憾，含笑九泉。烈士的在天之灵，看到他为之奋斗的新中国一派新貌，看到人们在他用鲜血和生命换来的土地上幸福地生活，怎能不感到欣慰呢？

"一颗明亮的金星"，象征着革命者崇高的英雄形象。赞美革命烈士将永远像灿烂的金星一样在人民的心坎里照耀着。用"金星"比喻革命烈士，恰到好处。当孩子把"金星"比作父亲时，"母亲一阵心跳站起身，/眼睛和星光一样明亮；/紧紧抱起孩子亲吻，/久久不放，久久不放。"孩子理解母亲的心，崇敬父亲的伟大品格，因此，母亲十分激动，她把孩子紧紧抱在怀里亲吻。孩子作为革命接班人,寄托着她无限的希望。

这首诗写妻子对丈夫的怀念,没有哀伤的情绪,格调高亢,情浓意深,充满了革命乐观主义精神。

一首好诗,总是给人纵横驰骋的广阔天地,使人浮想联翩,回味无穷。《烈士赞》就属于这样的诗。

为鞍钢职工教育呕心沥血

1950 年公木在长春重新成立了家庭,他的爱人吴翔是东北大学学生,他们是 1946 年认识的,1950 年结婚。吴翔是位贤惠的妻子,心地善良,性格直爽,心胸开阔。结婚不久,在她的帮助下,公木与寄养在西安的女儿白桦取得了联系,还和留困在河北原籍久违的父母得以团聚。吴翔对公木的几个孩子的关心,使公木感到莫大的安慰。他曾在个人生活上有过创伤,此时找到了吴翔这样的好妻子,组成幸福的家庭,他殊感欣慰。此后数十年,在坎坷的人生旅途中,吴翔对他精神上、事业上、生活上都给予莫大的支持、帮助、照顾。复杂的家庭、社会关系处理得那样和谐、妥贴,也是与这位贤内助分不开的。

1951 年 4 月,公木的诗集《哈喽,胡子》由五十年代出版社出版。收集他四十年代创作的诗歌。这个时期,他的主要精力仍然放在教育上。他任东北师范大学教授兼副教育长,还任过第二部、第三部主任等职,同时他也是一位勤奋的师长。主讲全校的《中国革命问题》《战后国际问题》等政治课;讲授中文系的"历代诗选"，还编印了相应的讲义。

在学校向正规化转变的问题上，以校长张如心为代表的部分老干部认为从短训班过渡到正规化大学，主要问题是谁领导谁的问题。我们共产党人、老干部不仅应该领导，而且能够领导正规化大学。而以公木、智建中为代表的部分中年领导干部则认为学校向正规化转变，为了适应新形势，以便更好地领导学校工作，老干部当然要继续领导，也能够领导，而前提是必须钻研业务、加强学习。如果不懂业务，就难以胜任领导工作。认为学校要有学术研究空气，学校对知识分子要给予信任，生活上要适当照顾等。这本属党内同志在工作上的意见分歧，但由于左倾思想的干扰，上纲上线，学校党组织多次召开党员干部会议展开了对所谓"旧型正规化"的批判。会上令公木、智建中进行检讨。公木主张正规化办学校，并编写过校则与校志，都被列为错误，并无端遭到诬陷，给他扣上"右倾机会主义"的帽子，给了留党察看的处分，并将他调离工作岗位。刚直不阿的公木受到排挤，遭到迫害。但他万万没有想到，党内的这种错误后来竟愈演愈烈。

1951年9月，公木调任鞍钢教育处处长。到鞍钢，他并不是以作家的身份去的。当时确实有不少作家在那里体验生活，如艾芜、草明、陈玙、舒群、于敏、陈森等。他们的主要任务是体验生活，担任个职务，也不做具体工作。公木是正式调去的，让他去组织一个教育处。东北局领导同志与公木谈话时曾问及东北师大对他的处分问题，但他当时没有申诉。那时，他还认为这错误的决定是党对自己的教育，其实是属于愚忠。到鞍钢以后，公木的留党察看处分很快解除了。此时，他对自己被留党察看的内情已有所了解，因此提出上诉。他要求东北局复查他在东北师范大学工作时的情况，提出给自己留党察看处分是不公平的。东北局立即复查，并把复查结果转给吉林省委。吉林省委将对公木的处分完全撤销，档案中这一条也一笔勾销了。

公木性格耿直而刚毅，心胸坦荡而豁达，在遭受打击和诬陷的情况下，忍辱负重，不计较个人得失，顾全大局，从党的利益出发，积极乐观，勇于进取，不断地发出自己的光和热。这从他的《鞍山行》一诗中看得很明显。诗中描写他怀里揣着组织部的介绍信来到鞍钢，他想的是：

是的，螺丝钉！——无论摆在什么部位，
都一定旋得紧紧的，牢固、坚实。
运转着的整部机器发出呼呼的声音，
都将给它以震荡，并引起金属的回应。

……

面对任何困难，挽起袖子来！
锤炼，才能发出声音和光彩。
而你，也将像钢铁一样灼热，
而你，也将像钢铁一样鲜红。

这豪迈的诗句,表达了一个共产党员对革命事业的火一般的热情和坚如磐石的钢铁意志。

《鞍山行》这首诗也表达了诗人决心摆脱由于"左"的干扰给自己带来的不快,决心与自私、忌妒、猜疑别人的行为,从思想上划清界限。抛掉一切思想包袱,轻装前进。诗中这样写道:

> 挥起十丈长的铁扫帚,
> 扫掉那一层层的结在记忆中的蜘蛛网,
> 连同那些粘在网上的发霉的尘土,
> 都彻底打扫净光!
> 那些由于自私而变矮的人形,
> 那些由于忌妒而歪斜的眼睛,
> 那些由于猜疑和作伪而患梦游症的灵魂……
> 像泼悼一盆泛着肥皂沫的洗脸水,滚它们的吧!
> 你理应骄傲,而且感到幸福,
> 因为你生长在毛泽东的阳光普照的国度。
> 当人民的理想已经化做彩霞从东方升起,
> 降落在花枝和草叶上的夜霜那能不消融?

到鞍钢以后,公木的生活开始了新的一章。他感到一切都充满了生机,充满了活力,生活也倍觉充实、乐观。他为党的事业忘我地工作。他遵照毛泽东的"要出钢铁,出人才"的指示,全力献身于黑色冶金企业职工和干部的培训工作。他亲自动手编写教材和学习资料。他编写的《教育手册》，1952年由鞍山钢铁公司内部印行。他编写的《速成培养工人技术员的经验》，1953年由东北人民出版社出版。他还亲自为职工讲课、作报告，经常深入基层，到工人中了解情况，为鞍钢的职工教育开创了新局面。他为鞍钢开辟了一个名副其实的教育网。他认为这是他一生中最得意的成果。鞍钢教育网从无到有，从小到大，职工教育搞得热火朝天，一派兴旺景象。当时教育处提出的口号是："生龙活虎，劲头十足，团结、紧张、活泼、严肃。"整个鞍钢十几万人，组织了五万人的教育网，目标是十五万人，生产第一线的七八万人（连基建十多万），上至经理，下至每个工人，都要受到教育。经理也要受教育。有个老干部学校，当时公木自己也上学。每天早晨念两个小时书，工程师、技术员、工人都学习。有业余学校，有正式学校，组织成教育网。这样鞍钢实际成了一个大学校，"一出钢铁，二出人才"。这种做法，可以说是一个创举，为全国职工教育工作树立了榜样。

鞍钢是五年计划中重点的重点。鞍钢制定工作计划，一定要考虑到整个五年计划怎么搞，"全国一盘棋"，在这里令人体会得最具体。公木当时参加鞍钢的一切重要会议，胸中有全局，就更加心明眼亮。1953年8月，他写了《鞍钢培训工作检查总结报告》。这个报告在大会上宣读过，并印成文件，上报中央。毛主席看了这份工作报告，很满意，并让中央办公厅打电话表示祝贺。

1984 年,《当代鞍钢》编委会邀公木写稿,回忆在鞍钢工作时的情况。他欣然写了一首长诗《黄花颂》。诗人很喜欢黄花,曾用"黄花"命名过自己的诗集。在《黄花颂》一诗中,他回忆了多少年来时常浮现在他记忆屏幕上的一件往事:

　　……

　　1953 年秋天一个深夜里,

　　送我去梦乡,刚要启程时,

　　电话铃响了,把我从床上唤起,

　　朦胧里飘浮着一个大问号,

　　忙伸手抓起耳机。

　　"喂,喂,喂,你是张松如?

　　鞍钢教育处长?"

　　"啊,啊,我是,我是。"

　　"喂,喂,我是北京,北京,

　　中共中央办公厅。"

　　"啊,啊,什么事,什么事?"

　　"毛主席刚刚看过你们的工作总结,很满意,

　　向你们祝贺!"

　　我一下子睡意全消,

　　猛回身把老伴推醒。

　　有困难分担

困难就折半减轻；

有幸福共享，

幸福就加倍地变浓。

……

党中央、毛主席的肯定和鼓励是对鞍钢教育处工作的最高奖赏，作为教育处长的公木，自然沉浸在幸福之中。多少心血，多少汗水，多少个不眠之夜啊……谱写了一首鞍钢职工教育最优美、最壮丽的诗章。

生活气息浓郁的鞍山散歌

五十年代，公木写了一组反映鞍钢生活的诗歌。这组诗歌的突出特点是充满了浓郁、醇厚的生活气息。

《鞍钢行》描写诗人接受组织安排他去鞍钢工作时，急切地想走上新的岗位的激动心情，也描述了他准备大干一场的决心。

我把组织部的介绍信揣在内衣的口袋里，

像一只巨大的手捂住我突突跳的心口。

肃肃然走出东北局大楼长长的走廊，

我看见门岗同志黑色的眼睛里闪着油光。

……

是谁嘘着温暖的气息低唱在我的耳根：

> 快些,再快些,迈开三尺长的阔步,
> 奔向前去啊,以你的全部爱情和忠诚！——
> 在那里,火热的心和钢铁正一齐沸腾。

在以鞍钢工人生活为题材的作品中,诗人满怀深情地赞颂了我国工人阶级的火热的新生活和他们高尚的情操,展现了建国初期纯朴的社会风貌。

《争吵——鞍山散歌》,描写了一对青年恋人,在美好的月夜商量他们的婚期:

> 月亮为他们发出清丽的光辉,
> 花丛为他们喷放浓郁的香气。
> 他们商量着挑选一个好日子,
> 想到它就心跳的幸福的日子啊！
>
> ——等十月一号国庆节？
> ——你总是往后拖！……
> ——等七月一号党的生日？
> ——还得两个来月！……

他们一再推迟婚期的原因是房子没法解决。可是,男方是土建工程处的技术员,为建房不知吃了多少苦,流了多少汗。修建任务一次又一次圆满完成,胸前的劳动奖章就是明证。而女方则是房产管理科的主任干事。可是她不搞特殊化。"房子分配是无私的,是无私的!""职工大伙都满意,都满意的!"

> 他们各为自己的单位的荣誉
> 辩解,带着激情和恼意;
> 像两把对唱的拧紧的丝弦,
> 越弹越快越高越急……
> 而五月的夜风伴舞着花枝,
> 却悠悠然发出和解的赞美歌声:
> 看啊! 闪烁在那一片汪洋的灯海之上,
> 不正是你们的勤劳、智慧和忠诚吗?

他们的争吵并没有伤感情,而使友谊更深厚,他们的心与心贴得更紧了:

> 花朵因风吹而香气更浓,
> 爱情因争吵而更坚更深。
> 但爱人的争吵总是有头无尾,
> 不知不觉风停了花枝也不再摇动。
> ……
> 别了,他却不肯松开那紧握的两手:

——那么，就决定在下星期六？

月亮又探出头来瞧着她那笑的酒窝：

——这个嘛，咱以后再说吧！……

诗中写的是生活中的一个小插曲，但是这个小插曲，却形象地反映了五十年代鞍钢职工的高尚的精神面貌。诗人热情地赞扬了中国青年工人勤劳、朴实、忠诚、无私的美德。

诗中运用拟人化的手法，缘情写景，化无情为有情，自然景物生机盎然：花枝伴舞，星星眨眼，杨柳点头，月亮窥视……感情色彩很强烈，它们似乎也参与了争吵。在诗人绘声绘色的笔下，人物的神态、举止，争吵的声音都仿佛历历在目；温暖的夜风，明媚的月光，浓郁的花香也仿佛可以感受到。

《风波——鞍山散歌》这首诗反映的生活角度也很新颖，富于生活情趣和故事性。诗中描写李仲英师傅热心于上夜校，提高文化水平，而老伴因为心疼他，把他锁在屋子里，希望他休息休息，自己为他去买菜。这可急坏了李师傅：

李仲英浑身火烧火燎一般，

左思右想这真是丢人现眼——

明早上班见了徒弟小高，

这一笔烂帐可怎么报销？

——喂，李师傅你昨晚旷课未到，

唉,听说是你在家给关禁闭了?……

那张小嘴比老虎钳子还凶,

咬住了人管保就不会放松。

咳,咳!这,这,这像什么话?

往后我还怎么领导他?

还搞什么师徒合同学习竞赛?

保证条件怎么能够由我破坏?

等会儿媳妇儿子散会回了家,

问起来我又拿什么话去回答?

——爸爸,你身体不舒服了吗?

二次方程式你练熟了吗?……

想着想着,眼里乱冒出金星,

不行,不行!心口像扎上铁钉。

忽然灵机一动,也是情急智生,

他笑着扒住临后街的窗户棂……

　　李师傅从后窗跑出去上夜校,晚上十点钟才回来。老伴靠在床上怒气冲冲,噘起嘴来瞪着买回来的猪蹄、酒瓶。李师傅提着书包站在床前,像做了错事赔着笑脸:"'嘿,我怎么能呆在家里?/眼看就要期中考试哩!……'他说着两眼溜到桌子上,/从那里散出酒香肉香。/'别生气,来吧,咱们喝一盅!/——窗户吗?不怕,明天钉一钉。'/'咳,睡吧,你明早还要上班?/——一

115

定喝？咦呀，我先暖一暖。'"

这首诗采用灵活的对话和富有特征的心理描写,将鞍钢老工人李师傅和他老伴的形象栩栩如生地刻画出来了。描写了一场小小的风波使恩爱夫妻的感情更深了,"恩爱使老人变得年轻了"。这场小风波,表现了在社会主义建设年代,人人力争上游,个个奋发进取的精神。正如诗中写的那样:"媳妇儿子通夜通夜不睡觉,/闹什么机械化要发明创造。/老子也想枯树开花,/满头白发还要学文化。"诗歌运用生动的口语,朴素、形象而又具有浓郁的生活气息。

《鞍钢散歌》立意新巧,笔调活泼。诗中摄取了"星期一早晨""学步""日间托儿所"几个生活场景,素描画一般,表现出鞍钢职工紧张而愉快和谐的生活旋律。诗人在艺术上追求平淡自然,返朴归真的风格。如"日间托儿所"中这样写道:

自鸣钟敲了十二下,

娃娃们爬着跑着迎接妈妈,

阿姨的话算是不作数啦。

妈妈从办公室里来了,

手上还染着墨水的兰点,

在门外就解开了花衬衫。

妈妈从运输车上来了,

油污的手套塞进裤子口袋,

一只手把宝宝举起来。

妈妈从操作台上来，

三大工程纪念章挂在胸前，

映着妞妞的黑眼睛金光闪闪。

妈妈从修理车间来了，

老虎钳磨得两只手又粗又硬，

抱起孩子来却那么又轻又稳。

妈妈从保健室里来了，

白色的外衣喷散着药香，

红十字贴到鲜嫩的小脸上。

蹦呵蹦呵说呵笑呵——

像千百道小河喧闹流淌，

是爱的河汇成了爱的海洋。

　　这首诗赞扬了鞍钢女工，在生产和工作岗位上所起的"半边天"作用，也描写了她们那富有诗意一般的爱子之情。诗中生活情趣浓烈、甘美。《寄鞍山》一诗，写诗人调离鞍钢以后，对鞍钢的怀念。诗人在这里工作不过短短三年，但鞍钢却给他留下了不可磨灭的美好印象。诗中他深情地写道：

　　无论在街头或是会场，

　　无论在电影院或是公共汽车上，

当有人在说到鞍山，

我都要亲切地侧起耳朵来。

无论是听负责同志作报告，

无论是每天早晨读报纸，

当听到或看到鞍山两个字，

都要有一股热血涌进我的心里。

鞍山！那虽然才不过短短三年，

我呼吸在你那笼罩着红云的大气里，

我随同滚沸的歌声和笑声的人群上班下班，

而在我的记忆里却烙上了永不褪色的印痕。

鞍山！鞍山的同志们，我的亲人！

我同你们相离越远，想念越深。

我的双手由于和你们紧紧相握过而感到有力，

我的心由于常常存念着你们而感到喜悦和温暖。

由于对鞍钢的深沉的热爱和无比的怀念，诗人给子女起的名字，也与钢铁紧密相连。其中一个男孩子叫"百钢"，一个男孩子叫"铁奔"。顾名思义，百钢即百炼成钢；铁奔即铁水奔流，很有意义呀！

诗人把鞍钢——我国钢铁基地的发展同社会主义建设事业紧密联系起来：

在阔步前进中的我们伟大的祖国啊，

你覆蔽着麦浪和稻香的复杂而宽广的大地，

从南到北，从东到西都在飞跃地变化着，

而这每一个变化都是一个奇迹。

从这每一个奇迹当中，我看见

都在闪烁着你们劳动和智慧的光芒。

听，这歌声是多么豪迈，多么嘹亮：

"鞍山钢材走四方，我们滴汗也清凉！"

这正是我所惯熟的你们的歌声啊！

你们在鼓风炉前歌唱，在马丁炉前歌唱，

钢铁的花朵哗笑着，飞溅起来，

映照着你们那一双双闪着光亮的眼睛。

奔流的铁水和沸腾的钢液是见证：

你们永不衰竭的青春瑰丽而光荣。

每滴一粒汗每皱一下眉头都是给祖国的献礼，

伟大的社会主义事业就是你们发出的光和热。

　　这是一首抒情诗，诗人的热烈情感和思念中的鞍钢紧紧相连，而想象的羽翼又架起一道彩虹，使记忆中的鞍钢与现实中的鞍钢连结起来，从而映衬了鞍钢在祖国社会主义建设中所发挥的巨大作用。这首诗在形式上是比较整齐的自由体诗，诗行较长，每四句构成一节，又大致押韵。

1953 年 2 月,人民文学出版社出版了公木的诗集《十里盐湾》,收集他四十年代写的一些诗歌。

为繁荣社会主义文艺培育英才

1954 年夏,公木调到中国作家协会沈阳分会工作。在此期间,他的诗集《中华人民共和国颂歌》由作家出版社出版了。他与杨公骥合写《中国原始文学》,并共同拟订《中国文学史纲目》。当时他们合用的笔名为龚棘木。

1954 年 10 月,公木调到中国作家协会文学讲习所任副所长、所长一直到 1958 年。文学讲习所的前身是中央文学研究所,它成立于 1950 年。这是新中国第一所培养作家的学府,是根据中央人民政府文化部的工作计划、全国文联四届扩大常委会的决议创办起来的。丁玲同志领导了创办工作并担任第一任所长。1950 年秋,招收第一期学员。1953 年秋,招收第二期学员。公木是 1954 年秋调到文学讲习所的,当时吴伯萧任所长,公木和萧殷任副所长,当时由于吴伯萧人民教育出版社的工作很忙,因此在文讲所负主要责任的是公木。

文学讲习所是培养青年作家的园地。中国现代中、青年作家很多人都是文学讲习所培养的。公木调到文学讲习所时,第一期学员已经毕业了,第二期学员正在学习中。第二期学员毕业后,又招收了第三、四期学员。公木主持工作期间,为教学的正规化做了很多努力,同事们都说他有教育家的风度。文学讲习所的课程有政治理论、文学史、文艺理论、作家与作品研究、语法修辞、中共党史、世界近代史、联共党史,还进行了一系列重点研究,如鲁迅研究、《红楼梦》研究、《水浒传》研究、契诃夫、萧洛霍夫、托尔斯泰、莎士比亚、马雅可夫斯基研究等。公木负责讲授《古典诗歌》,并编印过《中国文学史》讲义。请过郑振铎讲文学史、何其芳讲《红楼梦》、杨公骥讲《水浒传》、周扬讲文艺政策问题。还请过丁玲、萧三、艾青、李何林、楼适夷、吕淑湘、张光年、叶君健、韦君宜、陈涌等来所讲课。文讲所的课程安排不是固定的。而多半采用报告或讲座形式。先请名家来所讲学,然后学员认真阅读原著,组织讨论。列为重点课的,有时学习二个月左右,学员都要写学习心得笔记。

文学讲习所的学员除听名家讲课、阅读文学名著以外,更主要的是自己动手搞创作,教师们给以辅导。实行创作辅导制,组织老作家和学员建立固定的联系,辅导学员创作。如丁玲辅导玛拉沁夫、谷峪、李涌;张天翼辅导邓友梅;艾青辅导张志民和安柯钦夫;严文井辅导刘真;公木辅导流沙河等。这样,经过学习培养,收效很大,成果显著。况且,来文学讲习所学习的学员,他们原来也都是较有基础的青年作者,也都发表过一些作品。经过一段学习,有的是几个月,有的是一年,开阔眼界,增长见识,文学修养和创作水平都有很大的提高,并陆续又发表了不少作品,因此知名度越来越高了。如:女学员、现任中国作家协会理事的刘真,入所前只写过些通讯报道。她少年参军,文化程度低,入所后经过刻苦学习,写出了短篇小说《春大姐》、中篇小说《我和小荣》,人民文学出版社还为她出版了小说集。学员董晓华,也是少年参军的革命军人,在所学习期间,他写出了电影文学剧本《董存瑞》。近几年连续获得全国优秀文学作品奖的作家邓友梅说,文学讲习所的学习为他的文学创作打下了良好的基础。

文学讲习所第四期举办的文艺编辑班,培养了一批文艺编辑人才。毕业的学员大多数至今仍在全国各地的编辑工作岗位上,许多人已经成为文学期刊或出版社的负责人。如《文艺研究》副主编林之,《福建文学》主编苗凤蒲,《长江文艺》副主编刘岱,《作品》副主编韦丘,《作家》主编成刚等。

在此期间,公木任中国作家协会青年作家工作委员会副主任,主管诗歌。他的主要精力放在辅导青年诗人创作和诗歌评论方面。1956 年 3 月,在北京召开了全国青年文学创作者会议,到会五百多人。会议开了两周,主要是学习会,也集中讲了些问题。会上许多作家都做了报告和发言,对如何深入生活和提高艺术技巧等方面的问题作了分析与阐述;部分青年作者的发言则联系自己的创作实际,谈到在写作中的体会与感受。这次会议的组织领导工作,由公木负责。在会上他作了《关于青年诗歌创作问题》的重要发言。他在发言中列举了未央、胡昭、韩笑、邵燕祥、雁翼、张永枚、李学鳌、温承训、严阵、苗得雨、何理、顾工、梁上泉、白桦、闻捷、周蒙、美利格、丹正公布、韦其麟、石方禹等二十几位青年诗人的创作,满腔热情地赞扬他们是朝气蓬勃、英姿焕发的青年歌手,称他们为诗歌战线上的生力军,并充分地、热情地肯定了他们所取得的可喜的成绩,同时也指出了他们创作中存在的缺点和不足。从那些热情的鼓励、切要的分析和中肯的批评中,人们会深深感到这位令人敬佩的前辈诗人,这位和蔼可亲的辛勤园丁,为绿树成荫,花费了多少心血,浇灌了多少汗水。"他一边劳作,一边歌唱,唱着生命之歌,真理之歌。幼苗的生长之声,使他更忘情地歌唱;而幼苗们倾听着他的歌声,就像沐浴着雨露春风,欣然成长。"①公木实事求是的精神给青年诗人们留下至深的印象。在与朋友的交往中,他不为"反右斗争"时的政治气候所左右,为人诚恳、热情,在朋友有难时他往往伸出援助的手。如流沙河写了《草木篇》,被视为阶级异己分子,而遭受围攻式的大批判时,他依然诚挚地安慰他,鼓励他。

中国作家协会文学讲习所培养了一大批现代作家和诗人,他们以崭新的姿态驰骋在五十年代的文坛上,他们的作品闪烁思想、艺术的光辉,称得上一代英才。但是1957年"反右"斗争时,很多人政治上遭到打击,他们之中有些人被错划为右派,其中的一条重要原因是他们和丁玲有来往,因为丁玲当时被错划为"大右派"。本来"文学讲习所发展成为文学院"已列为国家计划,后来竟成了泡影。1958年,文学讲习所也停办了。

公木在文学讲习所工作期间,为培养一代文学英才,为社会

① 胡昭:《歌者和园丁——向公木师致敬》,《作家》1986年第1期。

主义文学事业的繁荣发展做出了巨大的贡献。此时期也是他诗歌创作、诗歌理论研究、诗歌评论最活跃、最丰收的时期。他写过许多篇关于诗歌评论和诗歌创作的论文,汇编出版了诗歌评论集《谈诗歌创作》,由新文艺出版社出版。这本诗歌评论集包括八篇文章,其中,《和初学写诗的同志漫谈关于写诗的问题》一文,详细分析了初学写诗者的一些不正常的思想,例如认为"写诗只要有真实的感情就行""只要思想正确就能写出好诗",等等。《邵燕祥的诗》《读张天民的〈谷场诗草〉》等五篇,是对几个青年诗人的作品的评介,指出了这些诗作的优点和不足。《谈中国古典诗歌传统问题》和《继承与发扬中国诗歌的现实主义与浪漫主义传统》两篇,是谈中国古典诗歌的传统问题的,文章中讨论了古典诗歌的传统究竟是什么,以及应该怎样继承和发扬这个传统的问题。公木五十年代写的这些诗歌评论,诗歌研究论文,为新诗理论的建树作出突出的贡献,对指导诗歌创作和诗歌评论具有积极的意义,在当时和后来都产生了很大的影响。可惜的是由于"反右斗争"的原因,他已编好的第二本诗歌评论集没能够出版。这位对中国新诗的发展做出了重要贡献的著名诗人、诗歌理论家,1958年7月以后竟被迫离开了诗坛。

公木在文学讲习所工作期间出版过诗集《崩溃》和《黄花集》。《崩溃》由新文艺出版社出版,《黄花集》由作家出版社出版。他还以龚棘木的名义发表过一些有关《诗经》和先秦寓言的译注和研究文章,还以这个笔名发表过读诗札记等。

诗歌创作的新高峰

　　五十年代,我们国家正处在百业待兴的年代,社会主义革命和社会主义建设事业蒸蒸日上,文艺园地也呈现一片繁荣景象。这个时期,公木的诗歌创作题材十分广阔,在诗歌形式和表现手法方面,他也做了多种探索。他以鞍钢生活为题材,写过生活气息浓郁的叙事、抒情短诗(前面已谈到);写过辛辣的讽刺诗;写过清新隽永的风景诗;也写过一些反映国际题材的政治抒情诗。1954~1956年,公木以国际政治生活为题材,写了一组政治讽刺诗。如揭露美国为了缓和国内的经济危机而扩军备战的《忌讳》一诗,诗中写道:

　　　　以排枪射倒希腊的母亲和儿童,

　　　　以烈火把朝鲜烧焦,以鲜血把越南染红,

　　　　以阴谋闯进危地马拉的香蕉林……

　　　　这些嘛,统统都叫"和平"。

　　　　向台湾海峡派遣普赖德舰队,

　　　　到地中海和印度洋举行两栖登陆演习,

　　　　在国境一万浬之外建立上千的军事基地……

　　　　这些嘛,统统都叫"自卫"。

　　《如此这般》一诗,揭露了美国的选举丑剧。共和党和民主党

在竞选中,可谓煞费苦心:

候选人捧起果子糖,

笑容满面当场分送。

频繁地向老年人握手问好,

孜孜不倦地抱起孩子亲吻。

糖衣上印着候选人含情媚笑的像片,

嘿嘿,你瞧!还有和艾克总统的合照呀!

衣角上有一行小字格外醒眼:

"哈喽,朋友!甜吗?请投一张票吧!"

可是,吃糖的都是些小孩,

他们还不到投票的年纪。

候选人睁大了眼睛好像在问:

你们的爸爸和妈妈呢?

……

史蒂文森当然不甘认输,

瞧吧!他的策略更加出类拔萃:

全国的游泳池一揽子包租,

不断地举行游泳选美大会。

果然,这么一来十分灵验,

除了孩子也吸引到一些成年;

给候选人的竞选演说,

大大地壮了一壮场面。

上面几段,诗人以丰富的想象力,描绘了美国两党竞选时,各自设下的圈套,生动形象地揭穿了美国的所谓民主的真相。接着诗人以辛辣的笔触为我们描写了竞选的场面:

> 于是,竞选进入了白热化阶段,
> 两党的候选人都顿足叫喊。
> 一场充满口号和谩骂的拳赛,
> 互相拧住耳朵,互相唾脸:
> "呸,墨莱!你贪污十个亿!"
> "呸,哈里曼!你受贿一百万!"
> "呸,杜威!你中饱失业救济金!"
> "呸,华金斯!你原是希特勒的雇员!"

对此,诗人讽刺道:

> 像两群疯狗相咬,
> 互相啃住身上的皮毛。——
> 别笑!在美国要做个候选人,
> 就得有这么一点点"民主精神"。

《艾登爵士的哲学》一诗，诗人揭穿那些垄断资本的策士——双手捧上实用主义。在他们看来，"方便就是真理，真理是蒙混抵赖的工具。"

《福莱斯特尔的幽灵挨门拜访》一诗，诗人以丰富、奇特的想象，描写了美国国防部长福莱斯特尔的幽灵的下界访问。他告诉纽约市长华格纳先生一项最秘密的消息——"有人埋放了原子弹在帝国大厦里。"这个消息像扔在鸡笼里的一把火，鸡这下子可炸窝了。福莱斯特尔走后，华格纳十万火急地给皮尔打电话，让他通知民防局长彼得逊。

于是，民防局的人员紧急集合了：

有的人气喘地跑来，左手提着裤腰；

有的人歪戴着老婆或是娼妓的绣花睡帽。

他们奔命山坡到帝国大厦，

限午夜以前做好预防检查。

在华盛顿，联邦调查局应接不暇——

费城、宾夕法尼亚同纽约一齐来电话，

用同样战栗的声音报告同样的机密；

俄亥俄、巴丢卡、哥伦布斯、肯塔基，

接连不断发来焦急的询问……

……

这一夜，白宫和五角大楼都没有合眼皮，

包括那位盛怒的醉螳螂似的长腿艾克，

和他肥胖的夫人和三位公子。

总统官邸宽敞的阳台上，开来了

以防万一的直升飞机……

第二天清晨，每一家医院里，

都临时增加了许多许多病号——

有的是心惊肉跳，血压突然增高；

有的是止不住地喋喋谵语；

有的是看见阳光就发歇斯底里……

　　这几段诗，以辛辣的语言，十分形象地嘲讽了美国自上而下的对原子弹的恐惧症，描绘了他们形形色色的丑态。

　　这首诗结构严谨，首尾呼应。以福莱斯特尔的幽灵来访开头，然后描写他说出了一项最秘密的消息，这样，美国从上到下引起一场大波。诗又以他的来访结尾。由于诗人展开了新颖奇异的想象，因此，这首诗写得幽默活泼。

　　《以色列》一诗，诗人十分形象地把以色列比喻为一根冒烟的棍子，"一头操在狼手里，一头插进烈火里。"预示以色列玩火者必自焚的命运：

你为豺狼放火，

自己却先要被烧焦。

你为豺狼火中取栗，

自己却先要化作灰烬。

在这首诗的结尾，诗人表达了正义的事业必胜，世界人民必胜的信心：

人类，

将以唾弃的口水，

把你的不义写在清朗的蓝天上；

太阳，

将为我们子子孙孙作证：

甘与豺狼为奸者定自取焚身！

从五十年代诗人写国际政治生活题材的讽刺诗看，诗人是以高昂的政治热情，关注着世界的风云变幻。反映了诗人对人类进步事业的积极支持，对背道而驰的丑恶行径的无情的鞭笞，从而表现了共产党人的高度的国际主义精神。

公木是一位对生活、对事业充满着炽热感情的诗人，同时，他也是一位富有理性的清醒诗人，这正是他的长处和特点。他凭着诗人的敏感和直觉，凭着诗人的洞察力，发现了社会生活中潜在的病菌。为了不让那些病菌侵害我们年轻的共和国的肌体，他拿起讽刺这一武器，及时揭露并力图铲除那些病菌。诗人历来主张诗要有所为而作,因此他的诗力求积极反映和影响生活,他创作的讽刺诗,现实针对性是很强的。

讽刺诗是最有战斗性和针对性的一种诗歌形式。在讽刺诗中,诗人把深切的生活感受熔铸在诗篇中,把激情和理性结合在一起,运用想象和夸张的手法,辛辣地讽刺那些应该揭露和鞭笞的病态事物,热烈地表达自己的爱憎感情。

《"忘我精神"》一诗,诗人运用讽刺和夸张的手法,勾勒出生活中人们常见的一种人:满肚子原则而却富于"忘我精神",原则拿在他手里像抡起的板斧,专门用来摆威风,专门用来劈别人。

> 他瞪着眼看着一只打开的龙头,
> 自来水泛着白光嘟嘟直流。
> 他气愤地站着动也不动,
> 看有谁肯跑来拧一拧动动手。
> 他气得脖子暴青筋,脸腮发红,
> 原地不动一直站得两腿瘘疼。
> 前后左右不见一个人影,
> 没有谁走过来把龙头拧一拧。
> 有一天,在检讨会上他慷慨发言:
> "伸伸手就办到的事大家都不管!
> 浪费的自来水保险够我用一年,
> 这证明大家都缺乏共产主义观念!"

当人们问他："那么，你自己呢？同志！你怎么样？为什么你不抬抬手把那龙头关上？"他竟然觉得这种发问很奇怪，因为他根本没有考虑"他自己应该怎么办？"的问题。

讽刺诗与生活有着紧密的关系，好的讽刺诗，能够干预生活，促进生活的进程，因此人民是需要它的。鲁迅在《什么是讽刺》[①]一文中说："它所写的事情是公然的，也是常见的，平时是谁都不以为奇的，而且自然是谁都毫不注意的。不过这事情在那时却已经是不合理，可笑、可鄙，甚而至于可恶。"公木的这首讽刺诗描写的事情虽小，但反映的思想很深刻。诗人巧妙地讽刺了那些富于"忘我精神"的人。告诉人们：一个真正的革命者，要想与不良现象作斗争，要扭转社会上的不正之风，必须首先从自己做起。光发议论无济于事，同流合污只能起推波助澜的作用。这首诗，在今天仍有着深刻的现实意义。

《爬也是黑豆》一诗，采用了以小见大的写法。从一件小事中揭示了一个深刻的社会问题。诗的起笔看似平淡自然而实际上是很新颖的：

> 爸爸和儿子，一同来到谷场中，
>
> 谷场上有一片黑咕隆冬。
>
> 爸爸说："那是黑豆豆"，

---

① 鲁迅：《且介亭杂文二集》。

儿子说:"那是黑虫虫。"

儿子和爸爸发生争论,爸爸基于他的地位,他的尊严,当然是盛气凌人,理直气壮,"真理自然要一边倒在他手里,这用不着证明就可以肯定"。

可是,儿子忽然高兴地大声吼:
"爬哩,爬哩! 爸爸,你瞅,你瞅!"
爸爸不耐烦地勃然大怒:
"瞅什么? 爬,爬! 爬也是黑豆!"

生活中像诗中"爸爸"这样的人是大有人在的。由于"父道尊严",或"官道尊严""师道尊严",他们刚愎自用,听不进去一点不同意见,最后,只能背离真理越来越远,误了自己,也误了别人。

《在站长室里》诗人讽刺了"说"和"做"不一致的人。诗中的站长就属于这种人,他口头上高喊"要关心旅客",而实际行动上,他做得最差。对普通旅客和对"官",他的态度也截然不同,表现判若两人。

《据说,开会就是工作,工作就是开会》这首诗,是公木这个时期写的讽刺诗中最有代表性的一首,也是写得最有特色的一首。诗人抓住了社会政治生活中的一个顽固病象——官僚主义作风,并给予尖锐的讽刺。诗歌的构思十分巧妙、新颖。先使读者迷

惘,进而制造悬念,并一步一步深化主题,最后使读者恍然大悟。诗的开篇,叙述一位记者下厂,遇到费解之事:

> 当下班的汽笛还没有收住尾声,
> 工厂的大门呼然关得紧紧。
> "守卫同志,晚间我还要发稿……"
> 而他根本不听,也不看我的证明。
> 守卫同志只简单地挥挥手:
> "快去参加会议,不能走!"
> ……

当记者决定去找工厂的领导采访,见到的是:

> ……厂长室里不见一个人影,
> 党委书记室早锁上了门,
> 工会主席室、团委办公室都扑了空,
> 活见鬼! 莫非他们都钻了老鼠洞?

这里设下悬念,令人迷惑不解。既然下班不许出门,那么人哪儿去了呢? 这位记者走到办公室的走廊,扑入眼帘的是更加离奇的场面:

只见在地板上狠狠地按倒一位工友，

厂长和党委书记扯着他的左右手，

工会主席和团委宣传部长扳着两条腿，

他们拉好架式一齐用力，准备四马分肥。

怂怒，推着我像枪弹一样扑过去：

"你们在干什么？是什么道理？"

然而，晚了！那位工友已经被劈为四份，

他们简直没有看见我，都掉头走去⋯⋯

　　上面这两段，诗人不仅采用极致的夸张，同时也巧妙地运用幻觉手法。写得跌宕起伏，避免了平铺直叙。诗人根据我国官僚主义者开会成风的种种表现，描绘了同马雅柯夫斯基的《开会迷》相似又不尽相同的把一个工友"四马分肥"，叫他参加四个不同会议的可笑场景。夸张的极致和幻觉的离奇使人感到惊心动魄，突出了眼前事实的荒诞，但又叫人感到是真实可信的。这与鲁迅说的："'燕山雪花大如席'，是夸张，但燕山究竟有雪花，就含有一点诚实在里面，使我们立刻知道燕山原来有这么冷。如果说'广州雪花大如席'，那可就变成笑话了。"①道理是一样的，在于说明艺术的夸张必须以真实为其生命。当这位记者觉得自己"被甩在四个会场的中间"时，诗人笔锋一转，场景又回到现实中来：

---

① 鲁迅：《漫谈"漫画"》，《且介亭杂文二集》。

我看见四个会场同样门窗紧闭，

我听见四个会场同时宣布会议开始。

四个会场进行着四种报告，

他们各霸一方各有一套：

一个报告技术措施，

一个动员挖掘潜力，

一个总结社会主义竞赛，

一个宣传改善劳动组织。

题目虽然各有不同，

内容却是大体一致。——

正是党政工团合串同一脚本，

而又敲锣打鼓分唱对台戏。

　　这样名目繁多的会议效果如何呢？记者无意间抬头，隔着窗户看到会场里边——

有的张着嘴打呵欠，有的闭着眼打鼾，

大多数都是肢离体碎，五官不全……

　　这里的"肢离体碎，五官不全"，又属于夸张和幻觉。到此为止悬念之谜解开了，真相大白了。但是诗歌并没有就此止笔，而是通过团委书记对记者的解释，进一步揭示了会议主持者们对"开会"的谬误认识：

> "会议就是我们的生活方式，
> 完整的会议制度还要逐步建立。"
> 缺席？那就等于旷工，
> 一次自我检讨，二次广播批评。
> ……
> "你说学习？学习当然重要，
> 不过一定要在业余；
> 而开会就是工作，
> 工作就是开会。"
> ……
> "不过，睡眠时间嘛，
> 那实在不能太照顾。——
> 这全凭提高政治觉悟：
> 疲劳就是光荣，辛苦就是幸福。"

诗歌到此，已达到了"以己之矛，攻己之盾"的目的了。倘若诗人再对此批判一番，必然会显得累赘了。诗人独辟蹊径，别有风趣地安排了一个轻松幽默的结尾。以记者诊断出会议迷的病症之所在结尾：

"你慢慢讲,你慢慢讲!

你的头滚烫滚烫;

不过,老朋友,你的心却冰冷冰冷,

——这病还不轻哩!"

这一回发楞的轮到他自己:

"你开玩笑!"他喃喃地自言自语。

"开玩笑? 不是!"我摇摇头。

"怕是一种传染病,千万不能大意!"

我继续严厉警告:

"你,和你们整个领导,

如果不快快去挂急诊号,

那眼看就不可救药了。"

······

"你说,你不知道

这种病症的名字?

我告诉你:官僚主义!

——恶性的官僚主义!"

　　这首讽刺诗,以一个记者采访时的所见、所闻、所感为线索,诗的开头巧妙、自然地设下悬念,并以此波澜起伏地推动情节发展。结尾活泼幽默地点明题旨,发人深思,令人回味。

毛泽东1953年1月5日为中共中央起草的党内指示中谈到："官僚主义和命令主义，在我们的党和政府，不但在目前是一个大问题，就是在一个很长的时期内还将是一个大问题。"[①]诗人公木1956年3月在他的诗中就形象地一针见血地讽刺了官僚主义的危害性，这充分说明诗人强烈地感受着时代的脉搏，他与生活有着血肉的联系、与人民大众息息相关，否则便不能敏锐地提出这样亟待解决的社会问题。

这首诗思想深邃，艺术上具有独特的风格。诗人对讽刺诗的表现形式作了大胆的探索。诗人将各种手法熔为一炉，比如巧妙地运用夸张，放大生活的细部；精心地安排幻觉镜头，突出事实的荒谬；灵活地使用幽默的手法，表现批评讽刺的善意等，都运用得恰到好处。在当代诗坛的讽刺诗中，这是不可多得的优秀诗篇。

然而，非常可惜，诗人还未来得及在讽刺诗的领域做更深更广的开拓的时候，他被迫搁笔了。在"文化大革命"中，竟因为写讽刺诗，带来了一些莫须有的"罪名"。其实，这恰恰说明这些讽刺诗作具有犀利的锋芒和战斗的作用。

公木对生活、对事业、对祖国充满了挚爱，他揭露、讽刺我们生活中的一些反面事物，是为了敲起警钟，引起人们的注意，是为了及时克服纠正，并非是冷嘲热讽。从他写的讽刺诗中，我们可以感受到诗人对生活的热情，对事业的关心，对人民的责任感。

---

① 毛泽东:《反对官僚主义、命令主义和违法乱纪》,《毛泽东选集》第五卷。

他的笔是饱含深情的，正像他所主张那样："诗人是真理的战士，他拂去蒙蔽正义的尘土，使罪恶低头而战栗"①，诗人是为了捍卫真理，才去讽刺那些反面事物。这样的讽刺诗是我们国家和人民所需要的。

1956 年夏，公木陪苏联作家到过我国南方。同年秋，他又参加了中国作家协会组织的参观旅游团，到过太原、洛阳、武汉、苏州、杭州、上海、无锡、南京等地。他还代表中国作协出席了内蒙古作家协会成立大会。他在参观旅游中，饱览了祖国的美丽山水风光，了解了各地的风俗人情，目睹了蓬勃发展中的社会主义祖国的日新月异的面貌，诗人备受鼓舞。这个时期，他写了一组诗歌。这组诗歌在题材上、意境上和艺术表现形式方面都有新的探索。这组诗歌既有别于诗人以往的炽热奔放的政治抒情诗，也不同于那些直抒胸臆的真率的抒情短章，而是含蓄蕴藉，别具一番风味。

《广州》一诗，诗人捕捉了广州的两个特点：花城和广州起义所在地。由姑娘的笑脸自然地引出满街的红花，寓意人们朝气蓬勃的精神面貌和美好幸福的生活。又由广州儿童佩带的红领巾自然地引出广州起义烈士的鲜血，而红领巾是烈士的鲜血所染红，寓意少年儿童继承烈士遗志，接革命的班，继往开来。用诗来说理，写得不枯燥，而充满诗意。诗中描写的具体事物虽然十分

----

① 《谈诗歌创作》，新文艺出版社。

简洁,但寓意很深,深刻的内涵耐人寻味。

《太原》和《洛阳》这两首诗形象生动地描绘了我国城市的飞速发展,并进一步联想到农村的巨大变化。诗人热情地歌颂了社会主义祖国在飞奔:

> 你解放牌的蓝色大卡车队啊!
> 鼓绷绷满载着的是什么?
> 你在装运着古老又年轻的中国,
> 尘土飞扬奔向社会主义工业化。
> 侧起耳朵来听吧,拖拉机
> 就要发出轧轧的震耳欲聋的声音——
> 从这里将碾出无数条无数条大道,
> 直通向全中国每一个每一个农村。

《难老泉》是诗人在太原旅游时写的一首诗。难老泉在山西太原西郊水母庙前,庙中有水母娘娘的塑像。诗人经过敏锐、细致的观察,抓住了难老泉的特点,意韵横生描写了它的美之所在。"缘情体物,自有天然工巧而不见其刻削之痕",[①]《难老泉》正是这样的诗。

---

① 叶梦得:《石林诗话》。

我仿佛感到碧玉泛清凉，

难老泉淙淙向山下流淌；

我仿佛听见翠羽相击响，

绿莎萍轻轻在水底摇晃。

这段诗十分逼真地描绘了泉水的水碧，水花泛白，向上喷涌时却像翠绿的羽毛或羽翼在飞升和相击撞的景象。"能状难写之景，如在目前；含不尽之意，见于言外"①，是需要诗人对自然景物作精细的体察的。诗人不仅描绘了自然景物的特点，而且写出了自己的独特感受。

心地纯净得了无纤尘，

眼睛晶滢得浓夜闪光。

我恍惚看见袒胸的水母娘娘，

裸足涉着浅水，素手撩着衣裳。

这段诗创造了纯洁、恬静、优美的意境，诗中有画，画中有诗。诗人以独特的感受描写了传说中的仙女水母娘娘的纯洁、美好的心地，晶滢动人的眼睛。诗人想象中的水母娘娘"裸足涉着浅水，素手撩着衣裳"。

----

① 欧阳修：《六一诗话》。

她向人间播出智慧的种籽，

她向大地插上幸福的苗秧。

凡是有泉水潺潺流过的地方，

就有荷花和稻花一齐扬香。

传说中的仙女水母娘娘是高洁的化身、是智慧的化身、是幸福的化身。她带给人间的是圣洁的泉水，使"荷花和稻花一齐扬香"。

这首诗笔调清新、轻柔纯净，像悠扬的小夜曲；意境隽永、想象奇丽，像新美的写意画。诗人以美的情操给人以美的陶冶。这首诗韵律铿锵。第一节诗，一、二、三、四句都押韵；第二、第三节诗，二、三、四句押韵。读起来琅琅上口，具有音乐美。这首诗的创作说明诗人不但长于写政治抒情诗，而且还善于创作令人神往的风景诗。周良沛评论说："诗人在这之前当然不是这么写诗，在五十年代初期的报刊上也没有见过这样的诗；……《难老泉》的发表，在当时的诗苑是对题材新的开拓与表现，使新诗有了更广阔的天地。"①

《灯标船颂》和《登雨花台有感》属于借物咏怀的政治抒情诗。在《灯标船颂》中，诗人歌颂了在黑夜指明航程的灯标船。

① 周良沛选编《新诗选111首》，1983年花城出版社出版。

灯标船啊！你驻泊在江心不动，

你和惊涛险浪结伴为邻。

夜愈浓黑，你便光照得愈远愈明，

遇到狂风骤雨，你便愈有精神。

……

灯标船啊，岸然屹立的灯标船啊！

你永不瞌睡，无论春夏秋冬；

你永不畏惧，无论风雨雷霆；

你闪闪放光明，却默默不作声。

灿烂的星光和旅人的梦，

可以为你的忠实与辛劳作证。

当明晨的太阳轰响着从东海升起，

将为你披一身光耀夺目的彩虹。

　　诗人触景生情，正如古人所说："情景虽有在心在物之分，而景生情，情生景。"①诗人饱含激情地歌颂灯标船永放光明，默不作声，甘做无名英雄的精神，赞扬它不畏风雨雷霆的坚定的革命意志，进而赞颂那些像灯标船一样，无私无畏具有献身精神的革命者，颂扬他们美好的心灵和高尚的情操，他们和灯标船一样将

---

① 王夫之:《姜斋诗话》。

144

"披一身光耀夺目的彩虹"。

这首诗韵律也很整齐,一、二、三节诗都是隔句押韵。第四节诗是首句押韵,隔句相押。

《登雨花台有感》一诗,构思颇为新奇。诗人以美丽的天雨花传说起笔,情景交融、寓意深刻地点出"它却预示着真理的灵光将普照天下。"接着,诗人回顾历史,在那阴霾漆黑的年代,蒋介石的屠刀狂飞乱舞,美丽的雨花台变成了血花台。

> 我们有十万同志在这里献出了生命,
> 面对敌人的枪口,他们昂着头仰望长空,
> 那视线高高超过兰底白字的衙门,
> 他们最后的呼声震得青天铮铮应鸣。

革命的胜利来之不易,人民的英雄永远活在人民的心中:

> 三十年啊！以头颅播种,以鲜血灌溉,
> 每一粒石子都被染上耀眼的光彩。
> 红花瑰丽绚烂如同朝阳跃出东海,
> 终于在六万万人民的心里盎然盛开。

诗的结尾,诗人深情地写道:

谁说这些五彩花不是飞来自天上？

它们分明在闪烁着烈士赤血的光芒。

莫道佛法无边，天原不老，地也难荒，

把天堂引渡到人间，全靠我们领航！

这首诗"化景物为情思，从首至尾，自然如行云流水"①。诗的结尾异常巧妙，既照应了开头关于雨花石的传说，使结构浑然一体，又点明了题意，把诗的思想境界推向高峰。

这首诗的韵律也很讲究。一、二、四、七节是句句押韵，三、六节是首句入韵，隔句押韵。

诗人1956年底写于内蒙呼和浩特的几首诗也是别有特色的。《听琶杰同志发言》一诗，诗中没有一句直接描写琶杰同志的发言内容，但是又处处都写了他的发言内容，运用侧面描写和衬托、烘托的手法来描写。描写了琶杰同志的外貌、神态、表情、举止和声音以及整个会场的热烈气氛。诗人还别具匠心地描写了这样一段景物：

一开始，像轻骑漫步在

七月黎明的锡林郭勒草原里——

小星闪闪的，圆天兰兰的，

---

① 范晞文：《对床夜语》。

146

朝雾淡淡的,空气甜甜的,

晨风轻拂着人脸,

露水打湿了马蹄。

鲜花睁开惺忪的睡眼微笑,

云雀在头顶成群地飞着叫着。

　　这节诗,诗人以轻松的笔调描绘了恬静、欢快的自然景物。写了轻骑漫步、闪闪小星、蓝蓝的天、淡淡的朝雾、写甜甜的空气、轻轻的晨风、纯净的露水、绽开笑脸的鲜花、欢唱的云雀。而这一切都是在衬托琶杰同志发言时的愉悦心情。

　　接着笔锋突然一转:"但是,你乌黑的瞳仁里,/为什么突然发出愤怒的烈火?/一道潺潺的清溪里,/为什么突然翻起巨浪狂波?"原来是琶杰在发言中回顾过去的苦难生活。回顾过去,进而更加珍惜今天的幸福生活。由琶杰同志的欢快话语,诗人展开了美好的遐想:

我仿佛看见鸿雁又带来春天,

雪地冰天化成了绿水轻烟。

那密集的羊群好像白云滚滚,

铁牤牛疾风般驰过草原。

……

诗的结尾照应开头，又描述了芭杰同志银白的头发和胡须、红红的脸膛、发自肺腑的声音，以及全场对他的发言报之的海啸般的掌声。这样，诗的构思显得十分缜密。

《昆独仑召即兴》一诗描写了昆独仑召的巨大变化，歌颂了社会主义建设事业的飞速发展：

> 忽然一阵喧嚣淹没了幽静的钟磬声，
> 召门前开始了"包钢"的建设工程。
> 大卡车掘土机吼叫着燃亮了严冬寒夜，
> 一座新城斗然耸立起来遮住了朔漠沙风。
> 来自乌兰察布草原的骆驼队摇着长颈，
> 眼里放出惊异的油光，颔下铜铃响丁丁。
> 那一片比起大青山来还要高的烟囱林，
> 用飞飞云烟把社会主义的光辉写上晴空。

如此巨大的变化，使宁格鹤大喇嘛平生第一次激动得心跳，他伫立殿前久久凝望，念着："阿弥陀佛！是共产党把西天引渡到咱昆独仑召。"大喇嘛说的西天是佛家语，指的是极乐世界，这里指美好幸福的生活。这样的话由他说出，就更有意义了。

《冬猎》一诗描写了塞北冬天的奇伟壮观的景物，抒发了诗人广阔的襟怀。雪大、云低、天气寒冷异常，"千尺瀑布天上来，/——倏然凝结成冰。"但这奇冷的环境，在诗人的笔下是很壮观的。诗人想象中的瀑布"仿佛依旧飞溅流动,/仿佛依旧轰响喧腾。"这样描写,一种乐观、不畏严寒的气概油然而生。接着,诗人描写了狩猎者勇敢慓悍的英姿:

> 莽格图放鹰英雄,
> 迎着烈烈北风,
> 纵身挥臂向天空,
> ——放出一只苍鹰。
> 扭回头勒紧马缰绳,
> 雄马摇着长鬃萧萧嘶鸣。

这节诗重点写人物,描写狩猎者莽格图不畏严寒,充满了青春的活力,具有压倒一切困难的英雄气概。他英武飒爽的雄姿,从"迎着烈烈北风""纵身挥臂向天空""扭回头勒紧马缰绳"几句描写,已经历历在目。

这首诗意境雄浑壮阔,"诗中有画,画中有诗",具有绘画美、意象美、意境美。诗句简洁凝练,风格浑厚、深沉,显然,诗人吸收了我国古典诗歌的表现手法。因此这首诗古典诗词味道很浓,韵律也很严格。全诗两节,每节六句。第一节诗首句入韵,隔句押韵。第二节诗句句押韵。抑扬顿挫,具有和谐的音乐美。

《铁牤牛》一诗,描写拖拉机翻山越岭从北京运到内蒙,反映了党和国家对边疆少数民族人民的关怀。诗中这样描写拖拉机工作的情景：

> 铁牤牛的歌声多么响亮？
> 整个草原都在一齐和唱。
> 看啊，它把那雄壮的音符，
> 用黑烟写在辽阔的兰天上。

诗人把拖拉机的声音比喻为响亮的歌声，并超越时、空、地的限制，想象为"整个草原都在一齐和唱"。诗人展开奇伟的想象，他把拖拉机冒出的黑烟想象成写在辽阔的兰天上的雄壮音符。这一新颖、壮观、奇特的比喻，使诗的意境更为深远。

只有艺术上的创新，才能不落俗套，只有描写自己的独特感受，才能体现出诗人的个性。

这首诗的律也很讲究。全诗两节，每节四句。每节诗都是首句入韵，隔句押韵。

《夜巡》这首诗用韵比较自由。语言运用上也颇具特色。全诗两节，每节五句。第一节的第三句"山黑路窄，水寒风劲"和第二节的第三句"露冷霜凝，汗湿脸红"工对得很整齐。第一节描写马队午夜出巡，突出马队的飞快和轻盈：

> 马蹄如飞落得轻轻，
> 像月天里驰过一队雁影。

第二节描写马队黎明回营，突出马队的矫健和飘逸：

> 脑缨镶着闪闪疏星，
> 马尾拂着飘飘流云。

从四十年代起，公木在诗歌理论上就形成了"歌诗"与"诵诗"的观念，四十年代至五十年代，诗人基本上是沿着诗歌的"双轨"发展下来的。在五十年代，他创作了许多优秀的"诵诗"，同时也创作了不少歌诗。1950年他创作了歌词《签名在呼吁书上》，还为著名影片《白毛女》创作了脍炙人口的歌词；1952年他为影片《高歌猛进》创作了歌词；1956年他为著名影片《怒海轻骑》创作了歌词；同年，他还与白朗合作创作了《永远跟着共产党》这一歌词。

公木创作的歌词感情炽热，激昂奔放。歌词中洋溢着诗人对祖国、对人民的一片深情。我们以《怒海轻骑——水兵之歌一》为例。这首歌词第一段，诗人以"海风咆哮像嗥叫的豺狼，波涛翻滚像起伏的山岗——"的比喻，展示出怒吼的海风和波涛汹涌的海面。正是在这狂风巨浪的险恶环境中，英雄的舰队出发在海上，五星红旗迎风飘荡。人民的水兵为保卫祖国贡献青春。诗人歌颂了水兵勇敢无畏和无私奉献的精神。

第二段诗人写道：

海风有力地抱着水兵亲吻，

波涛汹涌表示热情欢迎——

英雄的舰队昼夜巡行，

勇敢的海燕横飞天空。

祖国和人民关怀水兵，

年青的水兵热血沸腾；

保卫社会主义建设，保卫持久的和平，

年青的水兵热血沸腾。

这是最大的幸福，为理想献出青春；

伟大的毛泽东指引我们胜利前进！

　　诗中用"海风有力地抱着水兵亲吻，波涛汹涌表示热烈欢迎"两句，生动传神地表现了水兵们革命乐观主义精神和大无畏的英雄气概。用"勇敢的海燕横飞天空"，赞扬了英雄的水兵迎着暴风雨，迎着狂涛巨澜前进的英姿。

　　第三段以"像烈马奔驰在蓝色的草原，像雄鹰猛扑向耀眼的雪山——"的比喻起笔，进一步歌颂了人民的海军勇往直前的英雄气概。而每段歌词的结尾都是：

这是最大的幸福，为理想献出青春；

伟大的毛泽东指引我们胜利前进！

以重叠、复唱的手法,使旋律更加和谐,音韵更加铿锵,也深化了诗的思想意境。

1956～1958 年,诗人怀着极大的政治热情,写了一组反映国际题材的诗。其中写于 1956 年 10 月的《匈牙利,连心的亲爱的兄弟!》这首诗,诗人十分珍爱。在这首政治抒情诗中,诗人激昂澎湃的政治热情,强烈的爱憎感情,率真、坦荡的胸怀和战士兼诗人的政治敏感和战斗锐气都表现得十分突出。

1958 年 4 月至 5 月诗人访问匈牙利期间,曾写了一组抒情诗。其中有《在金碧辉煌的餐厅》《火焰的心》《吻》《滚烫的手》《扬琪再没有回家》《尤日爷爷》等。这些诗篇,歌颂中匈人民友谊的占多数。如《滚烫的手》中,描写一位匈牙利老妈妈对中国人民的深情,也表达了诗人对匈牙利人民深挚的感情。诗的开篇这样写道:

　　　　她走近了,挎着一篮苹果,
　　　　苹果上还饰着鲜花。
　　　　那佝偻的背,
　　　　那蹒跚的步伐,
　　　　那含泪的微笑的眼睛,
　　　　那飘飘的白发,
　　　　使着我的心口咚咚跳起来,
　　　　一霎间我想起了自己的妈妈。

这节诗传神地刻画了匈牙利老妈妈的外貌,而"一霎间我想起了自己的妈妈"一句,巧妙自然地引起下文:

> 她的声调也多么像妈妈呀,
> 缓缓的细细的清清楚楚的,
> 像溪涧的流水一样明澈,
> 像古筝的丝弦一样清晰。

匈牙利老妈妈的礼物有着深邃的寓意:

> 请接受吧,这是我的献礼,
> 这是我的心血,我的汗水。
> 这花枝展示出红白绿,
> 一张匈牙利人民共和国的旗帜,
> 而这鲜红的苹果带着微黄,
> 中国国旗上那五颗星的颜色。
> 它们连结在一起了,
> 它们混合成一体了。

诗人热情地握住老妈妈的手:

> 我们双双紧紧握着久久不放,

那两只干皱的手，激动地

索索打颤，而又滚烫滚烫。

你，滚烫的那奇格勒什妈妈的手啊！

这首诗朴实自然、情真意切地表达了中匈人民的真挚友谊。

《同志老来红》一诗，写罗马尼亚一位石油工人，他经历了旧社会的苦难，饱尝了种种辛酸。新社会，使他获得了解放。在社会主义建设中，他奋发向上，精力充沛。年逾老而志弥坚，可谓老当益壮。

此时期，诗人写的国际题材的诗，收集在他自编的诗集《人类万岁》中，他很珍爱这本诗集。但可惜，"它未曾破壳，便尔仙逝"了。

飞来的横祸

1957年3月8日深夜，在文学讲习所的宿舍里，一个出人意料的悲剧发生了。住在鼓楼东大街一〇三号的公木的父母，被邻室倒灌进来的煤烟窒息致死于梦中。公木对父母极为孝敬，他刚刚把父母从河北老家接到北京，以便尽到侍奉双亲的责任，没想到竟是这样的结局，这使他内心万分疚痛。但是，他把巨大的痛苦埋在心底，对邻居竟没有说一句埋怨的话，更没有追究此事。这件事使同事们惊服这位诗人的品格素养之高，为人的宽宏和大度。

1958年春夏间,诗人作为中国作家协会的代表,赴匈牙利及罗马尼亚宣传"双百"方针,介绍中国文艺战线"反右斗争"的情况。如同受着一种什么不可知的力量嘲弄似的,7月底归来,回到中国作家协会,他自己也被指控为与中宣部党委会构成的所谓"反党集团""互相呼应,进行反党活动",而被错划为"资产阶级右派分子",并被开除党籍。已经编成的诗集《人类万岁》,虽然事前曾被邀与北京出版社签订了合同,然而因为形势的发展,事态的变化,也不能出版了。"文革"期间,这本《人类万岁》稿本又被造反派强行索去,供作"批判材料",后来竟化成"黄鹤"而"一去不复返了"。

横祸接二连三的飞来,沉重地打击着诗人。不过,1958年10月以后,诗人每念及自己双亲的惨死,反而觉得轻松些。他想:如果两位老人再多活四五百天,看到自己的儿子如何结束文学讲习所的工作,如何离开文学讲习所,如何走上坎坷的道路,不知会感到怎样的惶恐和迷惑,而且他们也免不了要受儿子的株连。想到二位老人是在微笑的梦中离开了这个世界的,也可以算是死得其时,死得其所了。

1958年,正当诗人的诗歌创作处于黄金时代,他的歌喉却被遏止住了。诗人在《公木诗选》的后记中说:"……自从1958年以后,便再不曾真正写过诗,是对诗歌的热情消退了吗?不是;是对诗的认识改变了吗?也不是。……符合真情的实感无由表达;而说真话,只有自语或耳语。这很不利于诗歌创作,是显然的。"

第四章　烬余拾珠诗生辉

五十年代是诗人激情满怀、诗兴勃发的时代。他除了兢兢业业完成党交给的本职工作，一面在诗坛上放歌，一面在诗歌研究领域里耕耘。仅1957年一年，就发表论文和其他文章十篇，发表诗歌九首。8月，论文集《谈诗歌创作》问世。12月，诗集《黄花集》《崩溃集》同时由作家出版社和新文艺出版社出版。可谓"五谷丰登"，硕果累累。然而就在他挥毫纵横，引吭高歌，进一步施展自己的才华时，一场意想不到的灾难降临了。1958年夏季他被错划成了右派，从此走上了一段长达二十年的在逆境中奋进的人生道路。

公木在被错划为右派前后，开始认真地思考今后所要从事的工作了。诗，是不能再写了，写了也没处发表。诗集《人类万岁》不能出版，曾使公木痛苦万分。以后岁月悠悠，路还很漫长，选择一个怎样的岗位去为祖国效力呢？公木很费了一番心思。他十分清楚，自己不能再搞文艺工作了，不能再指导青年创作或与他们一起研究创作了，已失去了这个资格。他先想到去教书，自己曾做过中学教员，又在抗大、鲁艺和东北大学工作过，对教育工作比较熟悉。然而又觉得已不能去讲政治、讲经济、讲时事、讲形势和他所熟悉的文学了，于是决定去当数学教员，教几何、代数。在正定读书时，几何、代数他学得很好。他到王府井新华书店买了一批数、理、化教材，搜集了不少几何、代数课本，利用挨批判的空隙，把这些课本都看了一遍，每道习题都进行了认真的演算。那时，大炼钢铁不允许他参加，谁要参加炼钢铁是光荣的，就像"文化大革命"时跳忠字舞一样。在那寂静的长夜，他除了整理过去的诗稿，就是在数学的王国里遨游。结论做出后，组织上问他愿到哪里去，他回答上鞍山。他是从鞍钢来北京的，在鞍钢当教育处长时，筹建过几十所职工业余中学。在那里人很熟，去了不能搞行政当领导，可以当教员，教几何、代数。然而公木的愿望落空了。鞍山有关方面觉得他过去曾做过领导，来了分配不方便，因而没同意他去。接到"鞍山不能去了"的通知后，公木提出愿意去长春。当时的吉林省委宣传部部长宋振庭，从杨公骥教授那里了解到公木的一些情况，欢迎他到长春去。

1959 年元旦，这是一个奇冷的日子，公木一个人在吉林省人委招待所孤独地度过了节日。节后组织上安排他到吉林省图书馆任馆员，半劳动改造，半工作。公木愉快地接受了组织的分配。来图书馆之前，他对图书馆业务是生疏的，但既然来了，就应该熟悉起来，并且自己对自己说，我既然来到这里，就必须使这里的工作有新的起色。本着这一想法，公木虚心向图书馆熟悉业务的同志请教，向他们学习图书馆分类和编目，这些本来不难，一学便成通家,不久就能独立工作,一天分一百三十多种书。后来公木在回忆这一段经历时说:在我五十岁即"知天命"之年的前后,曾得有机会在吉林省图书馆工作了三年,这三年,给我留下了相当深刻的印象。在这一段时间里,我虽然没做出什么贡献,但对我个人说来,却是具有非常重要的意义:一、身体锻炼得更结实了。二、在三年工作中,使我初步地了解到图书馆的业务内容是很丰富的,它的责任是很重大的。这使我每当想到或听到"图书馆"这个词,便像听到一位"亲友"的名字似的那么一种感受,感到亲切。在省图书馆期间,这是我一生中读书最多的时期。

公木的感受是切实的,发自内心的。纵然繁重的体力劳动和困难时期的饥饿使他健壮的身体消瘦了,体重由一百六十多斤,减至一百一十多斤,然而他在精神上还那样的充实。每天扔下扫帚、掏粪勺,或者是整理完图书目录、索引,就坐在图书馆后楼自己的住室里潜心读书。晚上不管繁星满天,还是乌云密布,那间斗室总有如豆的灯光。青灯黄卷伴一杯开水,这是惨遭逆境的公木的最怡然自得的时光。他读马列经典著作,读《中国哲学史》《中国思想史》和《老子》《庄子》《史记》等书籍……,尽情地在书的汪洋大海中遨游。这一段业余读书生活,不仅为他今后从事学术研究打下了坚实的基础,提高了他透辟认识分析问题的能力,更重要的是中华民族赖以生存、延续和发展的公正无私、进取不息的精神,开阔着他的胸怀,充实着他的感情世界,使心中的革命激情燃烧得更加旺盛。

在图书馆期间,公木"改造"得极认真,尽心尽意地完成组织上交给的每一项工作。去车站拉煤,不等别人招呼,他扛一把铁锹就跳上了车;秋收时节,他跟着毛驴车,从农安县农村往长春拉苞米棒子;到戏校义务劳动打地基,他拉石头,挖土方,和青年人赛着干;到农场锄地,他一个人把一条垅,别人跑在前面,他满头大汗地在后面撵;为了给农作物多施点肥料,他手握掏粪工具,沿街掏马葫芦;从南关扇子面胡同往图书馆运线装书,他一天跟三轮车跑十几趟,为了每次往楼上多搬一些书,他在胸前搭块木板,用绳子吊在肩上;清理书库,他抢干最脏、最累的活,参加古旧书整理分类,别人下班了,他还加班加点地干;他主动报名参加图书馆业务学习,还兴致勃勃地开始学习外语。看公木朴素、实在,干活从不叫苦叫累,也只字不提自己的遭遇,不吐露半句怨言,还省吃俭用接济家庭生活条件差的职工,馆里许多同志都愿意和他接近,公木也和大家相处得很好。他用默默的无声的行动,重新赢得党和人民的信任。这期间,组织曾指定他参加歌剧《青林密信》的创作。多少个不眠之夜,他一遍一遍地推敲修改,熔铸进自己的心血。

1961年5月初,公木被指名参加省直农场毛泽东著作学习班。这个学习班,又是生产队,专收"右派",进行教育改造。二百多名"右派"分两个班,住在搭起的大席棚里。作为生产队的一员,公木任积肥组的组长,参加了从春播到秋收的全过程。他这个冀中平原农民的儿子,在离开土地近四十年后,暗自吟唱着"土地之盐归土地,森林底鸟返森林"的无声之歌,又开始在大田里劳作。整日和同伴们贪黑起早,顶烈日酷暑,从事繁重的体力劳动。他忠实地履行积肥组组长的职责,提粪筐拾粪,下粪坑掏粪,还买了几本关于粪肥的书,认真钻研。弄清了什么是磷肥,什么是钾肥,什么肥长叶,什么肥长果。当金秋季节来到,望着籽粒饱满的庄稼,公木和憨厚朴实的农民一样,由衷地感到喜悦。

公木还是毛泽东著作学习班的辅导组组长。学习班每周由上级派人讲两三次课,主要内容是学习毛泽东著作,学习完之后开展讨论。作为被指定的学习辅导员,他每次都认真组织讨论,鼓励大家多学习政治理论,用马克思主义的观点去观察、分析现实,在任何情况下,都要坚信党,都不能动摇共产主义的信念。为此,他结交了许多好朋友,先后有几十名同志在思想上受其积极的影响。

在农场劳动结束后,公木被摘去"右派"帽子。当名字下又复现了"同志"二字时,他眼眶里饱含着激动的泪水。

1962年1月,公木被分配到吉林大学中文系当教员。2月,他进京接来家眷,几年分别后合家团聚。3月,即登上大学讲台授课。到校不久,公木就被任命为中文系代主任。他大量的精力要投入到教学和科研的组织工作中去,留给自己搞教学、写讲义的时间十分有限。但他仍先后讲授《先秦两汉文学史》等五门课,默默地在教学领域耕耘。

1958年以后直到"文化大革命"结束,本当是公木创作生命力最旺盛的时候,却较少有诗歌留下来。其中原因是不言自明的。公木在一篇评论萧三诗歌的文章中慨然写道:"读完这部选集,最后一首诗篇《八十三岁自寿》作于1979年10月,由它逆推上溯,倒数第二首、第三首,则是作于1964年和1962年。这中间空白了十五年到十七年。为什么空白达如是之久? 其原因是人所共知的,无庸赘述了。呜呼,人寿几何,去日苦多。悠悠岁月,滔滔江河。逝者如斯,不舍昼夜。空白空白,白驹过隙。这一生经得起几度空白呢?"这是面对萧三的感叹,也是公木的自叹。近二十年间,公木的诗歌创作几乎是空白。"并不是说七千三百日大好时光,从我身旁空空流过去了;我不曾懒散,更不曾绝望,付出了高昂的学费,收益还是巨大的,不过不是在诗创作这个方面。"

从公木写于1959年4月的诗《帽子》中,可以透视出他当时倍受压抑的处境和心境。

它,它挡住明亮的太阳,

照,只照见我恍惚空虚——

影子呢,影子已经跑了光。

一个丢掉影子的人,

光明自然成为禁区。

它,它遮断亲朋的视线,

认,也认不得我姓甚名谁——
名字呢,名字被钢叉剿斩。
一个丢掉名字的人,
友谊理当视作忌讳。

童年时是多么想望:
得到这样帽子一顶——
什么样,没想;只要
戴上它去玩捉迷藏,
便没人能看见我的踪影。
而今于无意中得到,
一阵吼声给扣在头上——
用力甩,也甩不掉。
隐身、息影、变形——论功效
可远远超过了童年的幻想。
而且就连这玩艺儿本身,
也是无形的,肉眼看不见——
是是棉,谁也说不准。
却箍得紧紧,其重千钧,
把头夹扁,把腰压弯。

公木这顶"无意中得到"的"甩不掉"的帽子,"挡住明亮的太阳",友谊也成了"忌讳"的别称。而又正因为其无形才"功效"奇特,使诗人有"把头夹扁,把腰压弯"的感受,承受着"其重千钧"的精神压力。过去,公木曾在诗坛健笔纵横,恣意放歌,而此时却远离诗坛,悄无声息。这决非诗人沸腾的热血凝固,而是"符合真情的实感无由表达";诗人重交情,讲友谊,却不得不把友谊深埋心底,绝少交往,为的是不给朋友招惹麻烦。漫漫长夜,诗人在失却光明的"禁区"里生活。

1958 年以后,公木的诗歌创作不仅量少,而且留下来的几乎都是旧体诗,都不曾发表,多是书怀和赠答友人的。这样的状况,一直延续到粉碎"四人帮"时。公木一向是力主写新诗的,为什么这时期却作起旧诗来了呢?这一方面是因为他有较深厚的古典诗词修养,更重要的是人所共知的历史原因所造成的。那时,"即或'情动于中而形于言'也多半用些隐晦的语言,更基于习俗和历史的惰性,还外加上一道平平仄仄的障眼法。好在写来只供自读,顶多送给一两个挚友看看,更往往是左嘱咐右叮咛:'看过交火君'。偶得烬余,也无非是些《书怀》《无题》《答友人》,七言八句,古旧之类,在质与量上都是微不足道的。这就是说,我也写起旧诗来,是在'扩大化了'的'反右斗争'到'史无前例'的'文化大革命'这连亘二十年的时代背景下,以及我个人的一些历史条件和现实际遇促成的。"公木这段自述为我们研究诗人的旧体诗创作提供了方便,同时也更使我们倍加珍惜这"烬余"偶得的宝贵诗篇。

仔细研读,可以深深体会到,公木的旧体诗词既不是发思古之幽情,也不是超凡脱俗的田园牧歌,它同作者的新诗一样,反映了热爱党、热爱祖国、热爱人民的赤子之心,抨击黑暗和歌颂光明的战士之志,以及微观生活、洞察世事的诗人之怀。尤其是表现了他"问俺早知这么样,早知这样也心甘"的投身革命的矢志不移的抉择,"一唱雄鸡天又白,依然万里东方红"的对党和国家前途的坚定信念,展现了他那种"射雕鸣镝平生愿,落雁虚弓半世缘"的独特思想感情,倍见他"胸中焰火吐氤氲"的激烈壮怀和把个人得失置之度外的高风亮节。

　　这一时期,诗人写得最早的旧体诗是《蒲公英》《啄木鸟》《咏松》。这三首诗作于1962年冬,都是为吉林大学中文系学生所办墙报的题辞,从中我们可以看出处在逆境的诗人的信念和追求。尽管受到打击,诗人仍渴望为社会、为人类做更多的奉献:"掘得肥根良药苦,采来瘦果高粱甘。"他称赞《啄木鸟》"剥剥复啄啄,羞作呢喃鸣",这是对学生的鼓励,也是自勉。《咏松》一诗,鲜明地表达了作者的志向。他赞美松树"傲繁霜"的品格:"白露凝珠弹蜡泪,绿波侵翠闪霞光。"在诗的结尾,气势磅礴地写道:"电击雷轰根不拔,蛟龙蜿蜿蟠穹苍。"这是对松树不屈不挠精神的概括和描绘,也是诗人的自我写照。被错划为右派后,公木的信念不变,志向不变,对党的感情不变,始终坚信党的领导。他不仅自己渴望有一天回到党的怀抱,而且鼓励自己认识的同志积极加入党的组织。长春地质学院教授李沐荪感受尤深,曾回忆道:"我当时

31岁，不是党员，被打成右派后，思想很苦闷。公木引导我看了不少书，其中有《反杜林论》和黑格尔的哲学著作等，还赠送我一本列宁的《哲学笔记》，这对我帮助很大。更为难能可贵的是，他被打成了右派，开除了党籍，仍对党没有二心，多次鼓励我今后要努力争取入党。我要求进步和他的帮助分不开。"公木和李沐苏是在农场"劳动改造"相识的，分手后公木曾几次询问李沐苏是否申请入党。当李提出入党申请后，公木又和他谈心，指出应当怎样去争取进步。在公木的帮助下，李沐苏经过长期努力，终于实现心愿，加入了中国共产党。

公木对党、对革命事业炽热的感情，同样表现在其他旧体诗作中。如1964年他写的《述怀四首》之一：

> 何处阴霾不放晴，
> 哪条大道没泥坑！
> 风风雨雨凭天意，
> 事事非非任党评。
> 肉烂依然锅内滚，
> 船翻犹自岸边行。
> 漫云踽踽沙滩浅，
> 白浪洪涛一脉通。

诗一开篇，作者高瞻远瞩，以唯物辩证法的判断，写出了革命的历程中难免晴中有阴,更不会长阴而无晴。人生的道路上,难免坎坷泥泞,但共产主义毕竟是人生的一条大道。深邃的哲理思想,统摄全篇。第三句中的"天意"是客观规律,说明一切事物的变化,自有客观规律,革命也必须遵循这个客观规律。第四句诗人坦露胸怀,从事革命工作以来的是与非,任党凭鉴,自有公论。对党一片"吾尽吾心"之虔诚,见于言表;对革命"心底无私天地宽"之情操,涵于诗里。第五、六句直抒胸臆,表明心迹。用幽默的笔调,深沉的语气,道出了诗人对革命的初衷不变,即使受到了损害与弃置,依然坚贞不渝。在其他诗中,到处都能看到这种信念的表现。诗人在另一首《述怀》中写道:"坠甑已破合铺地""葵断蓬头仰向日"。前句用了《后汉书》中记载的孟敏荷坠地的典故,并巧化陆游"功名已甑坠,身世真瓦裂"的诗意。诗人将自己比喻为炊甑,纵然坠地破碎,也应当献身铺地,使之坎坷而平坦,利人行走。这种"落红不是无情物,化作春泥更护花"的为他人而自我牺牲的精神,正是诗人的可贵之处。后句,诗人把自己比喻为向日的葵花,纵然叶断花衰,亦不变向日之心,来表明自己尽管受到了无情的打击和摧残,但跟从党走、向往光明、追求真理的心志不变,信念不移。

诗的结尾,说出自己虽然处在一种独行的孤寂的处境,窘于浅水沙滩,但革命的白浪洪涛,却与之一脉相通,大有鲁迅那种"心事浩茫连广宇,于无声处听惊雷"的激昂而又博大的思想感情。

167

在"文化大革命"中,诗人和人民一起受难。他一次又一次地被批斗,被审查,被勒令交待问题。而罪名都是无中生有地罗织起来的。

公木的家曾两次被抄,最使他痛心的是诗稿《人类万岁》的抄失。一天,三个素日称公木为"老师"的青年,闯进他家,声色俱厉地说:"听说你还有一部诗稿,要交出来,我们要批判。"从此,诗稿"化作黄鹤,一去未返,不曾问世,便尔长逝了"(公木语)。一直到二十年之后,才有点滴消息。公木1987年夏季致老友朱子奇的信中写道:"五八年编定的一个诗集《人类万岁》手抄稿本,文化大革命期间被抄走,失踪二十年。今年五月,此间一位教师偶然在一堆废纸中发现了三首:《人类万岁》《在塞尔苏村》《小树》,都给我抄了回来。坠束拾零,亡羊补圈,实在喜出望外。"

当时,国家乱了,社会乱了,学校已没有正常的教学秩序,公木被打成"黑帮",除了交待问题。就是参加"劳动改造",或在学校打扫卫生,或到农场参加劳动,"锄杠作篙撑翠浪,镰刀如月割黄云。"那时,夫妻两个带三个孩子,还有一个老保姆,生活也是十分困难的。在萧瑟的秋风过后,公木沿长街拣落梢,作引柴:"拣拣落梢侧道边,盈筐频得把腰弯。难雕朽木难为火,易折青枝易冒烟。"可见当时生活的困窘。

尽管如此遭受磨难,公木也毫不沮丧,对党和人民肝胆相照。这种思想感情突出体现在《答友人·三首》中。其中一首写道:

一从结发读宣言，

便把头颅肩上担。

遵命何如革命易，

求仁自比得仁难。

穷途未效阮生哭，

晚节当矜苏子坚。

问俺早知这么样，

早知这样也心甘。

诗是答好友龚棘君(杨公骥教授)的。"在林彪、'四人帮'炙手可热的时日，龚棘倍受冲击，半身瘫痪，还被迫上山下乡，携妻将雏，伴书簏三十余只，辗转泥途中，美其名曰走'五七'道路。三年后又被召回，书物颇有遗失，书簏中耗子作窝，生活非常狼狈。有个年轻同志见而怜之，慨然说：'师乎！早知今日，悔不当初吧。'意谓，如果能够预卜如今的下场，早年大概就不会投奔革命了。龚棘凛然相告曰：'共产主义，任重道远，自在意中，何容选择？'因致书于我述其事，且喟然叹曰：'我辈之不为人知也类如此，因作三律以答之。"诗人回顾了参加革命的经过，接着述说了追随革命的不易和艰难。当时诗人和好友都身处逆境，遭"纷纷白眼"，潜"猪棚掏粪"，自嘲"打开书簏抓耗子，好汉从不皱眉头"。但是紧接着异峰突起，直抒胸怀："途穷"即遇到挫折时，决不像"竹林七贤"之一阮籍那样"辄痛哭而返"，而是要像汉朝名臣苏武那样保持美好的晚节,忠于祖国和人民。最后用极其朴素的语言表明:早知今日如此也心甘情愿,决不后悔。这是和好友的共勉,也是诗人的自励。诚如他在本诗追记序言中说:"是的,在国民党反动派的统治下,有特务盯梢,遭牢狱禁锢,是理所当然;生活在林彪、'四人帮'当政的年月,遭受摧残与打击,也是势有必致。凡此一切,都叫阶级斗争,没有什么不平或不满可说,只须要正视它,力求知己知彼,时刻准备着,力所能及,自强不息。"这正是诗人自身形象的具体写照。

在林彪、"四人帮"滥施淫威、疯狂迫害老干部的日子里,诗人没有低眉折腰,当然更没有用他的笔为这些权势者写半句颂词,而是忧愤交加,五内鼎沸,日夜难安。1969 年写的《无题·十首》真切地记录了诗人的这种心境。诗人对他朦胧意识到的祸国殃民的权势者发出了血泪的控诉:"假真真假凭罗织,是非非是靠引申。枪林弹雨穿过了,归来阶下做囚人。"表示了永不向邪恶势力屈服的高尚气节,"任他顽劣嘲牛鬼,竭我悃诚师马恩"。"漫道落红无意绪,化成泥土润花根"。"收拾浮名塞敝屣,胸中焰火吐氤氲"。除了表达不屈的气节和斗志,诗人还渴望党能早日廓清满天乱云,收迷雾而正乾坤。在《赠桂友兼悼张海》诗中写道:"焦渴难禁思延水,迷惑莫开忆鸳湖。"他希望"万里重归大泽乡",诗以陈胜吴广起义的大泽乡代指革命根据地延安。他认为党总有一天经历迢迢万里的曲折路程后,能重新恢复在延安时那样的光明正大。在"四人帮"作恶多端,"洒向人间都是怨"的日子里,诗人写出了民意:"鱼僵惓眼望归川"。他把人民比喻为断水的鱼,惓惓虔恳地渴望党能力挽狂澜,拨乱反正,恢复人民与党的鱼水相亲关系。诗人认为丙辰清明人民群众悼念周总理、揭露"四人帮"斗争是正义斗争,称赞贴在天安门广场的诗"非以诗篇作生命,而以生命作诗篇"。

1976年4月,公木在赠友人的诗中无限忧愤地写道:"漫天缟素落平芜,无限江山尽咽鸣。鬼域几番牙咬紧,人间一片血模糊",表示无论在任何情况下,自己的信念决不动摇:"一自红旗拂顶额,便将热血许菱岂。"同时对党的事业也越来越关心和忧虑了。

诗人强烈的爱党、爱国、爱民的思想感情,始终像一根闪光的金线,贯穿着一首首珍珠似的诗词,光彩夺目。"文章不是无情物",诗是情的产物。只有充满了鲜明、强烈、深刻的感情的诗,才能放射光彩,才能产生热能,才能发出威力,才能像汹涌的洪水一样冲开读者心灵的闸门,汇流浩荡。

"口里真心话,笔端动地歌。"(《坠束拾零》)公木的旧体诗,继承和发扬了我国诗歌正视现实、说真话、吐真情的现实主义传统。像"总为人前多謷嘴,幽光狂慧种原因""名高谤盛浮云过,气悍灾多暴雨淋""每惹权威白瞪眼,更教诗友暗操心""演戏何如看戏好,作歌不是唱歌人""学泅得溺寻常事,一片冰心在玉壶""好自殷勤酬父老,慎无灭裂负耶娘"等句,都是发自肺腑的真言,也是放射光辉的警句。

公木的旧体诗,和新诗一样具有"骤雨狂飙霹雳光"的气势,激励人的情怀,鼓舞人的斗志,拉着读者在真理的大道上奔跑。他有"我欲以头撞帝阍"的胆量,他有"长啸挥钎凿混沌,豪歌仗剑截昆仑"的气魄。公木有着丰富的革命斗争实践和马列主义的人生观,他用历史唯物主义对生活进行严峻的考察和思考,热烈尖锐,富有哲理,具有独特的深刻性。他的诗有雄浑而又现实、清新而又古朴的独特风格,给人以深、新、美的享受。在诗艺上,本时期的旧体诗作,"有意把民歌句法羼进诗词里,试探着使旧诗结构靠拢新诗型"。

公木对旧体诗词的认识有一个发展过程。在二十年代末三十年代初那几年间,也就是诗人从事左翼文艺的初期,曾经"把它和中医、京戏看作与发辫、小脚一样的封建残余",不屑为之。到了延安以后,接受了"整风"教育,学习了《反对党八股》,而且更重要的是由于参加了以萧三为核心的"新诗歌会",并通过他接触了延安五老的"怀安诗社",认识到了古典诗词也能反映现实,服务抗战。但诗人仍旧同意这样的意见:"旧诗可以写一些,但不宜在青年中提倡,因为这种体裁束缚思想,又不易学"。然而,由于特殊的历史原因,使公木较多地作起旧体诗来了。以后随着这些旧作的发表和新作的增多,迫使他更多地联想到毛泽东同志的另一段话:"对于过去时代的文艺形式,我们也并不拒绝利用,但这些旧形式到了我们手里,给了改造,加进了新内容,也就变成革命的为人民服务的东西了。"(《在延安文艺座谈会上的讲话》)诗人风趣地说:"旧瓶也可以装新酒嘛,只要酒是佳酿,旧瓶也不妨华美精致,也许有些人只有这样才更能品尝出'悠悠迷所留,酒中有深味'哩。"逆境中的旧体诗作连同在此前后写就的一些篇什,结集为《公木旧体诗抄》,诗人自谦这是一个"涩果",然而我们却从中品尝到美的甘怡。

这一时期,公木的新诗寥寥,屈指可数。1960年冬,他创作了《夜行吟》一诗。诗中写道:

我从昨天来,

我到明天去。

告别长庚,

奔赴启明——

长庚已经隐没,

启明还没显形。

我从昨天来,

我到明天去。

头上乌云,

脚下泥泞——

乌云遮断星月,

泥泞泛起榛荆。

我从昨天来,

我到明天去,

拨开黑暗,

咬紧寒风——

黑暗吹冻发僵，

寒风泼墨染浓。

我从昨天来，

我到明天去。

背离长庚，

面向启明——

长庚沉落天外，

启明闪现心中。

　　这首诗表达了他虽然处于逆境，但心中仍有一盏明灯。他的精神是昂扬的，信念是坚定的，他没有灰颓没有沮丧，如同当年投奔革命一样，"从昨天来"，"到明天去"，坚定不移地追求光明。这是公木当时心境的真实写照。

　　1963 年，公木应邀为影片《英雄儿女》写作歌词《英雄的赞歌》。这时，他虽然已被摘"帽"，然而日子并不好过，仍处处生活在白眼的侧视中。但他心地坦荡，挥笔如椽，根据影片的需要，极大地抒发了革命的壮志豪情："风烟滚滚唱英雄，四面青山侧耳听。晴天响雷敲金鼓，大海扬波做合声。""地陷进去独身挡，天塌下来只手擎。""敌人腐烂变泥土，勇士辉煌化金星。"激情澎湃地歌颂了人民战士压倒一切敌人的英雄气概和大无畏精神，塑造了他们为祖国和人民赴汤蹈火不惜献出一切的光辉形象。这首歌随着影片的放映,立即风靡全国,至今仍在传唱。歌词里凝结着作者的意志和信念,透过它,可以折射出公木的壮怀、激情和赤子之心。同时使我们看到,公木这位诗坛宿将,一旦动笔,就能创作出脍炙人口的名篇佳作。

在仅有的几首新诗中,最值得称道和研究的是写于 1973 年的《棘之歌》。引全诗如下:

陡峭的山崖,倾斜的土岗,

是我的族类聚居的地方。

与荒芜结伴,与偏僻为邻,

蜂蝶和莺燕从不来访问。

春天公平地分给我一身绿衣,

花园里可没有我的位置。

我不开放灿烂的花朵,

却要孕育丰富的果实。

我浑身披着骄阳的烈焰,

不怕炎热和焦渴的磨炼。

有时又娱乐在暴风雨里,

伴奏的——雷霆,伴舞的——闪电。

西风裸露了我褐色的躯体,

而夺不走我累累的果实。

这日月与风雷结晶的珍珠啊,

像一簇簇火星儿点燃在天宇。

我守卫在西红柿白菜萝卜的边疆，

呵叱那失礼的鸡鸭贪馋的猪羊：

"止步！喂，止步！"挥舞着武装的手臂，

使冒犯者垂涎三尺退后而转向。……

冰冻的季节铁叉子送我进灶膛，

哈哈哈！我哗笑，我欢唱。

贡献了全部的生命，

爆发出炽热的火光。

　　该诗写作时，"四人帮"的概念虽不明晰，但诗人已经明显地感受到了令人窒息的"帮天下"的大气压，"眼前竞走着狐鼠蛇狼，心头丛生出榛莽荆棘"。正是在极度苦闷，找不到出路，而又不甘绝望，对未来怀抱信心的情况下，写出了这首自喻诗。诗人曾说过：当时想，只要根不死，就有火种，有希望。他通篇以棘自喻，表现了诗人坚贞不渝的革命意志，在任何情况下绝不附炎趋势的高尚品格，和对人民是给予而不是索取的献身精神，以及笑迎困难的昂扬斗志。名为写"棘"，而读完全篇，一个抒情主人公的高大形象赫然站立在我们面前。

　　这首诗在艺术上的突出特点，是通篇采用了象征和比喻的手法，造成一种深入浅出、言近旨远的艺术境界。风格凝练，意境深邃，文字洗练，寓意深刻。它继承和发展了《诗经》《离骚》等诗歌的表现手法，但从语法、句式、节奏、韵律等看，又是现代自由体新诗，并且渗透着外国诗的某些神韵，可谓兼具民歌、古典诗歌和外国诗歌的长处。毫不夸张地说，这首诗是公木在逆境中精心创作的一篇力作，在他的全部诗歌创作中占有一席之地。

第五章　焕发青春著华章

1976 年 10 月，中国大地起风雷，猖獗了十年的"四人帮"被粉碎了。公木有一种"久在樊笼里，复得返自然"的兴奋、愉悦。在《虞美人》一诗中，他写道："诸君莫笑老夫狂，老矣欣逢粉碎'四人帮'。"1977 年 1 月，他满怀深情地写了《东风歌》《周年祭歌》，是为了纪念周总理而作的。在《东风歌》中，诗人把敬爱的周恩来总理比做给人间送暖的东风，诗中写道："您给寒冷者送温暖，/您给迷路者指前程；/您使信心充满人间，/您使生机弥漫苍穹。"诗人热情赞颂周总理伟大的无产阶级革命家的光辉品格："东风啊！/东风催春春来早，/人生易老天难老。/已是山花烂漫时，/东风永在丛中笑。"1978 年 3 月诗人写了《祖国颂》一诗，为伟大祖国的锦绣前程高声歌唱："南海云水怒，/北国风雷响/八亿颗火热红心/齐声把凯歌高唱。/今天——辉煌，/明天——更辉煌。/继续革命永向前，/向着共产主义的目标，/高飞、远航！"1978 年 10 月，诗人在《读〈天安门诗抄〉》中，热烈歌颂八亿人民反对"四人帮"的壮举："雄鸡一唱九州白，/百万不召自涌来。/一百二百千百万，/空前偌大赛诗台。""而以生命作诗篇，/霹雳轰隆震九天。/万众扬眉剑出鞘,/红旗血染国门悬。"1978 年 12 月中国共产党召开了十一届三中全会,"标志着党重新确立了马克思主义的思想路线、政治路线和组织路线。从此,党掌握了拨乱反正的主动权,有步骤地解决了建国以来的许多历史遗留问题"①。1979 年 1 月,诗人公木二十余年的冤案得以昭雪,他被错划为右派的问题得到改正,恢复了党籍。为实现四个现代化的宏伟目标,他青春焕发,以"御风与时间同步"的精神投入繁忙的教学、科研、创作和社会活动中,先后担任吉林大学中文系教授兼主任、副校长、校人文社会科学学科学术委员会主任、吉林省社会科学院副院长暨《社会科学战线》副主编,吉林省社会科学联合会副主席暨文学协会主席,中国文联委员暨吉林省文联副主席,中国作家协会理事暨吉林分会主席,全国毛泽东文艺思想研究会会长等职务。先后参加了全国第四、五、六次文代会和作代会。这个时期,他相继出版了《诗要用形象思维》《老子校读》《公木诗选》《历代寓言选》《公木旧体诗抄》《诗论》《中国诗歌史论》《老子说解》等专著和创作集,还编辑了诗集《棘之歌》(收他近些年来创作的诗歌)。他还是全国重点科研项目《中国诗歌史论》的学术带头人,主编《中国诗史》《中国诗歌史论》等多卷本专著。他手不释卷,笔不停书,校注说解、既述且作、为他人写序跋、指导研究生……,繁忙的工作使他无暇坐下来写诗,一生业余诗人,却又常常慨叹:"有业

① 参见《中国共产党中央委员会关于建国以来党的若干历史问题的决议》。

无余。"尽管如此,这位诗坛耆宿,仍然满腔热情地关注着新诗的发展,他说:"我这个终生热爱新诗的人,对她期以厚望。"他为新诗理论的建树,作出了重要的贡献,发表了不少重要的诗歌理论文章。他还乘兴秉笔,插空赋诗,每一首诗的创作,都绝非信笔敷衍,因此,他这个时期创作的诗歌,虽然为数不多,但可谓字字美玉,句句珠玑,犹如幽燕老将,雄风有增无减。

激励人心的政治抒情诗

公木是一位充满朝气的革命诗人,他始终与时代同步,与国家和民族共命运。他十分重视诗歌的社会价值,并把党性原则视为自己创作的灵魂。他说:"我首先是个党员,其次是个诗人。"因此,他的诗歌始终保持着饱满的政治热情和积极拥抱和影响生活的特点。

这个时期他创作的诗歌,政治抒情诗仍占很大的比重。他始终认为,诗与人民群众、与无产阶级革命事业自觉地结合,是新诗的优良传统。由于诗人饱经岁月的沧桑和革命斗争的洗礼,他的思想更加深邃,感情更加凝重,笔锋更加沉雄,诗歌的立意更加高远。这些特点,我们可以从《青年们准备接班》《俳句》《申请》《真实万岁》《读史断想三题》《鲁迅与胡风》《找到自我》《挑选》等诗篇中看得很明显。

1979 年 4 月他写了《青年们准备接班》一诗,表达了对党和国家前途的热切关注。诗中写道:

扭弯的铁轨——拆换，

腐朽的枕木——拆换。

拦路游荡的牛群羊群，

还有那蹒跚在路基上的醉汉，

——警笛长鸣啊，全部驱散！

诗中表达了诗人改革、更新的愿望。

1980 年 3 月 1 日，诗人喜读五中全会公报，看到党中央为刘少奇平反、恢复名誉的决定，心情激动不已，感赋拟俳句二十章。诗人百感交集地写道：

把历史真实，

再还给真实历史：

"刘少奇同志！"

为什么仅仅

叫一声，就会使人

不禁泪纷纷？

这名字不只

代表着一人，而是

老一辈整体。

诗人为真理的胜利而欢呼,赞扬党恢复了实事求是作风:"历史的良心,/容不得半点迷信,/权威等于零。""要实事求是,/就是按规律办事,/像公报说的。"

《申请》是一篇"鉴诗"。胡耀邦1980年2月中旬在剧本创作座谈会上讲到《战国策》的邹忌讽齐王纳谏的故事,告诫社会主义文艺家和一切工作人员不要拒绝人民的批评。公木很受启发,3月10日写了一首一百多行的长诗,发表在同年五月号《北京文艺》上。诗中首先生动地叙述了"邹忌讽齐王纳谏"这个古老的故事,接着表述了对总书记的告诫由衷拥护,对党风的根本好转寄予热切希望。诗中写道:

> 胡耀邦同志讲说它,
>
> 是告诉我们文艺家:
>
> 要从中汲取应有的教训,
>
> 创作的铜镜是广大人民。
>
> 是的,实在是至理名言:
>
> 真和假,善和恶,美和丑,
>
> 要区分不能仅凭主观,
>
> 也不能听信亲爱者的夸口。

诗人认为当时党风还没有根本好转,官僚主义对创作横加干涉,缺少民主空气。一些人特别是一些领导干部还不能正确对待文艺作品这面"铜镜",他们"总爱对着镜子发脾气,/甚至想把它摔个粉碎——/因为镜子没有学会说谎?"他们只喜欢一些人"像妻妾一样偏私和恐惧,像门客一样仰承主人鼻息",只愿听"河水涣涣,莲荷盈盈"的赞美诗。诗人出于一个共产党员对党风根本好转的迫切心情,提出自己的"申请":

> 所以,敬爱的耀邦同志!
> 那故事最好是再多讲几遍吧,
> 以我们党中央总书记的名义
> 让我们上上下下都好好借鉴啊!

　　诗中,诗人直接和党的总书记对话,提出自己坦诚的申请,这样的诗是少见的。"申请"这一举动本身就是很感人的。它表达了一位党员诗人对党的赤诚,对端正党风的强烈要求和愿望。诗人耿直的性格、坦荡的襟怀,读者从诗行间很容易体会。

　　后来,一家出版社把这首诗编入一本诗选,却一律把"总书记""胡耀邦"的字样改成"领导同志"。诗人颇不理解,在自己的诗稿里,以诗的形式补写了一百三十六行的《关于申请的申请》及"序一""序二""跋一""跋二""追记一""追记二",一再申明写作《申请》的意图。诗人并不是对编辑和哪个人不满,而是觉察到我们的干部队伍中存在着官僚主义,某些方面缺少民主,有些做法不太正常,这些不利于党风、社会风气的根本好转,不利于"四化"

建设。因此,他又以诗的形式声明自己的意图——不过是想拿"铜镜","让更多的同志通用",正如他在后来追写的"序二"中说的那样:

> 从有限中窥见无限,从暂时中把握永久,
>
> 凡圆颅方趾皆万物之灵,不分尊卑长幼。
>
> 此人之所教,我亦议而教人,
>
> 既是珍馐,任谁吃了都会生血长肉。

《真实万岁》,1981年6月写于病榻。据诗人讲,这是他倾听了党中央《关于建国以来党的若干历史问题的决议》广播后的感想,以诗的形式写成。十一届六中全会的《决议》是我们党对建国以来党的历史的科学总结。诗人听后捕捉自己感触最深的一点,即党的实事求是的优良传统的恢复,并以此为基点,构思了《真实万岁》一诗,抒发了对党的实事求是的优良传统的恢复的深切感受,用辩证唯物主义、历史唯物主义观点雄辩地说明,真实,是客观存在的,不以人们意志为转移的客观历史事实。"不依任何主观意志/不顾任何权威批示/不管任何巧妙构思/不论任何华美颂辞",在历史面前"一切大大小小/一切长长短短/一切是是非非/一切明明暗暗"迟早要露出自己的真相。

> 抹的黑不久长,贴的金粘不住

凡是谗诬，凡是谀媚

在实践的锤击下都将被戳穿

历史荧屏上只显示真实

而真实也必将被显示

包括虚假也必将被揭底

真实的光辉冻云冷雾不能遮掩

真实的污垢白浪洪涛不能洗涤

这是经过十年浩劫的八亿人民的共同思索。与人民同心的老诗人公木表达了人民的心声。

近些年来，他不断地思考着社会、人生问题，他思索着什么是人生的真、善、美。他认为，"真"和"善"是美的基础。他认为：

只有真的才能够是善的

只有真的又是善的才能够是美的

这是诗人对真善美的理解，也是对强加于人们的"长短辫子""钢铁棍子""反坏帽子""特密袋子"的愤怒抗议。诗人由衷地欢呼党恢复了马克思主义的实事求是作风，并坚信这种实事求是的精神是能够发扬下去的。懂得辩证法的人都知道历史的规律不容违背。正像诗中写的那样：

一切的一，一的一切，经过

时代回旋加速器的颠簸

而转化为信息，真情假象贮存于

历史，这个无比巨型的电子计算机

诗从繁衍生息的人类社会起笔，反复抒写真与假的对立，强调"真实"是永恒的，紧紧扣住"真实万岁"的标题。诗的结尾写道：

人类历史长河，一道波涛汹涌的浊流

真实的冲击力不在泥沙而是洪水

升华为云蒸霞蔚，它通向浩瀚的宇宙

鱼虾和恐龙的化石则长埋在泥土里

结尾既照应了开头，又加强了诗歌的辩证唯物主义力量，富有深长的哲理意味。

公木近年的诗作，诗风更加峭拔。有些诗篇会古通今，包容宇宙，以思想博大深邃见长。如，写于1982年2月的《读史断想三题》，诗人用马克思主义的辩证唯物论和历史唯物论看待大千世界，看待人类社会的发展变化。他认为历史、现实和未来是不可分割的，是紧密连接在一起的。谁割断历史、泯没过去，他就看不到未来，也不可能创造未来。只有懂得历史，遵循历史规律的

人,才能立足现实,创造未来。在《创新》一节中,他指出:

> 创新,从一个起点前进,
> 以前人的终点作起点。
> 向人迹罕至的远方和高处,
> 跋涉、攀登——每一投足,
> 都是生命的探险。

而传统与创新的关系,就象母亲与孩子、汪洋与涓滴、广宇与颗粒的关系。如果虚无、狂傲到"一切从我亦即零开始",那么只能倒退到"去磨石作犁,钻木取火,在岩洞里刻画弯弯的牛角"。诗人清醒地指出:"明天不会再现昨天的模样,但正是昨天赋予你一种力量,对于明天永远能盼望。"在《未来学》一节中,他写道:

> 昨天永诀了:黄河东逝,白日西掩。
> 漫道一去成空这流光与逝川,
> 它却使你充实、坚定、丰满——
> 决不仅仅是什么直觉、情调、梦幻,
> 而是以理念、以意志、以情感。

在《现实》一节中,诗人把现实比作一座单向型的"拱桥",它连接着过去与未来:

恐龙、鱼虾以至原生菌类化石，

与电脑、航天飞船、原子反应堆，

集会于桥背把古今浓缩，

显象为绚烂的文化、艺术、科学。

诗人认为，只有站在连接历史与现实的"拱桥"的至高点上才能回顾历史跋涉的足迹，才能展望时代前进的步履。只有从人类积累的全部财富中吸取智慧和经验，不断充实、提高自己，才能更好地改造世界，建设美好的明天。站得高些，再高些，对那种"前不见古人，后不见来者"的怅惘之情，也就可以释然了。

公木的这首诗，有其独特的审美价值和现实主义锋芒。在艺术上也有新的追求，运用了意象手法，整首诗是意象的组合。浓缩、凝练、突出的意象，表达了诗人独特的感受和昂然向上的情绪。

《鲁迅与胡风》写于 1982 年春。这首诗歌颂了鲁迅先生坚持真理实事求是的精神，抨击和嘲讽了望风扑影、歪曲事实真象的行为和以耳代目、偏听偏信的官僚主义作风。诗的开头，很朴素地写道：

他从来不扑风，

所以他不善于捉影。

这似乎是很容易做到的,但是有些人却难以做到。有人曾认为鲁迅没有看出"胡风是反革命"似乎是缺陷。诗人为此愤愤不平地提出:如今又给胡风平了反,又该怎么看鲁迅呢?

> 如今又给胡风平了反
> 据说,也不存在所谓
> 胡风反革命集团。
> 这也不能断言:
> 鲁迅比别人看的远。

评价一个历史人物,历史自有裁决。不能凭个人的好恶,凭一时一事的误、正,甚至一股风潮而定。诗人认为鲁迅之所以能够公允地评价胡风,不是因为他有超人的远见,而是因为他能坚持实事求是的精神:

> 鲁迅生着正常的脑筋,
> 他的眼睛只关注
> 实实在在的事情。
> 决不以耳代目,
> 决不混淆视听。

诗的结尾照应开头,以"他不善于捉影,/因为他从来不扑风"。收笔,再一次赞扬鲁迅实事求是的革命精神。而诗人仅仅是在赞扬鲁迅吗? 聪明的读者自然会倾听到那弦外之音,领悟到那象外之旨的。

《找到自我》写于 1984 年 8 月。这是一首洋溢着新鲜的时代气息的感人诗篇。诗一起笔,就提出了发人深思的问题:

> 同志,你找到自己的位置了吗?
> 没有停滞的僵固的位置,
> 每个人的位置就是每个人的起点。

时代是前进的,社会是发展的,人们也必须不断前进,跟上时代前进的步伐。因此,人们的起点也不能一成不变。正像诗中写的那样:

> 起点在历史和现实之纵横交叉处——
> 它是搭上羽箭引满了的弓弦,
> 它是抠起扳机的实弹的枪膛,
> 它是越过千山万水通向北京的始发站,
> 它是显示出 O、K、信号的宇宙航船的发射场。
> 从起点起飞,从起点起步:
> 现实决定目标,
> 历史指示方向,

航线与路线在起点上便已确定，

当然，在前进中还须要不断矫正。

时代的车轮永远不会停滞，革命者应该永远奋战不息，但是人毕竟不是神，有时难免犯这样那样的错误，受到这样那样的挫折，这是符合辩证法的。然而，真正的革命者是能够正确对待错误和挫折的。为达到理想的彼岸，他会像勇敢的海燕迎着暴风雨翱翔，真理不是谁都能够得到的，要靠永生不断追求：

汗水蒸腾，泪水模糊，血水殷红，

成功与失败，奋进与惶惑，睿智与迷乱，

是一副冲破一切风暴的铁翅膀，但要长飞翔。

真理如同空间和时间一样广大且绵长，

不诩把它占有，

只要永生不断追求。

一个人能够正确认识自己，找到"真实的自我"，是很不容易的。在诗人看来，找到真实的自我，"不枉此生的最最重大的发现"。而"真实便意味着无私与无畏"。如果一个人能够做到"无私""无畏"，那么，他的思想境界就达到了炉火纯青的程度。诗人号召人们朝这一标准努力。

《挑选——莱辛启示录》一诗，是诗人1986年2月在吉林省文联四届三次全委（扩大）会议上即席朗诵的一首诗。诗这样写道：

白云渲染蓝天静谧浓缩宇宙
上帝伸出敦实宽厚的两只手
右手擎着全部真理金光闪耀
在左手里却只有一个疑问号
剥寻真理的解剖刀锋锐无比
但是它若想达到真正的目的
就注定无可逃避地还要穿越
错误和痛苦重重的盘根错节
上帝庄严而仁慈深沉而无华
伴着隆隆雷声对我说挑选吧
我径直趋向前谦恭而且热忱
握住他的左手很紧很紧很紧
上帝含泪微笑转身悄然隐去
面前长路漫漫引我到苍茫里

诗中形象地告诫人们，真理不能靠上帝赐给，而要经过自己的独立思考，在实践中不断验证，在奋斗中永远追求。轻而易举地接受现成的东西，盲目地顶礼膜拜，在我国十年动乱中已有历史的教训，这教训不能不吸取。

即使是对于经典著作,也要经过自己的学习、认识,力求消化理解,形成自己的理论和世界观,减少盲目性。

这首诗吸收了现代派诗歌的表现手法,运用意象的手法,新颖、别致。

公木认为诗歌创作要坚持现实主义原则,反映生活、反映现实这一总的精神不能废弃,但是在表现手法上,可以借鉴外国诗、吸取一些新的表现手法,以丰富新诗的表现形式、提高新诗的表现力。他近年的一些诗作,很注意运用意象手法。这是现代派诗人经常使用的手法。其实,中国古典诗歌也很讲究意象手法。白居易的"野火烧不尽,春风吹又生";王之涣的"欲穷千里目,更上一层楼";杜甫的"会当凌绝顶,一览众山小"等都是运用意象手法的名句。当然,诗人又都是有感于具体事物而发的,是他们当时的真情实感,但是由于它们又具有典型性,因而意象包容着丰富的内涵,达到意味无穷,经久不衰。美国的意象派诗人佛来琪非常喜爱中国古典诗歌中的鲜明的意象,并深受其影响。

耐人寻味的感事抒怀诗

1981 年,诗人在大连干部疗养院内,看到已经枝枯叶落的木瓜海棠,经过一夜北风,枝头上又含苞累累,重新开花,姹紫嫣红,盈路飘香。有感而作《入冬木瓜海棠重华》四首旧体诗,抒发了"老骥伏枥,志在千里"的革命情怀。这一思想,在他的《七十三岁自寿》一诗中表达得更为充分:

我注望着注望着注望着

时间

望也望不见时间的

容颜

只望见一番番

春花春鸟秋月秋蝉

夏雷暑雨冬雪奇寒

黄河东逝呵白日西掩

我注望着注望着注望着

风

望也望不见风的

踪影

只望见一宗宗

杨柳依依樯帆篷篷

悠悠云白猎猎旗红

沙飞石走呵树拔屋倾

诗人感到时光的威严、历史的无情,字里行间流露出对人生的深深依恋,然而,这里没有感伤,有的是壮丽的人生:

一只无形的手

一种潜在的能源

　　头染白霜潇骚

　　脸写狂草凌乱

　　来往变古今

　　瞻顾为前后

　　这中间紧紧地连接以

　　创造——有生无无生有

　　生命的价值在于创造，"有生无，无生有"，这是历史的辩证法。

　　挥手向时间告别

　　每分每秒都是永诀

　　御风与流光同步

　　一瞬一息都将长驻

　　真理像道路一样

　　弯曲而没有尽头

　　莫矜夸已经占有

　　只贵在永生追求

　　这是诗人孜孜不倦地永生追求真理的精神的生动写照，同时表达了老一代知识分子以"御风与流光同步"的紧迫感，把有生之年献给祖国"四化"大业。

这首诗感情深沉，富有哲理性，章法错落，起伏跌宕，文字苍劲凝练，整首诗给人以雄浑、凝重之美。

《秧歌队员的歌》是1977年9月诗人跟王家乙、刘炽、王昆共同回忆座谈而后写成的。原题是《秧歌队拜年到枣园》，完全是纪实。后略作修改，改题为《秧歌队员的歌》，用以纪念《在延安文艺座谈会上的讲话》发表三十六周年。诗中热情地写道：

> 学习了《讲话》，把定方向盘，
> 秧歌旱船闹也吧闹的喧。
> 《夫妻识字》呀《兄妹开荒》，
> 山峁峁跳来山沟沟唱。
> 跳的边区生产起高潮，
> 唱得前方抗战传捷报。

诗中描绘了在《讲话》指引下，文艺工作者为工农兵服务，坚定地走文艺大众化的道路。

《别清水正夫》《虹》等诗是描写中日友谊的。1980年4月诗人随同以巴金为团长的中国作家代表团访日，深切感受到中日人民之间"一衣带水"的友好情谊。在《虹》这首诗中，诗人欣慰地描述了中日两国人民友谊架起的长桥：

这长桥已经搭起了两千年，
原材料都是文化诗歌友谊。
尽管几度时代的狂风暴雨
把它吹断；却又自动地相连。
文化是历史波涛交汇的汪洋，
诗歌是人类精神天空的雷电，
友谊是发动云蒸霞蔚的阳光——
这是不能摧毁的人性大自然。

中日两国人民之间，已有两千多年交往的历史，一千多年的文学之交。日本曾从中国学习了很多东西，受中国唐代文化、佛教文化影响很深。近百年间，中国向日本也学习了很多东西。中国接受西方文化、西方的民主思想以至社会主义思想，日本起了中转站的作用。诗人从文字之交，文化交流的历史方面盛赞中日友谊，而且确信这种友谊必将更加深厚和久长：

如今是轮到了我们这一代，
渡过长桥踏着前辈的足迹，
挟着文化挟着诗歌挟着友谊，
看贯日白虹更加绚丽而多彩。

在《别清水正夫》一诗中，诗人笔底蕴情地写道：

有分者形迹，

永无分者是情谊，

海外存知己。

知己坚弥真，

艺术与诗赋精神，

环球若比邻。

　　《眼睛》一诗是诗人 1984 年 7 月 28 日，偶读《诗刊》所载孙犁同志的诗《眼睛》，有感而和的。这首诗反映了诗人对人生的看法。他把人生分为几个阶段：婴儿、青年、中年、老年，他认为每个阶段都有其丰富的内容。

世界反映到婴儿的眼睛里：

大不过妈妈的奶头；

日影恍恍，月色溶溶，风丝细细，

吹不皱一池春水。

青年人的眼睛搜寻世界：

猎人追逐猎物，情人追逐爱情，

蜂蝶追逐花朵，风追逐火，

辟剥作响的光与热。

中年人的眼睛把世界探索：

实验台上决定成败的数据，

田野里判分丰歉的收获季节，

"?"与"!"起伏交织成的乐章。

世界浮现在老年人的眼睛中：

一本摸索断线了的百科书，

一张偿付过了的账单，

苦辣酸咸都已中和为平淡。

诗人对待人生的态度是很乐观的。在他看来，人生的老年阶段更有智慧，而不应把老年阶段仅仅看成是呆滞的。

对于人的欲望问题，诗人的理解是：欲望是有所追求的表现，有追求才能前进。

婴儿以哭号召唤乳汁，

凡有生命就有意愿。

完全的客观和完全的真实，

自然存在着；却不能把意愿窒息。

人类生活于第二自然，

有名乃源于无名。

无欲只是说不妄想不臆造，

有欲意味着追求理解通过钻研。

诗人认为婴儿的眼睛之所以清澈，也不是因为他无欲，而青年人的热烈、中年人的严峻和老年人的睿智都是来源于实践。在人生的各个阶段都要不断追求。诗人认为人的一生尽管是短暂的，"但它必然和世界的过程同步。""岂止同步？人的过程/原是世界过程的有机构成。/不管古今哲人说了些什么，/都是世界的一种自我思维活动。"

诗的字里行间洋溢着诗人对人生的乐观态度、进取精神。

《痛苦的燃烧》一诗写于1985年4月，是诗人读蔡其矫的诗《山的呼唤》有感而作的。诗人面对现实，展望未来。赞扬革命者为了实现崇高的理想，把一切痛苦、挫折置之度外的献身精神。诗中写道：

我看见天真和赤诚

是青绿的枝条

承受着烈火的焦灼和炙烤

而终于燃烧起来

终于燃烧起来了

冒着潮湿的焦味儿的烟

流出浓黑的泪

额头上沁满汗水

吱吱叫着吱吱叫着

飞跳着金色的火焰

我看见火焰在哗笑

呈献庄严的高昂

……

理想使痛苦光辉

痛苦使理想崇高

这首诗运用意象手法,把感情变为一种意象,做到了理、情、趣的有机统一,含蓄而蕴藉。

借景抒怀的写景诗和情深意切的悼亡诗

公木这个时期还写了一些写景诗、记游诗和悼亡诗。

他的写景诗,情寓景中,情景交融,借景抒情。

《神女峰》写于 1985 年 5 月。诗人赞美神女无比忠贞的品格,历久不衰的志向:"朝云暮雨情,/古往今来意。//情爱染霞光,/意知凝玉质。""世事几沧桑,/情意坚金石。//历久显忠贞,怀远见纯一。"

神女瞩望着远方,对未来充满必胜信心,这与诗人对共产主义的向往、追求和坚定的信念产生了共鸣。于是他抒发了对共产主义理想追求到底的志向:"以君绰约姿,/感我于耄耋。//季节已迟到,/规律靡改易。//道路尽多歧,/目标仍一致。""今生实现难,/未来必胜利。//瞩望复瞩望,/揪心而裂眦。//耿耿此胸襟,/铮铮者真理。"诗人说:"神女念我怀,我解神女志。"真可谓:"夫景以情合,情以景生,初不相离,唯意所适。"①

《过蒲圻有感》写于 1985 年 4 月。诗人游扬子江寻赤壁旧址,见到的是"强舻灰飞烟灭扬稻香"。当年的一切已不复存在了。然而艺术是永存的。"生活有幸升华作艺术/云蒸霞蔚彩化湖水。""铜琶铁板永唱大江东,/明月清风长吟赤壁赋。"正如诗人在这首诗的前言中说的那样:"文学信息的历史积淀所形成的多层次氛围,使它与其他社会信息区别开来,而融入于活的有灵性的第三自然界。现实生活则永远只能是第二自然界的有机构成。"

> 哪里是真赤壁假赤壁?
>
> 这留给历史学家去考据。
>
> 而黄州太守峥嵘诗句,
>
> 已融入民族审美意识。
>
> 历史积淀层中的信息,
>
> 润物细无声的阳春雨。

----

① 王夫之:《姜斋诗话》。

诗人告诉人们：优秀的文学遗产是我们民族宝贵的精神财富，永远在历史上闪烁着璀璨的光芒。

《冰雕女》写于1985年冬。诗人盛赞冰雕女霜冻时节轻盈的神态、温馨的笑容。在隆冬严寒中，她以美的姿态、美的灵性陶冶着人们的情操。她是高洁的化身："玉筋冰骨支撑你呀，/玉洁冰清伫立亭亭。/高天厚地覆载你呀，/顶天立地气宇铮铮。//哦，哦，姑娘！/假如没有玲珑的灵性，/呼吸怎么能这样透明？/假如没有水晶般的心肠，/目光怎么能这样清莹？"而她的高洁又源于她的无私奉献精神：

哦，哦，姑娘！
你凝眸谛视长空，
时光如流呵无始无终。
你屏息静待消溶，
一瞬一息呵汇入永恒。

即使她化为水，不再存在了，但她美丽纯洁的形象仍然会留在人们的记忆中。诗的结尾，诗人反复吟咏：

你使美活在人们记忆中，
美呀不朽，
美就是你的生命。

冰雕女的美学价值在于引起人们的审美感受,启迪人们对美好事物的追求,并给人们留下美的记忆,而她在美中得到了不朽。

这个时期,诗人在诗歌形式上作了些探索,力图把古典格律诗的形式和新诗的形式结合起来。他有时将自己写的旧体诗改写成新诗,有时将新诗改写成旧体诗,以此探寻其中的规律。《晴川阁之夜》即属于这样的诗。除了作此种探索之外,诗人还写了散文诗,如《说美,赠桂林诗人》,也是在诗歌形式上的探索。

这个时期,诗人还写了些记游诗。如《游新宿御苑杂咏》《枫亭望月》《游桂离宫》《咏富士山》《蜀行杂吟》《游汉阳归元寺》《登山海关放歌》等,这些诗,或描绘旅游中的感受,或歌颂祖国的名山大川,或描写异国风情,留下了一个个生动感人的镜头。

此时期,诗人还写了些悼亡诗。如《挽辞联曲·悼郑律成》《伯萧啊伯萧》《哭智建中》《忆天兰》《悼丁仁堂》《送别宋振庭同志》《哭石山》等。这些悼亡诗情深意切,读之催人泪下,但又不沉缅于悲痛之中,而是由对亡友的回忆、怀念,激发人们更珍惜有生之年,化悲痛为力量,奋发进取。

自然永生,人类万岁

《人类万岁》这首长诗开始写于 1957 年夏,1987 年秋续成,定稿于 1988 年。收录于公木诗集《我爱》(1990 年时代文艺出版社)、《人类万岁》(1999 年解放军文艺出版社)。起初作者的写作意图仅仅在于歌唱一马当先的苏维埃卫星,写长了主题有所发展,曾用它做书名编选一本诗集,都是有关国际题材的诗作,那是在 1958 年,后来诗集因故未得出版,只把诗稿装订成册,随作者放流,伴作者歌哭,直到 1966 年夏又被强制索去供作"批判材料"。就这样,《人类万岁》未曾面世,便尔仙逝。作者如丧挚友,于悼亡忆旧间,虽然经常仿佛睹其音容,终以为幽明永隔,无缘重逢了。喜出望外的是,阔别二十度春秋之后,1987 年夏吉大中文系同仁偶然在系里清理出的废纸堆中惊喜地发现了《人类万岁》,并立即把它送到公木老师手中。公木心花怒放激动不已。于是他再依照二十年来的想象重新整容装扮一番。作者说明的是:"第一自然界是无限的,第二自然界是无限中的有限,第三自然界又是有限中的无限。此义乃是于近年间才明确起来的,"人类万岁"云者,初稿属之第二自然界,怕是一厢情愿了,看来还是在第三自然界中实现之,才更有把握,这乃是于续成之后,再度推敲,才恍然如有所悟,而不禁又怅然如有所失也"(公木自选诗集《我爱·后记》)。

《人类万岁》这首诗,诗人以开阔的视野,广博的胸怀,丰富的想象,深刻的思辨能力,以生动的拟人化手法,让人类与时间和空间进行哲学对话,形式颇似诗剧。这首长诗从思想内容到艺术形式都给人以全新的感觉,令人振奋不已。

《人类万岁》写出了人类与宇宙的关系,人类与时间和空间的关系:

我是时间和空间的儿子，

却不做时间和空间的奴隶。

我由自然生成，却又是

自然的耳目口鼻心脏和脑子。

智慧的花朵在汗水的汪洋中含苞吐蕊，

生命的凯歌正通过创造而获得旋律。

我便是自然的心灵，盲目的

自然由于有了我才得以具有自我意识。

时间啊，空间啊！你们既已

生我长我养我育我，

便只有我和协和提携，

再不能也再无力把我毁灭。

　　自然界在时间上是先于人类而存在的，人类是自然界长期进化的产物。但是"自然既已创造了人类，人类便把自然再创造"。自然因为有了人类才得以具有自我意识，人类是自然的耳目口鼻心脏和脑子，自然因为有了人类智慧的花朵才能含苞吐蕊。人既创造外部世界，也创造着人自身。因而人是一种进行着自我创造活动的自为的存在。人类的产生，改变了原有的自然物之间的关系，形成了一种原来自然界中不存在的关系——主体和客体、主观与客观的关系。在这种新的关系中，人是主动的方面，自然则是被动的方面；人是主宰者，自然则是受制者；人是目的，自然则是实现人的目的的条件。这样，人类才实现了自我意识、自我创造和自我主宰。正像诗中所云：

> 天若有情天亦老，
> 自然的生命永不枯。
> 我要乘时间的长流向久远通航，
> 我要踏空间的脊背向苍穹过渡。
> 什么威权，什么永恒的规律，
> 掌握了它，它便向我屈服。

人类成为一种具有自然性质的超自然的存在，即具有意识和自我意识的，能动地创造和主宰外部世界的特殊存在。不但能驾驭和把握自己的命运，而且能够按照自己的意志去改造世界。人的运动形式是宇宙中最高的运动形式，人的存在是宇宙中最高的存在。正如诗中写道：

> 假如说地球有一天会崩溃，
> 假如说太阳有一天会陨坠；
> 我将一步跨上另一个新天地，
> 遍环中都将要修建起琼楼玉宇。
> 推倒时间的界碑，空间归我管，
> 我撷采繁星编织闪光的花环。

用歌声使昊天永葆青春，

用画笔给宇宙燃起火焰。

诗人认为"第一自然界"是物质的，"第二自然界"是物质的加精神的，"第三自然界"是精神的。人类不但创造了"第二自然界"，而且创造了"第三自然界"，而且任什么力量也阻挡不住人类向自由王国飞翔。一生二，二生三，所谓"生"者乃是源于又高于，属于又异于的关系。如诗中所写：

我生长在自然冷漠的襁褓，

却又把第二自然界创造。

我惯以双手耕耘以心血灌溉，

我驾驶盲目的法则以理性的头脑。

凡在大地上培育出的一切：

科学、艺术、诗歌、友谊、爱情、梦，

都将拿去播种，让它们

繁殖在每个周游的行星。

《人类万岁》一诗可以看出，诗人对宇宙、人生、历史的思考已进入了更深更高的哲学层次，诗人的哲理思维已与老子的哲学思想沟通。他把有限与无限，有形与无形，微小与庞大，毁灭与创造，暂时与恒久，悖逆与顺应相互对立又相互统一的规律表达得

明晰生动:

> 我要从此岸过渡彼岸;
>
> 彼岸变此岸,还有彼岸;
>
> 我要以有限追踪无限,
>
> 无限成有限,还有无限,
>
> 有无相生啊彼此迭代,
>
> 其小无内啊其大无外。
>
> 而大象无形,大音无声,
>
> 大悲无痛,大乐无情。
>
> 这不就是所谓大道无名吗?
>
> 哦哦! 万事万物本来都是
>
> 大成于大毁,大毁于大成。

这节诗充满了辩证思想的光芒,张扬了老子哲学思想的精华。这与诗人晚年对老子的解读、研究有关系。他的思想深邃、睿智、豁达,但又不超脱于世。他的思想植根于中国的现实人生,而探讨的是关于宇宙人生本体的大课题,体现出的是积极向上不断奋斗的精神。诗中写道:

> 凡是以铁的原则毁灭的,
>
> 必复以铁的原则重新产生,

思维的花朵岂只开放在地球上面？

让我以人类的名义向茫茫太空呼唤：

呼唤理性，

呼唤性灵，

呼唤友声。

终有一天啊终有一天，

天地皆春，一呼百应，千应万应。

诗人向往一个和谐、净朗、美好，到处是春天，到处是友声的世界，并坚信这样的世界定将出现。这节诗字里行间洋溢着革命理想主义精神。人类所神游兴寄的这个奇妙的世界不会"玄而又玄"，而打开"众妙之门"把人类导向更宽广、更辉煌的一个新境地中去，这样刹那如驻永恒，"人类万岁"岂不终将由理想发展为现实吗？正如诗中所写：

运动的物质，物质的运动，

永远不变的变化的规律。

既然是自然人化，

当然要人化自然。

漫道我只能够逍遥在

彼岸中的此岸，无限中的有限；

岂知我久矣夫神游于

此岸中的彼岸,有限中的无限。

"第三自然界"乃是通向"自由王国"的航道或天梯。但有待于腾飞和攀登。而人与自然的统一亦即"天人合一"的完美实现,便意味着"第二自然界"经由"第三自然界"重叠于"第一自然界"。"自然人化","人化自然",自然在人类手中变得越来越美。确如诗中所云:

时空无穷极,自然永生。
天地有大美,人类万岁。

这首长诗揭示了人与自然和时空的关系,阐释了人是宇宙的主宰,讴歌了人类征服大自然,改造大自然的宏图远志,颂扬了人类积极进取的伟大创造精神。

诗中有古代哲学家老子思想精华的闪光,有辩证的思维方法。诗人思路开阔,浮想联翩,大气磅礴,使这首长诗既具有深邃的哲理性,又富有浪漫主义色彩。它催人奋进,启悟人们掌握自然规律,发挥主观能动作用,为创造美好未来不断努力。

公木的诗歌创作包含的内容是很丰富的。他的诗歌品格和美学价值也是独特的。他始终坚持诗歌的革命传统,矢志不渝地为革命而歌唱。积极拥抱生活,影响生活,表现出高度的热情和强烈的时代责任感。他一贯强调首先是做人,然后才是作诗。他说:"伟大的诗人必须具备伟大的心灵。心灵是什么?简言之,心灵是指思想感情的总和,便是融会为世界观的理论知识、道德情操、审美意识的三维境界。……假如说天才是内向的,主要属于个人;那么心灵则是辐射型,它敞开向时代,向社会。心灵生活化,生活心灵化,这是一切艺术与诗产生的轨迹。"①诗人历来主张:"真正的文艺作品,应当是思想内容和艺术形式的高度统一,思想内容涉及的方面当然很多,至少包括政治观点、社会观点、历史观点、哲学观点、道德观点、艺术观点等等。"在诗歌形式方面,他主张要多种探索,他的诗歌创作正是这样做的。他强调"需要最大的容受性,自由体、民歌体、旧体都有进一步发展的天地",主张尽量吸收新的表现手法。他认为"我们社会主义诗歌只能在社会主义现实的基础上发展,至于表现手法尽可以千变万化,甚至创作方法也尽可以多样化,而现实主义精神则应当作为社会主义诗歌创作的最高原则"。②这些富有卓见的诗歌主张在他的诗歌创作中得到了比较完美的体现。

公木晚年创作的诗歌保留着往昔理想的激情,又增加了历经磨难后的理性思考和哲人的远见卓识。诗风更为沉雄,语言更为凝重,意境更为深邃,表现手法更富于变化。诗人把民歌、古典诗歌和现代派诗歌的长处熔为一炉,经过自己的辛勤冶炼,创作出

---

① 公木:《读〈母子诗集〉随想》。
② 公木:《政治·现实·知识》。

具有自己独特风格的诗篇,用自己内心真诚的声音与时代主旋律共鸣。"表现了一位人民老诗人气度上那饱经沧桑却锋芒不减的雄风。真挚,遒劲,胸襟开阔。情感与思绪经历了岁月的沉淀,更纯熟了,更集中、更深化了! 诗艺方面,格式的排比,用语的对称,断句的透彻,有声有色,铿锵有力! 称得上具有当代中国气派和民族特色的'公木诗风'。"①人比山高,脚比路长,波风浪谷尽显风流。公木以人格为本,以生命为诗,孜孜不倦,奋斗不息,谱写了一首人生壮美的诗篇。

---

① 朱子奇:《公木,我尊敬的诗兄》。

第六章　富有创新的新诗论

　　古往今来，许多成名的诗人都有自己的诗论，因为是自己创作经验的概括，往往有不同一般的见解。公木不仅有创作的激情，而且也有理论兴趣，因此他的诗论并不比他的诗歌创作贡献要小。

　　在特殊的社会条件下产生的中国新诗歌，形成了不同于其他国家、民族的诗歌传统，这一传统是许多优秀诗人共同建构的，而健康的诗歌评论、诗歌理论对于这一优良传统的形成，也起了很大的作用。公木在新诗发展的不同阶段对诗歌创作所提出的许多看法、评论，是和这一传统相一致的。

　　公木作诗是"业余"的，同样，他的诗歌理论也是"业余"的，但在不同时期，他针对诗歌创作中存在的问题而提出的评论，总是对诗歌的发展起了推动的作用。这是因为，他首先注意到诗之所以为诗这样的根本问题，同时也更注意在特定的历史条件下的中国诗。公木的诗论与他的诗歌创作实践是紧密结合的，他的诗论是对创作实践的总结概括，反过来又指导着自己的创作实践。他不断实践，不断总结，不断升华为理论，为新诗的发展作出了自己的贡献。

"文学是宣传"

在民族危机深重，人民多灾多难的中国，诗人们总是为了人民的命运而吹起芦笛的。公木更是看重新诗歌的动员人民群众走向团结战斗的力量，而从事诗歌创作的。在文学观念上，他深信当时深入人心的革命文学的口号。"文学是宣传"，他深信不疑，这是可以理解的。正如匈牙利的大诗人裴多菲在《致十九世纪诗人》中所写的那样："谁也不能再轻飘飘地弹奏着他的和谐的歌！谁要是拿起了琴，谁就承担了极为重要的工作。假如心头只能歌唱自己的悲哀和自己的欢笑；那么，世界并不需要你，不如把你的琴一起摔掉。"

诗歌与宣传的关系问题，实际上是文学与革命的关系问题，这一问题曾经被当时的作家热烈地争论过。有人认为宣传是低级的艺术活动，诗歌承受政治宣传的任务，则艺术性必降低。还有人认为诗歌大众化只合于那些干宣传工作的人，有高深的艺术修养的人是不屑为之的。实际上艺术和宣传是统一的，而不是对立的。特别是在国难当头的特殊的时代环境中，文学艺术的宣传作用尤显得重要。因此诗人艾青说："任何艺术，从它最根本的意义说，都是宣传；也只有不叛离'宣传'，艺术才得到了它的社会价值。"①公木当时确信"文学是宣传""诗歌是宣传"的正确性。他

---

① 艾青：《诗论》。

一贯主张"诗人首先是战士,然后才是诗人。"而他创作的诗歌,多属于政治抒情诗。他走的是战士兼诗人——学者兼诗人的道路。他是以生命为诗篇,而不是以诗篇为生命。他不是为成为诗人而拿起诗笔,而是为讴歌革命,鼓舞人民斗志,而拿起诗歌这一武器的。诗人正是在民族危机之时,"背负着人民的希望"写出了"对友军是号角,对敌人则是炸弹"的战斗的诗篇。

新诗歌的内容与形式

公木三十年代步入诗坛时,已是左联成员。当时左联正领导文艺界开展文艺大众化问题的讨论。确信文艺是宣传,从而拿起诗歌这一武器为革命呐喊助阵的公木,积极参加了文艺大众化运动。他主张创作大众化的诗歌,并强调新诗歌的内容和形式,都应以民众喜闻乐见、通俗易懂为标准。1933 年 7 月,他在《文学杂志》三、四期合刊上发表了《新诗歌的内容与形式》一文,署名张松甫。这是他此时期非常重要的一篇诗歌理论文章。在这篇文章中,他说:"在初期,我们要想创造为大众所了解、所爱好,因而更能鼓动大众的诗歌,我们便不得不利用为大众所熟悉、所喜欢、所易于接受的形式。也只有由这些形式的发展与改造,才能蜕化出更新的形式来。"公木针对理论界一些人把大众熟悉的所谓"旧形式"一律给予轻蔑的激进论调,反驳道:"若只是企图着突然有一天由一个天才的普罗诗人,偶尔灵机一动,便创造出一种崭新的形式来。这样热心的幻想家,正是没有了解伊里奇在《左派幼稚病》中遗给我们的名言：'左倾空谈主义，其立脚点是无条件地否认一切的旧形式，不理解新的内容通过一切形式而实现自己'。"

公木在文章中论述了内容与形式二者之间相互作用的辩证关系。他认为"在大众化诗歌之创作之初期，利用旧形式是必经的阶段；但继此而后，大众的文化水准逐步提高了，新诗歌的内容也随了社会的演进而继续发展了，在这一定的条件下，在这内容的发展受了形式的障碍的条件之下，旧的形式，便被扬弃，而重新创造出更适合于新内容的新形式来。"因此，他强调："在新诗歌的现阶段中，我们主张：新诗歌的创造，一方面，要尽可能地利用活在大众中的旧形式；一方面，要极力创造能够被大众所了解、至少要能够被大众的前卫所了解的新形式。"公木参加北方左联，他的努力是和左联合拍的。当时左联一方面要搞大众化，一方面也要反对组织上的宗派关门主义。公木的理论活动和左联的主张是紧密呼应的。在刊登《新诗歌的内容与形式》的同期《文学杂志》的通信栏中，诗人还以"木农"的笔名，写了"批评家须知"，针对左翼文艺运动中的左倾关门主义倾向，提出了自己的很有见地的主张。他认为批评家"勿做脱离群众的左倾空嚷嚷，自己以前卫自居，实际只能代表极少数人意见，弄成光杆子理论家"，认为"对于一部分已经转变或正在转变的作家，须设法了解他过去以及目前所处的环境，只能就他目前所能做到的事，而鼓舞其继续前进。勿操之过急，责备求全"；认为"'理论是行动的指导，不是死板板的信条'。希望我们的理论家勿机械地把苏联日本的理论硬移植过来,胡乱应用。——理论当然是有'一般性'的,但如完全忽略了它的'特殊性',便成'张冠李戴'了。"这些意见在当时是十分宝贵的,是卓有见识的。1932年张闻天同志曾写了《文艺战线上的关门主义》一文,主要是针对左翼文艺战线的"左倾"关门主义的。公木他们当时并没有看到张闻天同志的文章,他们从社会生活、文艺创作实践中,经过理性的思考,发表了反对"左"倾关门主义的文章,这是难能可贵的。

公木一面积极参加大众的革命斗争,一面从理论上探索诗歌的大众化问题,并在实践中积极创作为大众服务的作品。在1933年的《文学杂志》三、四期合刊上,发表了诗人的《时事打牙牌》和《父与子》。前者是民歌体,属于"旧瓶装新酒",后者是自由体诗,属于新的形式。这是诗人刚刚步入诗坛的理论认识和他的创作实践。

诗人一旦形成了理论认识,便长期坚持,锲而不舍。但他的认识也是随着时代的前进、事物的发展而逐渐深化的。对于"大众化"的问题,公木的认识就有个深化过程。刚开始时他和初期的革命文学工作者一样,把"大众化"简单地看作就是创造大众能懂的作品,以为只是一个语言文字的形式问题,而不知道同时甚至更重要、更根本的是思想情绪的问题。他以为自己已经"获得无产阶级的意识"。那时所理解的"大众化"就是将这"无产阶级意识"用大众容易接受的形式灌输给大众,为的是去改造大众的意识。因此,还没有自觉地意识到应该向大众学习,不断改造自己的意识,而更多的时候是想用自己的意识去改造大众的意识。四十年代,他纠正了潜在的"化大众"的偏向,文艺大众化的方向更加明确了。由于他"和革命共同着生命,或深切地感受着革命的脉搏",因此,他的诗歌创作无论在内容上,还是形式上都更加大众化了。

在抗日战争的烽火中,诗歌大众化继左联之后又掀起了一个高潮。许多新诗大众化的尝试不断地在展开、在扩大。如朗诵诗运动、街头诗运动,采录民歌和"闹秧歌"活动等,受到诗人们的普遍重视,理论探讨热烈,成绩也很显著。诗歌大众化在理论与实践的结合上出现了新的面貌。正如茅盾在《这时代的诗歌》一文中指出的那样:"以目前的成果而言,已有几个特点应当大书特书。第一是步步接近大众化。诗人们所咏叹者,是全民族的悲壮斗争,诗人们个人的情感已溶化于民族的伟大斗争情感之中。"

此时期诗歌理论上,展开了诗歌民族形式问题的热烈讨论。毛泽东在 1938 年 10 月对民族形式问题提出这样的意见:"洋八股必须废止,空洞抽象的调头必须少唱,教条主义必须休息,而代之以新鲜活泼的,为中国老百姓所喜闻乐见的中国作风和中国气派"①;1940 年初,又提出了"民族的形式,新民主主义的内容"的主张,为这次讨论指明了方向。经过这次讨论,大家一致认为诗

---

① 毛泽东:《中国共产党在民族战争中的地位》,《毛泽东选集》第二卷。

歌的民族形式应当包括这些方面：内容是现实的，形式是民族的，方法是现实主义的，基础是大众的。即抗日的现实生活的内容和人民群众喜闻乐见的形式的完美结合，才能创造出民族化的诗歌。公木积极从理论上探讨诗歌的大众化和民族形式问题，并以自己的创作实践进一步验证理论问题。他创作了许多独具风格的诗篇，在诗歌的民族形式上作了多方面的探索和尝试。这说明诗人此时尚没有找到一种合适的民族形式。如果说《时事打牙牌》和《父与子》标志着公木艺术追求的起步和利用旧形式与探索新形式的一种尝试，那么稍后的调寄北京民歌《小白菜》而填写的《孤儿叹》和借鉴民谣而又别有创新的《岢岚谣》，则留下了诗人探索前进的新足迹。而《孤儿叹》属于新民歌，《岢岚谣》则属于民歌体新诗。后来，诗人在延安采录民歌的过程中曾"有意识地向陕北民歌学习"。他的《十里盐湾》等诗篇就借鉴了《打黄羊》小调。从《时事打牙牌》，到后来的《岢岚谣》《风箱谣》和《十里盐湾》等民歌体新诗的创作，可以看到公木在新诗形式上探索的艰辛，这也体现了现代诗歌在形式上探索的历程。公木的尝试有一个规律，他基本上是沿着"歌诗"和"诵诗"两条道路前进的。他在学习民歌、创作民歌体新诗的同时，也一直在探索自由体新诗的新形式。从《父与子》到《我爱》《崩溃》《再见吧，延安》《哈喽，胡子！》《鸟枪的故事》等诗篇，诗人更多地借鉴了惠特曼的诗风，借鉴了"五四"以来新诗创作的经验，显示了诗人在探索诗歌大众化、民族化、现代化的新形式方面取得的可喜成就。特别是在当时的延安，在诗人们竞相学习写民歌、民歌体新诗的情况下,公木注意着眼于多方面的借鉴,注意探索多种诗歌形式,这是很可贵的。

"新歌诗"与"新诵诗"

1939 年公木写了《新歌诗论》一文,提出了"新歌诗"与"新诵诗"的理论主张。"新歌诗"和"新诵诗"是两个相对的概念。前者指"一切供伴乐歌唱的诗篇,包括民歌、歌词及所有按谱填词或先有词然后有谱的作品"。后者指"一切供阅读朗诵的诗篇,包括自由体、格律体及所有摆脱了音乐性而纯属语言艺术的作品"。[①] 这种倡导与探索目的是为了"医治现代新诗脱离群众这一顽症";同时也是为了推动新诗的发展,加速它实现大众化和现代化的步伐。

从四十年代开始,公木的新诗创作基本是按着歌诗和诵诗的路子走下来的。他认为歌诗与诵诗的分法"虽不是绝对的,而在创作上,大体是需要这样分的"。[②] 在歌诗方面,他更加有意识地向陕北民歌学习,参加秧歌运动,写了《十里盐湾》《共产党引我见青天》等。他还写了许多脍炙人口的歌词,如《八路军军歌》《中国人民解放军进行曲》《快乐的军歌》《永远跟着共产党》等。其中那激动人心的《八路军军歌》《中国人民解放军进行曲》驰名中外,传

---

① 公木:《关于新诗发展问题的一封信》,《诗刊》1980 年第 4 期。
② 公木:《中华人民共和国颂歌·后记》。

唱五洲。在写作歌诗的同时,他还写下了许多诵诗,如《哈喽,胡子!》《我爱》《再见吧,延安!》《鸟枪的故事》《中华人民共和国颂歌》《烈士赞》《登雨花台有感》《难老泉》《祖国颂——献给第五届全国人民代表大会》《东风歌——为周总理诞辰八十周年而作》《七十三岁自寿》等。公木的诗歌创作和理论探索是紧密结合的。他的诗歌理论是对诗歌创作规律的总结,而他的诗歌创作又是在诗歌理论的指导下进行的。他提出了"新歌诗"与"新诵诗"的主张,他的创作也正是遵循这一主张的。

对于"新歌诗"与"新诵诗"的理论探讨,他一直没有间断。1980 年他发表了《歌诗与诵诗——兼论诗歌与音乐的关系》①一文,通过对中国诗歌流变史的研究,进一步阐述了歌诗与诵诗的发展规律。他认为"凡成歌之诗谓之歌诗,凡不歌之诗谓之诵诗。诵诗从歌诗当中分离出来,又经常补充着歌诗;歌诗在诵诗上面产生出来,又最后演变为诵诗。二者同时存在,并行发展,又互相影响,不断转化。这就是说,诗歌与音乐相结合,同时又相分离;诗歌与音乐分离了,以后又不断再结合。结合与分离,这两种趋势,是同时存在,并行发展,又互相影响,不断转化的。这一规律,在中国诗歌史上表现得特别明显,特别突出"。公木认为在全部诗歌流变史中,歌诗是主导。原始诗歌是以歌的形式出现的,古代诗歌全部是歌诗。"当诵诗从歌诗中分化出来以后,每个新的

---

① 载《文学评论》1980 年第 6 期。

历史时期,每当一种新的音乐出现,便要产生一种'倚声填词'的新歌诗,乐府、词、曲就是这样形成的。"基于这样的认识,诗人指出:"每个时代的民歌总是每个时代新诗歌的重要组成部分或主要发展基础。新诗歌在民歌基础上发展,也正是在普及基础上提高,古人即使完全不能意识到这一点,这个规律还是在起着推动诗歌发展的作用。"

公木认为诗歌与音乐相分离,是基本趋势。在全部诗歌流变史中,诵诗是主流。"由口头创作的歌演变为书面著录的诗,更是适应着一定社会发展的艺术进步,诗歌从音乐的束缚中解放出来,成为语言艺术的一种独立形式,才能把语言的机能充分发挥,发挥到精熟自然,发挥到淋漓尽致。中国古典诗歌的语言诗化过程,是在诵诗出现,并经过建安盛唐的高度发展,才完成的。""五四"以后,在现代口语的基础上,更接受欧美及日印等外来影响,又发展出一种自由体和一种新格律体,这些都是属于诵诗的系统。假如不与音乐分离,诗歌是不能达到如此这般发展的。

公木认为:尽管歌诗不断转化为诵诗,诵诗又经常在补充歌诗,但二者还是两个系统,在平行发展着。诵诗在一定语言基础上提炼加工来进行创作,供目治或口诵,这是诗歌创作的主要途径;歌诗在创作时要兼顾音乐的特性,供口唱或耳听,这是诗歌创作的辅助方法。鲁迅论诗曾说:"诗歌虽有眼看的和嘴唱的两种,也究以后一种为好;可惜中国的新诗大概是前一种。没有节调,没有韵，它唱不来；唱不来，就记不住，记不住，就不能在人们的脑子里将旧诗挤出去，占了它的地位。……我以为内容且不说，新诗先要有节调，押大致相近的韵，给大家容易记，又顺口，唱得出来。"[1]又说："诗须有形式，要易记、易懂、易唱、动听，但格式不要太严。要有韵，但不必依旧诗韵，只要顺口就好。"[2]可见，鲁迅是很看重歌诗的。

公木提出"新歌诗"与"新诵诗"的理论主张，目的在于强调新诗歌创作的路子是宽广的，形式可以多种多样，新诗歌运动的前途是无限宽阔无限光明的。

为诗坛的繁荣挥洒心血

五十年代，公木担任中国作家协会文学讲习所的副所长、所长。这个时期是公木诗歌创作、诗歌评论和诗歌研究活动最活跃的时期。

为了推动新诗的发展，坚持"五四"以来的新诗发展方向，公木同那些认为新诗"衰落""不振""没有出路"并因此主张恢复旧体诗的观点展开辩论。当时在诗歌理论界为旧诗鸣不平，以旧诗压新诗，也不乏其人。

朱偰发表了《略论继承诗词歌赋的传统问题》《再论继承诗词

---

[1] 鲁迅：《致窦隐夫》。
[2] 鲁迅：《致蔡斐君》。

歌赋的传统问题》。朱偰提倡"用民族形式的诗词歌赋,来歌唱社会主义的文化",倡导古体诗,对五四以来的新诗不感兴趣。

朱光潜主张恢复旧体诗,发表了《新诗从旧诗能学习得些什么?》,他认为:"我们的新诗在'五四'时代基本上是从外国诗(特别是英国诗)借来音律形式的。……至今我们的新诗还没有找到一些公认的合理的形式,诗坛上仍然存在着无政府主义状态。"

主张恢复旧诗者的理由大致有两点:第一,新诗的艺术性不如旧诗;第二,旧诗容易背诵,新诗比较难记。他们的动机是好的,都希望中国的诗歌写得更好一些,但他们的主张在当时不利于新诗的发展。

公木与朱光潜展开了争论,在争论中,他们结下了深厚的友谊,成为好友,后来关系也一直很好,并共同探讨中国诗歌的发展问题。

公木当时从诗歌发展的角度阐述了新诗对古典诗歌传统的继承问题。他说:"和一切文学艺术一样,诗歌的民族形式并不是一成不变,而是不断演进,不断发展的。它好像一条九曲黄河,永不停息地滚滚奔流,变化无穷,姿态万千,却又是一道割不断的长流。'五四'以来的新文艺、新诗歌,正是这黄河九曲中的一曲。是的,它确乎也接受了外来影响,那不过是像渭河洛水汇入黄河一样;黄河虽然转了弯,它还是源远流长,并没有也不能割断的。新的地理形势促使黄河转了弯;新的历史条件促成了'五四'以来文艺、诗歌的革新。如果追溯源流,当然还是'黄河之水天上来',

而新诗歌也不能不是继承着殷商以至明清的诗歌传统的。"[1]他认为"五四"以来的新诗歌,比起古典诗歌来,确乎是一个"飞跃"。这是由于从"五四"以来,社会主义理想一直是鼓舞着一切正直的进步的作家的精神力量。许多进步作家的作品真实地表现了中国人民为实现民主主义革命而进行的各种形式的斗争。同时又由于许多进步作家逐渐掌握了共产主义世界观和社会主义现实主义的创作方法,因此在他们的作品中表现出了日益明显的社会主义倾向。公木认为新诗是有发展前途的,新诗的创作是很有生机的。旧体诗可以写,但不宜提倡。

他在理论上坚持新诗的发展方向,同时,在实际工作中,为新诗的发展,为新诗人的成长,作了大量的工作。无论是组织培训青年诗人和诗歌作者,还是和青年诗人诗歌作者的通信、谈话以及会议发言,他都满腔热情地鼓励他们的进步,扶持他们成长。对他们显露的才华由衷地称赞,充分地肯定;对他们的缺点和不足诚恳地指出,帮助他们及时地总结经验教训,提高创作水平。许多青年诗人成长道路上都洒满了他的汗水,许多青年诗人的优秀作品都浇灌了他的心血。

在《和初学写诗的同志漫谈关于写诗的问题》一文中,他分析了初学写诗者的一些不正常的思想,例如认为"写诗,只要感情真实就行""只要立场坚定,思想正确,就能写出好诗","只要有新鲜

---

[1] 公木:《谈中国古典诗歌传统问题——答友人书》(《谈诗歌创作》)。

印象,就是好诗"等等。

写诗,是不是"只要感情真实就行"呢?公木指出实际上不见得如此。因为"每篇真正的诗都扎根在诗人的心中,都是从诗人的心坎生长出来的;都必然带有诗人本人的独特的风格和个性;但所有真正的诗篇都必须有一些共同点:反映人民的思想和感情,说出人民想说而又不曾说出的话。"所以,"有真感情就产生真诗"这话只有在一定条件下才正确,就是它要是人民的感情,健康的感情。

对于"只要立场坚定,思想正确,就能写出好诗"这一认识,公木指出这种思想本身就不完全正确。"因为诗是不能凭抽象的概念产生的。"诗人用形象思维,只有当在生活中遇见深刻的经过深思熟虑的并使自己感动的图景的时候,只有当在生活中遇到鲜明地揭示出在运动中、发展中、斗争中的现实的图景的时候,才能想好未来的诗篇,才能写出真正的诗。诗人显示在诗篇中的思想,是有血有肉的思想,是从生活中凝练出来的思想。也只有这样的思想,才能鲜明真实地体现在诗篇中。"

针对有的初学写诗者认为"只要有新鲜的印象,就是好诗",公木指出:感觉锐敏,能随时随地抓住新印象,这是作为一个诗人应该具备的品性。但是,如果把这理解为首要的、甚至唯一的条件,那就错了。他强调"所谓感觉锐敏,主要表现在善于通过现象认识本质,从平凡的事物中看出重大的意义;这些原都是客观现实中所固有的,不过别人没有察觉,诗人一语道破了它,所以他的诗篇是新鲜的。写诗,是一种创造性的劳动,诗人的品格、修养、精神力量,都将化为血肉,在他的诗篇里放射光芒;写诗,决不只是'表达印象','描绘图景'。——这是摄影师的职务"。

公木在这篇文章中,还指出诗的形式问题也是很重要的。掌握语言工具,熟练写诗技术,对于节奏、韵律及各种格式能根据需要运用自如,这需要经过满怀热情地长期努力地创作实践,真正的诗,决不是马马虎虎,随随便便,顺手拈来,大笔一挥,便可以写出的。公木在这篇文章中,还特别强调诗人的责任感和肩负的使命,他说:"诗人是真正的战士,他拂去蒙蔽正义的尘土,使罪恶低头而战栗;诗人是历史的证人,他把一代的精神,赋以活的呼吸,吹向来世;诗人是人民的儿子,他是人民精神文化的体现者和创造者。"

1956年春天,公木负责主持了全国青年文学创作者会议,在这之前,他翻阅了上百位青年诗人的诗篇或诗集。在会上,他作了《关于青年诗歌创作问题的发言》[①],在发言中,他列举、分析、评论了当时一批有才能的青年诗人的诗歌创作,让人们从他们清新、豪迈、火热的诗行中真切地感觉到这一大批迅速成长的青年诗人给新诗带来的朝气,和推动新诗前进的力量。

公木在认真研究了当时青年诗人创作中存在的问题之后,为了解决这些问题,推动新诗的发展,有针对性地从诗歌理论上提

---

① 收入《全国青年文学创作者会议报告、发言集》,中国青年出版社1956年出版。

出了以下几个问题：

（一）深入群众斗争生活对于诗歌创作的重要性。

公木认为"诗人如果不跃身进入这生活源泉中，那就等于没有矿石和原料的空炉体，纵然是上好质量的自动化的鼓风炉或马丁炉，也是喷放不出钢铁的花朵来的"。"如果不深入群众斗争生活，只坐在稿纸面前期望灵感的到来，那比'守株待兔'还渺茫。"诗人未央当时总结自己的创作时说："灵感并不能凭空产生，它应该是熟透了的生活基础上猛射出的喷泉，应该是原因深远的火山的爆发。"①公木考查十几位青年诗人的创作之后，发现了普遍存在的问题，得出了这样的结论："凡是臆造的、没有生活根子的、从概念出发而写出的诗，都必然空洞而枯燥。因为诗和一切艺术同样，它必须以特殊的具体的事件来反映普遍的真实的生活，这特殊的具体的事件只能得自实际生活，即使它是通过灵感得到的，即使它是依靠想象创造的，都必须符合于生活的真实，不能凭空捏造，形象只能从生活中摄取，不能从脑子里杜撰。没有在生活中受孕绝对产生不出有生命的诗篇。"公木告诫青年诗人和诗歌作者"井底之蛙难以触到时代的脉搏，而飘浮的游丝也经不起风浪"。

（二）诗人的政治觉悟与党性锻炼，诗人的内心世界与精神面貌对诗歌创作具有决定的意义。

———————————

① 未央：《生活永远是诗歌的土壤》。

从生活现象中把握主流和本质东西，并进而创造出典型形象，首先取决于诗人的精神力量和思想品质。公木认为"诗人在诗歌创作中所表现出的才能，他的独创性和独特性，主要是他的品质和人格，他的思想和感情的反映，……健康的革命诗篇，必然是健康的革命的诗人所写出的"。他认为："提高政治觉悟，加强党性锻炼，丰富内心世界，美化精神面貌，就是一个诗人的成长过程，而且这个过程永无终点，直到自然的手伸来向他索回生命为止。"

公木认为诗人的创作不仅应当表现自己对时代的感受，而且应当把自己对人民的感情熔铸在诗篇中。鲁迅这样称赞高尔基："他的一身，就是大众的一体，喜怒哀乐，无不相通。"[①]公木在分析当时的青年诗人温承训的诗歌创作时指出：真诚严肃地对待生活，积极热情地干预生活，并有乐观向上的真实情感，这是温承训能够写出相当数量的优秀诗篇的重要原因。公木强调"诗歌不可缺少感情，不可用简单的思想分析与表面的现象罗列来代替诗"。诗歌应当抒发诗人内心的真情实感，否则它就失去了其美学价值。公木认为"感情虚伪是不行的。水可以掺进酒里，但水不能成为酒；虚伪的感情可以写进诗里，但它不能成为诗"。[②] 别林斯基说："情感是由思想引起来的，……凡是有感情的作品，便不可

---

① 鲁迅：《关于太炎先生二三事》。
② 公木：《和初学写诗的同志漫谈关于写诗的问题》（《谈诗歌创作》）。

能没有思想。自然，情感愈是深挚，思想也愈深刻；反之亦然。"由此可见，感情不够真挚，是由于思想不够深刻而来的。

（三）持续不断地积年累月地以镂骨呕心的精神，在表现技巧上，特别在语言上用工夫，对于诗歌创作是非常重要的。

公木认为"无论是夹杂着雷霆闪电的狂风骤雨，还是伴随着燕飞花笑的清风细雨，总之，云凝为雨才会落到地面，内心的情绪凝为诗句，才会写在纸面上，这中间还要经过推敲、琢磨、剪裁、修改，最后作品完成了，那种引起要写这作品的意念（对生活事件的看法、理解，也就是诗人的思想、感情）才算完成定型"。要想诗篇富有魅力，能够打动读者的心弦，诗人必须在表现技巧上，特别是语言上下苦工。古代大诗人杜甫留下"语不惊人死不休"的美谈，卢延让留下"吟安一个字，捻断数茎须"的佳话。苏联伟大诗人马雅可夫斯基也十分强调诗歌语言的斟酌，他说：

诗歌的写作——

如同镭的开采一样，

开采一克镭

需要终年的劳动。

你想把

一个字安排得停当，

那就需要几千吨

语言的矿藏。

这些经验之谈,都在于说明诗人必须从日常用语的砂石里淘炼出真金,必须从人民群众语言的矿藏里开采出镭。公木更进一步指出:"在文学创作、诗创作当中,语言给予一切印象、感情、思想以形态,文学尤其诗篇乃是借语言来雕型描写的艺术。"①从许多青年诗人的优美诗篇中看出他们是注意到对表现技巧的追求,注意到语言的尽可能地精练。但是,也不能不看到青年诗人和诗歌作者的诗歌作品还普遍存在着缺陷,最突出的是语言不精练,用词不准确。在分析了青年诗人诗歌创作的成绩和不足之后,公木指出:"创造'新鲜活泼的,为中国老百姓所喜闻乐见的中国作风中国气派的'新诗歌的民族形式,仍然是有待于通过创作实践来加以解决的课题。"因此,他号召青年诗人和诗歌作者"必须向悠久丰富的民族传统学习,向古典诗歌、民间诗歌学习,学习驱使语言和韵律的技巧"。公木认为真正朝气蓬勃地探索、上升、前进的,是青年人。无数的诗坛新星,将决定未来的新诗的盛衰。因此,他对青年诗人和诗歌作者尤为关注,称得上是一位"不惜变泥土,舍命润花根"的可敬的园丁。公木为新诗的繁荣,为推出五十年代一大批青年诗人立下卓著的功绩。

诗歌的下乡上山问题

1958 年春出现了社会主义的"生产大跃进",同时也出现了

---

① 公木:《诗论》。

新民歌的大跃进。在这种情况下,公木于 1958 年 3 月发表了《诗歌底下乡上山问题》一文,[①]文中提出关于写作新民歌的问题的两点意见:其一是关于"歌谣体的新诗",其二是关于"抒人民之情,叙人民之事"问题。公木认为并不像有些人说的那样——歌谣的形式已经僵化了,已经容纳不下新的生命了。他认为歌谣体可以成为新诗的一种形式,并且也可以产生出好的诗来。在诗歌创作方面,鲁迅非常重视民歌、民谣,并把这些人民口头创作摆在首要的地位。在《门外文谈》一文中,他把民歌、民谣的作者中的"无名诗人"称为"杭育杭育派"。《诗经》的《国风》就是他们创作的,这些创作,影响到东晋、齐、梁的子夜歌,唐代的竹枝词等,它们常常成为衰颓的旧文学起死回生的因素。人民口头创作的这些诗歌,"刚健、清新",虎虎有生气。高尔基说:"各国伟大诗人的最优秀作品,都是取自人民集体创作的宝库。"我国古代大诗人屈原的《离骚》所以成为杰作,是由于屈原全力向楚国民歌学习的结果;李白的《蜀道难》《战城南》,杜甫的《三吏》《三别》,白居易的《卖炭翁》等,都从乐府民歌中吸取了丰富的养料和形式,成为劳动人民喜闻乐见的佳作。"五四"时期用民歌、民谣体写作的优秀诗篇也不少,像刘大白的《卖布谣》,刘半农的《瓦釜集》中的诗歌。民歌民谣"矢口成言,绝无文饰,故浑朴真至,

① 载《人民文学》1958 年第 5 期。

独擅古今"①。

公木认为,如果考虑到下乡上山的需要,每个诗人都必须学会歌谣体,大力写作歌谣体的诗——当然,首先应该是新诗,描绘新的生活现实,表达真实的思想感情。其次又是歌谣体,使用活生生的群众语言,有一定节奏韵律。即内容和形式兼顾、以内容为主的歌谣体的新诗。

关于"抒人民之情,叙人民之事"问题,公木认为:"诗人必须站在人民之中,而不是之上、之外。这样,人民之情、之事,便是诗人之志;反之,诗人之志,也便是人民之情、之事。这里当然有主次之分,是大众化,而不是化大众。这是由于诗歌的源泉是人民生活,而不是诗人头脑。但是,诗歌的产生,则必须是人民生活在诗人头脑中的反映。"公木认为,问题的关键是诗人的生活和思想感情,而不是"歌谣体"的形式问题。创作歌谣体新诗并不妨碍"抒人民之情,叙人民之事"。他主张新诗向民歌学习,可以用民歌、民谣体填写。有的诗人不同意这种主张,认为向民歌学习,只能借鉴,吸收营养。公木的文章发表后,引起了国内文艺界对于"新诗发展问题"的热烈讨论,但是可惜,他并没有参加这次由他引起的有意义的诗歌大讨论。因为这篇文章发表时,他正在匈牙利和罗马尼亚访问,待七月底归国后,他已经由于众所周知的原因,被迫地离开了诗坛。

---

① 胡应麟:《诗薮》。

新诗应该继承和发扬中国诗歌的民族传统问题

从五十年代起,公木多次强调新诗应该继承和发扬中国诗歌的民族传统问题。1957年1月在《长江文艺》上,他发表了《谈中国古典诗歌传统问题——答友人书》的论文;同年4月在《红岩》上,发表了《继承与发扬中国诗歌的现实主义与浪漫主义传统》的论文;同年5月在《诗刊》上,又发表了《简论中国古典诗歌传统问题》的论文;同年6月份在《长江文艺》上还发表了《再论诗歌传统兼答宋谋玚同志》的论文。在这一系列的诗歌理论文章中,他强调新诗继承和发扬中国诗歌的民族传统的重要性。他说:"继承和发扬民族传统对新诗作者说来,现在是,将来也应该在理论上探讨,在创作上实践的。"①公木强调新诗要继承和发扬古典诗歌的传统是立足于革新。他认为"现实总是不断前进,诗歌便必须不断革新,这是自古以来就自然存在的规律。不过,革新却不能割断传统,就是说不能无所继承。永远不能从零开始。为了革新而继承,只有革新才谈得到继承"。在文学史上,任何一种新形式的创造,都意味着对旧传统的挑战和批判,同时,也意味着对旧传统的继承和发扬。正如别林斯基说的:"在任何意义上,文学都是民族意识、民族精神的花朵和果实。"②新诗无法摆脱民族传统的

① 公木:《谈中国古典诗歌传统问题——答友人》。
② 见《别林斯基论文学》。

影响，原因在于"艺术离不了人民的习惯、感情以及语言，离不了民族的历史发展。艺术的民族保守性比较强一些，甚至可以保持几千年"①。中国的新诗只能是继承并发扬中国古典诗歌的传统并"吸收有益的外来因素而得到丰富与发展，却不能用'舶来品'代替它。这是客观规律也是历史事实"②。公木论及诗歌的传统问题时举例说：其实，只看《凤凰涅槃》《李白之死》这些诗题，就是完全"中国作风、中国气派"的。当然，它们都是"五四"以来的新诗歌，它们都接受了欧美的影响。但是，在郭沫若势如火山爆发的诗篇里，固然有歌德的"永恒之女性"，而她岂不是与炼五色石补天的女娲氏糅合起来了吗？（《女神之再生》）；固然有天方国的"菲尼克司"，而它岂不是"殆即中国所谓凤凰"吗？（《凤凰涅槃》）。在闻一多驰骋着想象与幻想的诗篇里，也是把"肉袒的维纳司"与"白面美髯的太乙"并列的（《剑匣》）；至于《李白之死》，在造境用事上，简直找不到外国诗的影子。试想，如果不是有着屈原、陶潜、李白、杜甫、白居易、苏轼、陆游、辛弃疾……这些伟大诗人的国度里，单凭歌德、拜伦、惠特曼以及泰戈尔等等的影响，"五四"以来就能产生出郭沫若、闻一多这样的诗人来吗？就会产生出《女神》《星空》以及《死水》《红烛》那样的诗篇来吗？

新诗人中有很多是古典文学造诣很深的。他们接受古典诗

---

① 毛泽东：《同音乐工作者的谈话》。
② 公木：《再论诗歌传统——兼答宋谋玚同志》。

歌的优良传统是很自然的。闻一多研究过律诗并写过《律诗底研究》。他还精心研究过杜工部、李义山、陆放翁，而且尤其喜爱李义山。他把李义山和英国诗人济慈并提，认为是对自己影响最大的两位诗人。闻一多对东方的雅韵最为陶醉。以他为代表的新月派诗人创造的新格律诗，"在旧诗与新诗之间，建立了一架不可少的桥梁"①。宗白华在谈到古典诗歌对他的影响时说："唐人的绝句，像王、孟、韦、柳等人的境界闲和静穆，态度天真自然，寓浓丽于冲淡之中，我顶喜欢。后来我爱写小诗，短诗，可以说是承受唐人绝句的影响，和日本的俳句毫不相干，泰戈尔的影响也不大。"②公木本人对古典文学极有研究，并且造诣很深。他的诗歌很明显地受到古典诗歌的影响，五十年代他创作的《难老泉》《灯标船颂》《登雨花台有感》《昆独仑召即兴》《冬猎》《铁牦牛》等，很讲究韵律，在诗歌的风格上和四十年代写的自由体诗有明显的区别，而更多地吸收了古典诗歌的表现手法。诗的意境壮美，韵律整齐，读之琅琅上口，富于音乐的美。公木基于对中国古典诗歌的潜心研究，得出这样的结论：中国诗歌的民族传统"指的是三千年以来中国古典诗歌的传统和'五四'以来逐渐形成的新诗歌的传统，无论是'五四'以前或'五四'以后又都包括民歌的传统"。后来，他在《泛论民族传统——古典诗歌纵横观》中说："构成为中

---

① 石灵：《新月诗派》。
② 宗白华：《我和诗》。

国诗歌的民族传统：这就是以民歌和进步文人诗歌合组成的人民诗歌的主流的传统、亦即古典现实主义和积极浪漫主义传统。"

1963 年公木得知毛泽东在 1958 年提出的"在民歌和古典诗歌基础上发展新诗"的意见，表示完全赞同。他认真地研究了中国古典诗歌的流变史和"五四"以来新诗的发展状况，认识到这个意见是符合诗歌发展规律的，是正确的。他还阐述了自己对这个问题的理解：第一，它实际上便意味着新诗向民歌和古典诗歌学习；第二，在发展的环节上，它决不排斥而是必须把手伸向外国实行"拿来主义"；第三，对古典诗歌，必须古为今用，推陈出新；第四，对民歌，便是在普及基础上提高，在提高指导下普及。

公木五六十年代创作的诗歌，单纯从节奏韵律上学习民歌的作品已不多见，而更多的是学习民歌和古典诗歌的语言、手法、风格和意境。如他写于 1956 年 8 月的《难老泉》、写于 1956 年 12 月的《冬猎》，都属于笔调清新、意境隽永，想象奇丽的诗篇，在当时的诗苑是对题材新的开拓与表现，使新诗有了更广阔的天地。可见，这个时期诗人在创作实践上也在不倦地探索和创新。公木主张诗歌创作要"多样化，最忌单调。只要是好诗，怎么写，写什么，都是好诗"①。五十年代，公木写过抒情诗，写过风景诗，写过国际题材的政治抒情诗，也写过讽刺诗。他的诗歌理论总是紧密地与他的创作实践结合在一起的。

---

① 公木：《答〈星星〉诗刊问》。

诗要用形象思维

六七十年代,公木结合诗歌教学一直在探讨诗歌的发展规律问题。他说:"我所倾注心血与情意,主要还是力求从中探索有关诗的秘密,从诗篇中发现特殊规律,尽学力所及,达到'真实的认识',也便是力求'在思想中把个别的东西,从个别性提高到特殊性,然后再从特殊性提高到普遍性';力求'从有限中找到无限,从暂时中找到永久,并使之确定起来'。"①可见,公木的诗论是他荡寒溽暑、呕心沥血的结晶。

1965 年至 1978 年,公木结合讲授《毛主席诗词》专题课,进一步探讨、总结诗歌创作的艺术规律。当《毛主席给陈毅同志的一封信》公开发表以后,被禁闭十多年的"形象思维"问题,提到学术研究的日程上来了。公木怀着欣喜之情,将自己多年潜心研究诗歌的专著命名为《诗要用形象思维》。在这一专著中,他阐述了如下几个问题:

(一)对艺术形象的理解。他认为形象不仅仅是由对象的直觉反映即表象所组成,"它是把思想、把情感和意志注入到由外界引起的感觉而形成,它是观念的升华,它是意识的结晶"。它和概念同样都是由感性认识飞跃到理性认识的产物,在思维过程中是属于同一序列的东西。"不过概念舍弃了感性,形象却没有,因为

---

① 公木:《诗论》。

形象则是为感情所修饰为意志所加强了的认识,它赋予理性以脉搏和呼吸,它是活的,有生命的,这也就是诗。"

(二)艺术(或者说是诗歌)体现为形象反映。其原因在于艺术与科学不同。科学是透过现象把握本质,把本质从现象中抽出来,是属于理性的;而艺术(这里指诗歌)把握的则是人,以及人的生活和人化了的自然。艺术的对象是统一的整体。它的对象是主观和客观的相互渗透,是真善美的综合,是隶属于显示着理性的感性范畴的。

(三)艺术形象产生于浮想联翩与联翩浮想中。公木认为诗人对现实生活的感受"往往演化为联翩浮想,翱翔想象的羽翼,飞架联想的桥索,通过幻想、夸张、使用比兴手法以至孵育成活的形象"。浮想联翩与联翩浮想,便是想象。诗歌创作的特点是塑造艺术形象,而产生这些形象的思考活动便是想象。只有根生于现实土壤中的想象才有可能通向诗。由于想象的本质是思维,是认识,因而它必然要接受世界观的制约和指导,但是世界观只能制约和指导而不能代替形象思维。

(四)塑造富有思想的形象与赋予思想以形象,是两种艺术创作、诗创作的途径。前者是在特殊中显示一般,是适合诗的特质的;后者是为一般而找特殊,也是诗创作所通常运用的。

(五)艺术创作、诗创作既是生产实践,又是美感活动。公木在这本专著中,第一次正式提出"第三自然界"的假说。它在于说明:"艺术形象、诗的形象既是现实的反映,是为意志所加强为情感所修饰了的认识；又是理想的创造，是依照美的规律创造性劳动的产品。它'妙造自然'，'在生活的直接现实中仿佛造成了生活的幻影'。"所谓"第三自然界"就是人类想象的产物，但"无论怎样浮想联翩与联翩浮想，它总是以人类活动为核心的'第二自然界'的反映，是影子世界，是精神世界"，它不存在于意识以外，它不是客观存在，而是观念形态，这就是由艺术或诗所建立的形象的王国。"'第三自然界'说的是艺术思维与科学思维的不同，由自在到为我到形象，是以客体做基础的，属于艺术论的范畴。"①

公木揭示出这属于"第三自然界"的诗歌创作的本质性的特征。在(再说"第三自然界")这一新的系统的科学论著中，作者借"文学艺术思维"和"美、美感、审美"两章的篇幅，不但展示了艺术创作中形象思维的规律和真、善、美相统一的辩证关系，而且对诗人的想象力所应达到的广度与深度给予了特别的关注。

公木在《第三自然界概说》中也指出："凡是诗的想像，尽管基于直觉、错觉、幻觉，无论是多么荒诞、奇僻、诡谲，也必须是且只能是现实生活的折射，即或是虚妄的反映也罢；尽管幻想与想象往往升华为灵感，而灵感也不过是沉思冥想的顿悟，或者说是前意识活动的突然显现，它的根须仍然是扎在现实生活的土壤中。"

公木依据马克思主义观点，对认识论提出新的见解，对一些有争论的学术问题做出新的说明。公木在自己的创作中，极力实

---

① 公木：《话说"第三自然界"》，《吉林大学学报》1982年第5期。

践着"诗要用形象思维"这一理论主张。不管是叙事诗还是抒情诗，不论是自由体诗还是旧体诗，不论是抒情言志，还是写景状物，都特别注意形象思维。

七八十年代，公木诗歌创作的风格更为沉雄，语言更为凝重，意境更为深邃，表现手法更富于变化。诗人把民歌、古典诗歌和外国诗歌的长处，熔为一炉，经过自己的辛勤冶炼，创作出具有自己独特风格的诗篇。如写于1973年的《棘之歌》和写于1983年的《七十三岁自寿》等诗篇。《棘之歌》写于"四人帮"横行时期，诗人以棘自喻，表现了坚贞不渝的革命意志、高尚的革命情操和献身精神。这首诗通篇运用比喻和象征的手法，文字洗练通俗，寓意却十分深刻。言有尽，而意无穷。这首自由体新诗，在表现手法、语言、风格和意境上兼有民歌、古典诗歌和外国诗歌的长处。

诗与政治

从戎马生涯中走上诗坛、以写政治抒情诗蜚声文坛的老诗人公木，对诗与政治的关系的体会是很深的。1983年1月，他在《政治·现实·知识——读1982年〈人民文学〉诗页随想》一文中深有感触地谈了自己对诗与政治的关系的看法。他说，对这个问题，也曾经有过思考，经过怀疑，经过悲欢离合，经过检验抉择，最后才认定了要做一个"齿轮"，一个"螺丝钉"，一颗"铺路石子"的。他说："不是我一个人，而是我们一代人，追随着我们的前辈，面向着屠刀和战火，蜂拥地走到这条政治道路上来的。只就我个人的一点点经验说来,不是别的,正是政治给予我的生命以意义,给予我的诗歌以生命;而且若依我个人的极简单理解来说,不是别的,正是从政治的观点出发,中央才提出文艺'为人民服务、为社会主义服务'的口号的。"

1979年以后,中央决定,文艺领域里不再提"从属于政治"的命题,不再用"为政治服务"的口号,而代之以"为人民服务,为社会主义服务"。这是因为在"左"的思想指导下,政治可以并且曾经被狭隘地理解为当前的某一项政策、某一项临时性的政治任务、政治事件,甚至错误地看作某一个领导的瞎指挥。因此,强调"从属于政治""为政治服务",容易成为有极"左"思想的领导者对文艺横加干涉的借口,以致弄得文艺创作、诗创作的路子越走越窄,直到"只剩下了政治"。其实不再使用文艺"从属于政治""为政治服务"的提法,只是由于长期实践证明它对文艺发展利少害多,"并不是说文艺可以脱离政治,作家可以没有政治责任感。"文艺是不可能脱离政治的。文艺与政治的关系、诗与政治的关系,是客观存在的,因此必须正确对待。

当时有的同志把极"左"的指导思想同政治概念混为一谈,以至把"政治"看作了"紧箍咒"。有的青年诗作者含糊地提出"诗人具有更多的权利",于是不胜感慨地申诉:"可悲的是,这种权利,中国的诗人丧失的时间实在是太长了!专制的狼烟,政治对艺术天空的超级污染,使诗人心中大胆思索的花朵枯萎了,对艺术追求的急流干涸了,只留下偏见、保守与平庸。"这是把政治一般地当作艺术的病原体了。这些认识显然是不符合客观实际的。

公木出自一位老诗人的责任感，觉得应该尽快地澄清一些模糊和错误的认识，使诗歌创作沿着正确的轨道发展。他发表了上面提到的《政治·现实·知识》一文。他认为："文艺当然不是政治的附庸，政治当然更不是文艺固有的属性。可是，我们谈的是'为人民服务、为社会主义服务'的社会主义文艺、社会主义诗歌，或者也可称作人民文艺、人民诗歌呀！在这里，这个'社会主义'，这个'人民'，岂不都是政治性的定语？它的任何社会使命能够不具任何政治色彩吗？当然浓度、强度，会是因时因地因人以至因不同题材而有所不同的。摆正我们诗歌同政治的关系，实际上便是摆正我们自己同政治的关系。政治决不是一个限制词，而是我们自己选定的一条通向明天的大道。没有半点奥义，这只意味着一定的社会责任感和一定的历史使命感。"公木认为文艺创作或诗创作，"最大的忌讳就是对政治的冷漠。我们不提倡热衷，但主张热诚，热烈。'明显的政治化'固不必要，而'有意的疏远化'更不应该。的确，在读许多青年诗人的作品时，我总这么感觉：政治不是太多，而是太少了，不是太近，而是太远了"。公木及时指出这一倾向，并号召诗人们"不仅只是拿诗篇做生命，更尤其是以生命作诗篇"。

做人与作诗

公木一贯强调首先是做人，然后才是作诗。他主张"诗人首先是战士,然后才是诗人"。诗人臧克家在论及作诗和做人的关系时说:"想做一个诗人,不能够从'诗'下手,而得先从做'人'下手,做不好人,绝对作不好诗的!"①鲁迅在论及诗人时,曾提出诗人应该是"精神界之战士"。他要求作家和诗人首先是一个革命的人。他深刻地指出:"根本问题是在作者可是一个'革命人',倘是的,则无论写的是什么事件,用的是什么材料,即都是'革命文学'。从喷泉里出来的都是水,从血管里出来的都是血。"②这就是说,诗人必须是一个脚踏实地的、与人民血肉相关的革命战士,这样他才能写出真实、深刻反映革命现实的诗篇。

公木一贯关注着新诗人的成长。1984年他对做人与作诗的关系问题,进一步从理论上探讨。他从人对外部世界的实践关系——主体和客体的关系上深入阐述这一问题。他认为:本来人对外界的实践关系是主体与客体关系,即一切现实关系的基础。事物的客体性是它在主体活动中表现出来的属性。在实践中,不仅表现为主体按一定目的改造客体,赋予客体以新的形式,而且表现为客体以自身的属性和规律规定着主体的活动性质和方式。"人作为自觉活动的主体,不仅能认识对象,而且还能认识自己,因此也就能认识主体与客体的关系,并利用这种认识来调节和控制自己的活动,来指导自己的实践。"他把主、客体的关系归纳为

---

① 臧克家:《克家论诗》。
② 鲁迅:《而已集·革命文学》。

如下层次：

第一，认知关系。认知主体——理论思辨地掌握世界，人为了在实践上征服自然，就要在理论上把握自然的规律，事物的客观属性。这属于哲学科学范畴，它要求人们主要运用逻辑思维方式探求真。真闪烁着智慧——知。

第二，评价关系。评价主体——实践精神地掌握世界。外界事物包括自然与社会；而价值观念则不能不依赖于人，即依赖于主体而存在，并恰恰是对事物同主体或人的需要这种功利关系的反映。价值观念的客观性仅仅在于它不依赖于主体或人的意识和意志而存在；但它又必然为意识的标尺所裁决，为意志的动力所追求。这属于伦理道德的范畴，它指引人们主要运用社会思维方式向往善。善洋溢着意志——意。

第三，审美关系。审美主体——艺术形象地掌握世界。人是遵循理论思辨的认识、按照实践精神的需要，即遵循客观规律、按照主观目的去改造对象，赋予对象以新的形式。这个体现认识与需要亦即规律与目的的形式便是美。也就是说，"人是按照美的规律来造形"。这属于文学艺术范畴，它培养人们主要运用形象思维方式创造美。美饱含着情感——情。

公木从逻辑思维、社会思维、形象思维三种方式，必然是互相渗透的，不能孤立存在的客观事实中，说明"真善美都是由实践关系中发展起来的，是根生于实践关系中的既有区别又相联系的三个层次"。他指出"只有真的，又是善的，才能够是美的。美是真

246

与善的形象显现,是客观与主观的符合与统一"。从而论述了做人与作诗的关系。他认为一个诗人"要与历史的节奏同步,要与人民的声音共鸣"。他认为找到和发现自我即主体是至关重要的。1984 年 8 月,他在《找到自我》一诗中写道:

是的,我们的位置就是我们的起点:
我们永远在起点上,
又永远在前进中,
因为历史与现实永远不停滞,永远不僵固。
能够于时时处处对事事物物都保持清醒吗?
理应能够,而办不到,人不是神。
汗水蒸腾,泪水模糊,血水殷红,
成功与失败,奋进与惶惑,睿智与迷乱,
是一副冲破一切风暴的铁翅膀,但要长飞翔。
真理如同空间与时间一样广大且绵长,
不诩把它占有,
只要永生不断追求。
同志,何去何从? 找到真实的自我,
才是不枉此生的最大的发现。
而真实便意味着无私与无畏。

《找到自我》一诗,是诗人对自己的思想观点的诗的总结,是对青年诗人最珍贵的献礼。"首先做人，然后作诗"，这是他对青年诗人和诗歌作者的严格要求，而他自己在行动中，首先做出了楷模。半个世纪以来，诗人始终不倦地追求着，探索着。他赤诚地追求理想，讴歌光明。不论在顺境还是在逆境中，都脚踏实地地奋勇向前，始终与党与人民心心相印；在艺术上，他以春蚕吐丝的精神，一点一线地编织着艺术的华章；在诗歌理论上，他不断探索，提出了许多颇有见地的主张，对我国新诗的发展，做出了宝贵的贡献。

公木一贯主张"探索是诗人的天职，对未知世界的开拓精神是诗的本质特征，是艺术生命的活质。只要不脱离大地沃土，只要不悖逆母亲人民，只要不丧失对真诚的创造亦即审美的灵感，诗就终究会在平凡中求得崇高，在短暂中达及永恒。"①

中国新诗歌的发展道路
——现代化、民族化、大众化、多样化

"四人帮"被粉碎以后，禁锢艺术的闸门打开了，窒息的缪斯复苏了。新诗也和其他艺术一样一派生机。但是进入八十年代以后，我国的新诗却面临着如何进一步创新和突破的迫切问题。正是在这种情况下，有些同志开始迷茫了，甚至还有些人亵渎传统了。我国文艺界出现"现代派热"，把现代主义认作"我国文艺

---

① 公木、朱晶：《心态与历史》，《文艺报》1986 年 7 月 26 日。

发展的出路"，特别是诗歌领域，有些人自命"崛起"，任由"直觉、错觉、幻觉"无限膨胀。针对诗歌理论和诗歌创作中的偏向，公木发表了《中国新诗歌的发展道路——现代化、民族化、大众化、多样化》①的长篇诗歌理论文章。在新的历史时期，他提出我国社会主义新诗歌的发展趋向应该是：现代化、民族化、大众化、多样化，并从四个方面论述了这个问题。

第一，所谓现代化、民族化、大众化、多样化，首先要以"五四"以来新诗歌为基础，继续前进。这就意味着坚持和发扬革命现实主义传统。公木认为"五四"新诗乃是批判继承民族传统，亦即在古典诗歌和民歌的基础上，又广泛借鉴和吸收外国诗歌的经验，而产生出来的，并且已成为"世界文学"的一个组成部分。"五四"以来新诗歌发展的总方向是前进的，并且基本上在广大人民群众中扎了根。"五四"以来的现代诗歌已经形成了自己的传统——创造的传统，战斗的传统，革命现实主义的传统。因此，要使社会主义新诗歌进一步发展，只有沿着它从"五四"时期就开始了的现代化方向继续前进。

现代化并不排斥民族化，更不排斥大众化，相反，现代化必须与民族化、大众化相结合，更密切同广大人民的联系，更加强对民族传统的继承。现代化的诗歌势必日趋多样化，而不会是单一的。"诵诗与歌诗，联翩对舞；自由体与格律体，并驾同驱。"百花

---

① 载《吉林大学学报》1985 年第 2、4 期。

齐放,百家争鸣,容许不同的诗人有不同的风格,有不同的侧重。

第二,所谓现代化、民族化、大众化、多样化,决不排斥拒绝,而是争取借鉴外国诗歌的先进经验。这就意味着实行"拿来主义",做到"洋为中用"。他认为"艺术最害怕的是闭塞,诗歌也同其他艺术一样,如果割断了与广阔的世界的联系,那就等于禾苗即使根植于大地上而得不到雨润风膏,终不免于枯黄"。现代诗人中接受外国诗歌影响并与民族诗歌传统相结合创作新诗很有成就的人不乏其例。郭沫若、冰心、闻一多、徐志摩、艾青、贺敬之、冯至、萧三等等。公木在四十年代就接受了惠特曼的影响。他喜欢惠特曼的气势磅礴的自由体诗。他说:"我认为用自己的语言抒写自己的情意,惠特曼的形式可资借鉴的地方更多些。"从四十年代起,他的诗风就明显地受到惠特曼的影响。

公木总结我国新诗的发展历史,得出这样的认识:除了向外国诗歌借鉴美学理论、创作方法与表现技巧,也要引进某些外国诗歌的格律形式,诸如西欧的"商籁体",东洋的"俳句",泰戈尔的小诗,马雅可夫斯基的"楼梯式",惠特曼的长句型自由体……都一齐"移植"过来。既然是"移植",假如它在我们中国大地上不能生根,自然就会枯萎的,说不上是"洋镣铐";假如它生了根,为人民所接受,即是人民中的一部分吧,这也便成为新诗歌民族形式多样化的一种探索了。因此,积极大胆地吸收外国诗歌的一切长处,探寻出表现现代生活的全新的艺术手法,是应该的,也是必要的。但是不能把借鉴外国诗歌与继承民族传统对立起来,借鉴外国和继承传统,本来是相辅相成的,并无矛盾。借鉴外国诗歌时,要把现代化和现代派区分开来,二者不能混为一谈。对西方现代派诗歌,迷恋,没有道理;研究,是完全必要的。对待外国的东西,应实行"拿来主义","洋为中用",切不可"邯郸学步"。

第三,所谓现代化、民族化、大众化、多样化,对民歌来说,必须熟练掌握,灵活运用。这就意味着"在普及的基础上提高,在提高指导下普及。"公木认为:"新诗歌向民歌学习,也需要有个批判的态度,因为民歌虽然一般都是清新刚健,多数是进步的革命的,但是也有不少是落后的、黄色的,糟粕与精华,并陈杂糅,同样不能生吞活剥,强搬硬套。不过,它同新诗歌创作的关系,主要却是普及与提高的关系。这规律,在一部中国诗歌发展史上,特别在以民歌和进步文人诗歌组合成的人民诗歌的发展史中,是客观存在着的。"怎样处理民歌与新诗的普及与提高的关系呢? 公木认为从创作实践上看可以概括为三种情况:其一是创作新民歌。尽管中国的何其芳,苏联的伊萨柯夫斯基,法国的阿拉贡等,只主张向民歌吸收营养,而不赞成依照民歌的谱调去填写,甚至认为必须要在民谣与诗歌中间划分出一个严格的界限。但是,现代诗人中,创作新民歌有成就者,却不乏其人,如刘大白、刘半农、柯仲平、田间、李季、阮章竞等。公木本人也是创作新民歌很有成就的诗人。他依照群众所熟悉的、喜闻乐见的形式所创作的《盐工曲》《十瓢水》《三皇峁》等歌词很受欢迎。其二是创作民歌体新诗。新诗采用民歌体,典型成功的作品也不少。李季的《王贵与李香香》、阮章竞的《漳河水》、贺敬之的《回延安》、公木的《十里盐湾》都是成功之作。外国诗人采用民歌体创作新诗的成功的例子也并非罕见。匈牙利人民的伟大诗人裴多菲·山陀尔的诗歌，人民读着的时候，已经"感觉不出诗人的创作和大众的民歌之间有什么分别。到了今天，有五十多首裴多菲的诗，已经成了匈牙利的真正的民歌"①。但是，创作民歌体新诗，也必须根据内容题材来决定，并不是随便什么题材都适宜用这种体裁的。这正如什么人物，什么季节，穿什么样式的衣服，也要有所不同是一样的。"冬葛夏裘，不仅看起来不顺眼，而且不是冻僵就会热坏的，写诗亦然。"②擅长运用"信天游"体的诗人李季，在大庆油田写过一首悼念周总理的"信天游"体长诗，便读不上口。这是由于在时间、地点、主题、题材等方面，都与"信天游"的格调极不谐和的缘故。其三是新诗创作注意向民歌吸取营养。主要指向民歌学习语言、表现手法等等。现代当代许多诗人的不同类型的作品中都可以找到踪影。就是似乎受到民歌影响最少的艾青，在他的诗集《归来的歌》中，也能读到《仙人掌》这样的民歌风味浓郁的诗篇。公木认为"新诗创作适当向民歌吸收营养，对任何诗人都是有意义的"。

　　第四，所谓现代化、民族化、大众化、多样化，对古典诗歌说

---

① 《裴多菲诗选》，第3页，作家出版社1954年版。
② 公木与作者谈话。

来,必须批判继承,推陈出新。这就意味着"诗,当然应以新诗为主体",要"古为今用",推陈出新,这也就是对民族传统的批判继承与创造性地发扬问题。"多少年来,要求建立现代诗歌格律的呼声不绝如缕,进行现代格律诗创作尝试的诗人和作者也大有人在。"因此,公木认为"从对古典诗歌的批判继承推陈出新这条途径上来建立现代诗歌的新格律,实在是顺理成章,当务之急"。这是需要探索和解决的问题。公木认为传统既不能割断,传统又必须突破。"一部中国诗歌流变史,正如一首长诗,只见后浪催前浪,不断推陈而出新。"①

当然,对古典诗歌的批判继承,也包括利用旧形式创作新诗歌的问题。这个问题,"说穿了,就是旧瓶装新酒的问题。问题在于酒必须是新的。""对于过去时代的文艺形式,我们也并不拒绝利用,但这些旧形式到了我们手里,给了改造,加进了新内容,也就变成了革命的为人民服务的东西了"②。事实上,利用旧体诗词创作的优秀诗歌作品也不少。如《毛主席诗词》《陈毅诗词选集》《郭沫若诗抄》《十老诗选》等。公木也创作了不少旧体诗。1984 年四川出版社出版了《公木旧体诗抄》,收入他一百三十九首旧体诗作。

总之,公木认为"现代化、民族化、大众化、多样化,乃是发展

① 公木:《在民歌和古典诗歌基础上发展新诗》。
② 毛泽东:《在延安文艺座谈会上的讲话》。

社会主义内容、民族形式的新诗歌，乃是发展这样一种新诗歌的途径和目标"。他这样阐述它们之间的关系："现代化是相对古典说的，要着重伸手向外国；民族化是相对外国说的，要着重伸手向古典；大众化是相对古典和外国说的，要着重伸手向民歌；多样化则是现代化、民族化、大众化的逻辑趋向和必然结果。""因为正是这样将古今中外兼容并蓄，才得开辟为'百花齐放，百家争鸣'的新园地。"他认为"每个诗人和作家，都必须艰苦地思索，勇敢地探求，努力找出那种适于表达自己声音的形式。纵的继承也好，横的移植也好，作为手法，无论是'跳跃式'，无论是'意识流'，无论是'情绪的方程式'，无论是'整体的朦胧美'，以及一切什么什么主义，只要是不脱离社会主义新中国的现实，在现实的社会生活的土壤中能深深扎下根须，自然也便可以发芽、生苗，抽茎，长叶，开花，结果。这便意味着革命现实主义的多样化、丰富化，标志着革命文艺的正常发展"①。公木近年的一些诗作，很注意运用意象手法，追求诗歌的意象美。

公木在诗歌理论上，潜心探索，锐意追求。他的《中国新诗歌的发展道路——现代化、民族化、大众化、多样化》一文，熔铸了他多年来对新诗的满腔热情和心血，是他长期以来辛勤探索诗歌发展规律的结晶，也是他对新诗发展的历史回顾、现实分析和对未

---

① 公木：《生活·政治·大众化——重读〈在延安文艺座谈会上的讲话〉》，《作家》，1983 年 12 期。

来的展望。这篇文章，总结了"五四"以来新诗发展的历程，并在此基础上明确提出了我国社会主义新诗的发展方向——现代化、民族化、大众化、多样化，还从理论上阐述了我国新诗在新的历史时期如何进一步创新和突破的重大问题。因此，这篇论文是在诗歌理论上颇有建树的著述，具有重大的现实意义，它必将对我国新诗的创作和发展，产生积极影响。

公木驰骋诗坛六十余载，以自己独特的风格跻身于诗人之林。他以孜孜不倦的精神，追求真理，追求光明，并以诗歌为武器，服务于中国人民的革命事业，成为具有高度时代责任感，为人民代言的诗人。

半个世纪以来的艺海萍踪，他的艺术实践和理论研究始终是紧密结合，互为促进，相得益彰，并取得了可喜的成就。他一直关心新诗的发展，十分关注新诗人的成长，尤其善于从理论上总结诗歌创作和发展规律。他重视诗歌在传统基础上的继承和发展，重视诗歌的民族特点，同时也重视吸收和借鉴外国诗歌的长处。他既不保守，又无偏见，而是实事求是。对于各种风格流派的诗人和诗歌创作，只要有利于诗歌的发展，都予以热情的扶植、帮助和鼓励。

第七章　卓有建树的学术研究

公木（张松如）教授是享誉海内外的著名学者，他学养丰厚，治学领域广博，态度严谨，在中国诗学和古代哲学研究上取得了令人瞩目的突出成就。

在诗学和诗学理论方面他出版了一系列著作：《谈诗歌创作》《诗要用形象思维》《中国诗歌史论》《诗论》《第三自然界概说》《毛泽东诗词鉴赏》《商颂研究》《周族史诗研究》等，这些建构了他独特的诗学理论，他的诗论博采众长而又自成一家，特别是他提出的"第三自然界"的理论，丰富了人们对于诗歌本体和功能的理解；他对中国诗歌史的研究，更为突出。宏观和微观研究并举，考辨与论述并重，史实与论证结合，而且进行中西诗学的比较研究，启悟人们思考更深层问题。他的研究成果，成为此领域研究的丰碑。他主编的多卷本《中国诗歌史论》，是国家哲学社会科学"七五"规划重点项目的研究成果，是海内外第一卷全面系统总结和阐发中国诗歌艺术，发展民族文化精神的大型学术著作，揭示了诗歌兴起演变的内在规律，艺术魅力和民族精神以及在世界文化中独特的价值和意义。

公木先生对老庄的研究，别开生面，发人深省，颇有创见。他出版了《老子校读》《老子说解》《老庄论集》《道家哲学的智慧》等著作，其中用考古学的新发现，对《老子》等道家典籍进行了深入研究，其论证翔实准确，提出了许多深刻、新颖、坚实有据的论断，深得海内外学者的钦佩和好评。公木先生依据史实和理论分析，论证了《老子》是一部具有理论性思辨特色的哲学著作——它不仅开道家哲学的端绪，在中国哲学史上蔚然立一大宗，而且引发了后来中国哲学的发展，在深化民族理性思维能力方面作出了巨大贡献。

公木先生的学术思想有其独特之处：开放式的，反对封闭保守；包容性，自由讨论，百家争鸣；重视前人研究成果，不囿于成说，更不迷信古人；实事求是，坚持真理，重材料，重实证；敢于挑战成说、定论，不回避难点。如对商颂，从汉代至今已成定论，认为是宋诗，而公木通过自己的潜心研究，发现疑点，敢于攻克，得出商颂是商诗而不是宋诗的结论，使其历史的原貌得以恢复。

公木先生在《公木序跋选·前言》中说：

"我所期望与钦羡的作诗、治学、为人之道：理论（文艺）建设意识，学术（创作）自由心态，真理（审美）追求精神，道德（纲纪）遵守观念。

"不拜神，不拜金；不崇古，不崇洋；不媚时，不媚俗；不唯书，不唯上。

"力争坚持以实践唯物主义为基础的辩证唯物主义与历史唯

物主义的立场、观点、方法。"

公木先生的品德情操、人格风范同他的理论研究建树密切相关,这更让人感到他的卓越的学术建树的独特魅力。

本章主要评价他的《老子校读》《老子说解》《中国诗歌史论》《商颂研究》《第三自然界概说》《先秦寓言概论》《毛泽东诗词鉴赏》七部著作。

一、《老子校读》《老子说解》

老子为道家学说的创始人。两千多年来,道家思想同儒家思想相争相抗,相溶相补,共同参与了民族文化的构成。《老子》一书共五千余言,通常称上篇为《道经》,下篇为《德经》,全书八十一章。《老子》一书言简意赅,博大精深,内容极为丰富。在书中,老子以其独有的视角,探究了宇宙的形成、万物的本源、国家的治理等一系列重大的哲学问题、政治问题。发前人所未发,述前人所未述,并且提出了"道""自然""无为"等一系列著名的哲学概念,成为中国哲学的奠基之作。《老子》一书,对中国哲学、美学、政治学、伦理学等,在历史上都产生过巨大而深远的影响。

然而,《老子》这部书,言约义丰,其奥旨素称"微妙难识";其书自先秦流传至今,有许多种本子,本多舛异,字多殊义。自先秦以降,有关《老子》的注疏说解,不可胜数,在看法上存在着很大的分歧。异文异义,靡所适从,这对研读《老子》,弄清其所含义蕴,正确地认识这份珍贵文化遗产的价值,都带来了很大的困难和不便。

1973 年 12 月,从长沙马王堆三号汉墓中出土了帛书《老子》的两种写本,现分别称为甲本、乙本。甲本字体介于篆隶之间,不避"邦"字讳,其抄写年代,为早于高祖刘邦时期,可能是在秦汉之际;乙本字体是隶书,独避"邦"字讳,而仍用"盈""恒"二字,其抄写年代,当在惠帝刘盈、文帝刘恒之前,可能在高祖时期。两者距今都已有两千多年了,是目前所见到《老子》一书的最古本子。帛书《老子》的出土,对于我们研究老子和汉初思想文化,提供了极珍贵的资料。

(一)《老子校读》

公木(张松如)先生的《老子校读》是我国第一部以马王堆汉墓帛书《老子》为底本的校释专著。此书"系于古今诸本中择善而从,逐句写定,以帛书为权衡,而不泥古;以各家作参考,而不执一"。① 可以说是一部异于先前诸本的"新本"。其经文写定,无一字无来处,但篇章组合则博采众家之长。"决不执一",确谓"读百本而成一本"之作。它问世不久,便引起了国内外不少学者的注意和好评,有些报刊还发表了专文评介,朱光潜教授还写信表示祝贺,并视之为"案头读物";日本东京大学教授池田知久又在"海外东学界消息"专栏发表了有关评述文章;②海外著名学者、

---

① 《老子校读·前言》,吉林人民出版社 1981 年版。
② (日)池田知久:《中国庄子研究的动向》,载《东方学》第 74 辑。

北大客座教授陈鼓应在美国旧金山书店购得此书时,更是欣喜异常,并在其《老子评论》一书中多次引用,甚至在"前言"中把张松如先生的"以帛书为权衡,而不泥古"等话,奉为自己译注原则。1985 年,陈鼓应先生来北大讲学期间,还多次给张松如先生来信,盛赞《老子校读》的价值。1986 年暑假期间,陈鼓应先生、池田知久先生又先后专程赴吉林大学访问公木先生,并共同研讨了《老子》诸问题。据公木先生回忆,"谈得很认真,亦极饶兴趣,不同构想,颇多启发"。在众望所期的情况下,公木先生的又一部研究老子的新著《老子说解》问世了。《老子校读》曾获原国家教委首届人文社会科学优秀科研成果一等奖。

(二)《老子说解》

这部书是在《老子校读》的基础上,经过进一步切磋研讨,缝疏裁谬而写成的新著,1987 年 4 月由齐鲁书社出版。

全书结构,依旧由经文、语译、校释、说解四部分组成。虽曰再造,仍属原型。因此,不言而喻,经文、语译,变动不会太大;顺理成章,校释、说解,增改势必较多。着意重点,不在彼前者而在此后者。这次重修,虽然框架未改,建构依旧,看来只是增砖添瓦;而着力处则在校释的辑舍与说解的裁断,如果说有所增殖与苴补,也大都在这两方面。对于老子道论,有哪些误解尚待澄清,有哪些诠释犹须商榷,有哪些意蕴还应发掘,老子的哲学思想、道德观念、社会意识、政治理想,究竟是怎样形成的,有什么贡献,有什么局限,如何承前又如何启后,它的阶级属性与历史影响,到底应该怎样评价。作者命笔之际，关注的主要是这些问题。那么，经文的写定，语译的推敲，以至校释的辑舍，便都要以说解的裁断为依归了。作者说："这样做，当然只不过是'六经责我开生面'，而不是要使'六经注我'。"在历史长河哲学发展的潋流中，不做观潮人，而做淘金者，滤去沙石，提取真金。这是《老子说解》作者公木先生一贯的进取精神、求实精神。他严谨的治学态度，开阔的学术视野，邃密的理性沉思，诗一般清新的笔调，以及体例上的创新，使这部解老新著既极具魅力，又富有启示。

公木先生的《老子说解》，（以下简称《说解》），以"说解"名书，重点固在说解，但全书的结构，却是由经文、语译、校释、说解四部分组成。其中，经文与校释是说解的基础：经文系于古今诸本近百种当中择善而从，逐句写定；以帛书甲、乙本为权衡，而不泥古；以汉晋以迄近现代各家作参考，而不执一。校释即校读记，以校为主，以释为辅，释义意在校文，经文是如何写定的，俱在校释中。经文写定后，附以语译。老文优美，多似包含着哲理的散文诗，今译力求表达老文的风格，每章末缀以说解，以阐发章旨，并着重对其中的一些重要概念、范畴进行分析解剖；不乏创意，多有发挥。

在古今众多注疏，解说《老子》的著作中，公木先生的《说解》确乎是别具一格，颇富特色的：

第一，此书的经文系包括帛书《老子》在内的古今诸本中择善而从，逐句写定，而不同于传统的那种讲求家数，必以一家为蓝本

（类如以王弼、或河上公本为蓝本）的做法。张先生的不讲求家数，或被泥古者非之为不遵故法；然古亦有训："明珠在握，但言其光气，不必问谁氏之宝也。"张先生如此做法，非图标新立异，实则意在吸收古今诸本之长。可以说，本书是自帛书本出土后对《老子》经文校释工作较完备的一部著作。

第二，本书是在严谨的考校训诂的基础上来谈义理，同时又注意从现代科学发展的高度对老子的思想作出某种说明阐释，这就使《老子》中的某些命题、概念的意义有可能被深刻地阐发出来，以求得出较科学的认识。下面特举数例以说明：

《老子》第一章即开宗明义，立"道"与"名"，以"道"为宗，以"名"显"道"，可视作老子"道"论哲学的总纲，关涉到对于老子本体论、认识论的正确理解。但此章在句读上，历来两歧："无名万物之始；有名万物之母"，有以"无"字、"有"字为逗者；有以"无名""有名"为逗者。"故恒（常）无欲以观其妙；恒（常）有欲以观其微"，有以"恒无""恒有"为逗者；也有以"恒无欲""恒有欲"为逗者。句读不同，理解必异，见仁见智，难齐一是。这真如魏源所说："解老自韩非下千百家，老子不复生，谁定之？"[①]

验证帛书，公木先生注意到这四句的中间原来都有四个不可忽略的"也"字（帛书《老子》："无名万物之始也，有名万物之母也。故恒无欲也，以观其眇（妙）；恒有欲也，以观其徼。"），由此而找到

---

① 魏源：《老子本义》。

了打开谜底的钥匙,可谳定读作:"无名,万物之始;有名,万物之母。故恒无欲,以观其妙;恒有欲,以观其徼。"并参验它章:"道恒(常)无名……始制有名"(三十二章)、"吾将镇之以无名之朴"(三十七章)、"道隐无名"(四十一章);"则恒(常)无欲也,可名于小"(三十四章)、"我无欲而民自朴"(五十七章),证明"无名""有名""无欲""有欲",皆为老子所用之特有名词,哲学概念,不可分割。而在第一章便作为哲学概念提出的"无名""有名";"无欲""有欲",与老子上面所讲的"道"有"可"有"恒""名"也有"可"有恒,实有内在之密切的联系。这些概念的提出,不仅显示了本体论与认识论是统一的;"道"既是本原,又是人对客观世界的理论把握;而且还表明了老子正是从人类认识运动和客观事物运动的同一性和差异性的对立统一中来揭示人类认识的本质。但是,怎样才能把这些"微妙难识"的概念、思想所包涵的实际意义阐发出来,说解清楚,仅据于文字上的考证训诂,只用古人的话来解释古人提出的概念、范畴,那是做不到的,也难以为今人所理解;而必须在严谨的训诂考证的基础上用现代的理论去分析评审古人的概念,才能使原意被深刻地阐发出来,而为今人所理解。公木先生在解说此章时,正是这样做的,他认为此章的要旨,如果借用康德的术语来说,乃是说的"自在之道"和"为我之道",说的"彼岸"和"此岸",说的本体和现象。他以我国传统的"交枝连理法",即两股对比,交互延伸来论说,作出了如下的撮述:

上股	下股
(1)道可道,非恒道;	(2)名可名,非恒名。
(3)无名,万物之始;	(4)有名,万物之母。
(5)故恒无欲,以观其妙;	(6)(故)恒有欲,以观其徼。

合此两者,同出而异名,同谓之玄。玄之又玄,众妙之门。

其中上股〔(1)(3)(5)〕说的是"自在之物"的"自在之道";下股〔(2)(4)(6)〕则是说"为我之物"的"为我之道",亦即观念中的道。经过这样的借用、比较,既使"恒道""无名""无欲"与"可道""有名""有欲"这类概念蕴含的意义得到了较深刻的阐发,易为今天的读者所理解;同时,作者在阐释"此两者,同出而异名,同谓之玄,玄之又玄,众妙之门"时,又着重把作为二元论者的康德与一元论者的老子的区别指了出来。《说解》如此阐幽发微,使老子哲学的许多奥旨玄义得到了较科学的揭示。

《说解》在阐释老子哲学时,常能力排众议,表现出一种精辟独到的识见。例如,在宇宙论上,老子的"道"究竟是一种"超越事物的虚构观念",还是物质性的元素、万物的本原那样一种宇宙本体呢? 晚近许多学者都据《老子·二十五章》"有物混成,先天地生"这句话,认为先于"天地"而生的"道"只能是一种"超越事物的虚构观念",因而断言老子的宇宙论便不能不是"一种客观唯心论"。①《说解》指出:这种认识,从"引进"方面说,是把柏拉图的

---

① 见张岱年:《中国哲学史大纲》。

观念或黑格尔的"绝对精神"套用于老子的"道",把中国哲学西化了,并不符合老子哲学的实际,从中国文化传统方面来看,也是由于某些儒家学者有意无意曲解老子的"道"。如王夫之就曾在《周易外传》中对老子"有物混成,先天地生"一语加以曲解而诘难之曰:"使(道)先天地而生,则有有道而无天地之日矣,彼何寓哉?而谁得字之曰道?"现代不少学人视老子的"道"为"超越事物的虚构观念",称老子的宇宙论"可谓一种客观唯心论",实则便是蹈袭王夫之的曲解;而殊不知,在老子那里,"道"立于一,原是以"气"为根的,如张衡《灵宪》所解:"'有物混成,先天地生',其气体固未可得而形,其迟速固未可得而纪也";"有物混成,先天地生"者,乃言此浑沦一体之气之先于天地而产生天地万物也。《说解》指出,老子所言的"天地",并不是"物质"的同义语,只有"迎之不见其首,随之不见其后"(十四章),具有无始无终性质的"道",才具有"物质"的最大规定性,表达了自然总体的概念;而"天地",只不过是自然总体的一定的运动形态,无限宇宙的一个有限区间罢了。"天地者,形之大者也"(《庄子·则阳》)。庄子正是这样解释的。

老子之"道"唯心耶?唯物耶?《说解》既没有套用西方哲学史上柏拉图的"理念"、黑格尔的"绝对精神",也没有蹈袭博学的王夫之的曲解,而是依道家论"道"对其进行了深刻的分析,独立地得出了结论。老子哲学,异说纷纭,古今聚讼,迄无定诂,《说解》对老子哲学的说解虽远非定论,但是它所提出的许多深刻新颖、坚实有据的论断,却表现出一种哲学的沉思,显示出理论思维的光芒,它所具有的意义,它能给予读者的启示,那是不限于对于一个具体问题的讨论,而是远远超越了老子唯物、唯心争论的这个范围的。

还要特别提到的是,公木先生对经文所做的今译,也是匠心独具的。《老子》中讲的是哲学,但老文却多似包含哲理的散文诗——这在先秦诸子中是极独特的现象。要将这部哲理散文诗译作今文,既要表达出其哲理义蕴,又要力求表现原来的风格,不失诗的韵味,这是很难做好的;也许只有身兼学者与诗人的人才更适合做这个工作呢?而公木先生正属其人。如果说,作为学者,公木先生的名字还仅为学术界人士所知的话,那么,作为一位著名的诗人,作为中国人民解放军军歌歌词的作者,公木(张松如)先生的名声却远远超出了学术界的范围,而为中国民众所熟知,真可说是"天下何人不识君"了。因而,这样一位诗人为经文所做的今译,也就非同一般的通俗注文,而是信、达、雅地表现了老文哲理散文诗的风格,使一部哲理性的著作显示出"诗"的美。如对《老子·三十五章》"执大象,天下往。往而不害,安平泰。乐与饵,过客止,道之出言,淡兮其无味。视之不足见,听之不足闻,用之不可既"。这段形象鲜明,哲理深奥的文字,公木先生以哲人的领悟,诗人的感受转译道:掌握了那伟大形象/普天下都要向往/向往而不互相妨害/于是就和平而安泰/音乐和美好的食物/使过客都为之止步/而大道表述为言语/却是平淡呵而无味/看它,看也看不见/听它,听也听不着/用起它来,却无穷无尽了。/

"微妙难识"的"五千言"，经过公木先生的语译，其哲理不仅变得清晰易懂，形象更为生动明朗，而且也更带有了诗的韵味。再如《老子·四十章》讲"反者，道之动；弱者，道之用。天下之物生于有，有生于无"，颇能代表老子思想；公木先生的转译就非常传神地表达了老子贵柔尚弱，有无相生的哲学。诗这样译道：向着相反的方向变化/是道的运动/保持着柔弱的状态/是道的作用/天下的万物生于可见的"有"/有生于不可见的"无"。/

一向被人看作非常玄奥的老子"有无相生"的思想，现在经公木先生的转译，不仅使稍有哲学常识的人都能理解，而且，这古老的哲学家，也借此获得了新生。诚然，译诗是准确地表达了原诗的精神的；但是，读了这段译诗，你能说这仅仅是翻译吗？显然不能。以诗的语言形式译解老文，力求信达雅地表达老文原来的风貌，译者不但要有理解，而且要有感受、想象和构思。从某种意义上说，公木先生的"今译"，不单是"述"也是在"作"，是一种哲理与艺术的创造。顺带提一句，公木先生近年很少写诗，偶有所作，似多含哲理。不知是先生治《老子》，对他近年的诗风产生了影响，抑是他固有的诗风融入了《老子》今译？

公木先生的《老子说解》，并不限于考校训诂，说解章旨；它还对中国历史和中国文化提出并回答了许多重要问题，表现出一种深邃卓然的宏观辨识能力。其中，最有价值的是对老子以及"儒道互补"的一些看法。

公木先生不仅依据史实和理论上的分析，驳斥了老子"是没落阶级思想代表"的说法,而且,他还令人信服地说明:《老子》不是"君人南面之术"的阴谋家术,也不是论兵之书;而主要是一部具有理性思辨特色的哲学著作——它不仅开道家哲学的端绪,在中国哲学上蔚然立一大宗,而且引发了后来中国哲学的发展,在深化民族理论思维能力方面作出了巨大贡献。

长期来,学术界对老庄思想持有"没落""唯心""倒退"之类的贬抑态度及种种"恶谥"。近年来,对老子及道家的评价虽有所转变,但结合中国文化对道家所作的探讨似乎还很不够。"儒道互补"的最新提法,应该说是给了道家公允的评价,不过"互补"在何处,一些论者还是说得很含糊而笼统。或言,"互补"即"入世"与"出世"、"进取"与"退辟"的补充;或言,"互补"乃"刚健"与"阴柔"的补充;或言,"互补"为"人为"与"自然"的补充;或言"互补"为群体与个体的补充,等等。这些说法确乎看到儒道的某些区别和对立,这区别和对立正是儒道"互补"的条件。而儒、道之别,还应该和必须在更深的一个层次上去探求。探其渊源,这两家都是从制"礼"作"乐",以"德"辅"天",极大地发展了伦理观念的周文化的土壤中殖生出的学派:儒家表现为对周文化较多的正面的继承和发展;道家则表现为对周文化较多的否定和批判。因而,从正面继承了周文化的儒家,其理论便主要地发展成为一种伦理学说,这种学说的特点是注重社会人事,突出探讨伦理道德规范,强调求知即在践履道德,从而将一套人伦规范作为其哲学认识的主要对象。如作为孔子思想核心的"礼"和"仁",便都属于一种伦理道德规范。翻开一部《论语》，篇篇段段讲的几乎都是与政治伦理道德有关的"人事"问题，而很少有对世界本体问题的探讨。儒家学者所声称的"大学之道，在明明德"，正表明了这个学派具有以伦理道德和人伦规范作为哲学认识对象的那种特点。因而，国内国外，都有人认为儒家没有构建起真正意义上的哲学。这种看法是否得当，姑置不论，但有一点，则属事实，这就是，儒家的那套以社会、人事为极则的理论框架，显然压低、囿限了人类的思维空间，使认知局限在人伦关系的范围，不利于民族理论思维的发展。

而我们反观《老子》一书，却会感到那"微妙难识"的学说带有浓厚的哲学味道：老子不仅提出了一个具有本原及规律之形而上意义的"道"的理论，一扫殷周以来传统的一切有关帝、天、鬼、神的观念，完成了由神学到哲学的转变，标志了中国哲学史上"一次灿烂的日出"，而且，在他所构建的"道"的哲学体系中，还提出了一系列哲学概念和范畴，提出了相当系统的辩证的理论。这些，对后世中国哲学的发展，对于深化中华民族的理论思维能力，产生了难以估量的影响。可以断言，如果没有老子哲学，就不会有战国中后期出现的《易传》哲学（托名孔子手著）、荀子哲学，以及王充哲学，乃至王夫之的哲学。老子所提出的许多重要哲学范畴，如"道""德""气""自然""动静""体用""名实""常变""朴器""虚实"，等等，几乎涉及了后来各种哲学派别所要共同探讨的一切重大哲学问题；它对中国哲学形成自己的体系和特点，影响之大是不难看出的。正是因为老子以其"道"论在中国开创了真正意义上的哲学体系，后世的儒家也好（如《易传》作者），法家也好（如韩非），他们在构建自己的学说而欲使其理论化并具有理论深度时，便不能不到老子那里去"入其垒，袭其辎"（王夫之《老之衍》），寻找可资利用的哲学武器。理论思想是民族文化的核心和灵魂，一个没有理论思想的民族，是不可能建设出自己的文化系统的。审视中国文化，不难发现，正是老子所开创的道家学派为中国传统文化的建构提供了必不可少的哲学基础；只有有赖这个哲学基础，才支撑着以政治理论为主的儒家学说得以发展和更新。从荀子到朱熹，这期间出现的那些儒家大师不管表面上怎样排抵道家（排抵的主要是道家反礼法的政治思想），实际上他们建构理论时，却不得不资用道家哲学。从这个视角来看文化上的"儒道互补"，才能把握住更本质的东西，才会看到所谓伦理型的中国文化，其一向被人们忽视了的深层结构，原有着极具民族特色、极有生命力的理论思维。这在今天虽已不值得我们特别骄傲，但却足以证明，时下中西文化比较中所流行的西方重"智能"，中国重"道德"的说法至少是片面的、肤浅的。是的，由老子开创，而由庄子发展的老庄之学，它所建构起来的思维开阔、范畴众多的思想体系，不仅深刻地影响了、极大地丰富了以儒家伦理思想为主导的中国文化的发展过程；而且，老庄之学的哲学思辨特质，也使得以伦理道德为主要特色的中国文化，显示出了理性、思辨的光彩。

在中国文化的发展中，还须要提到的是：从正面继承了周文

270

化的孔子及其开创的儒家学派,代表了以"礼"为极则的宗法思想文化,这种文化,在封建主义的历史背景和统治阶级的需求下,很容易演变为倾向于精神压迫的独断主义;而老子对宗法思想文化,则表现出一种怀疑、否定的态度,至庄子更继此而发展为怀疑论的哲学、相对主义的思想,强烈抨击、批判宗法思想文化,具有一种批判的反叛精神。由老子开其端,而被庄子发展了的怀疑论的哲学、相对主义的思想,在封建专制大一统和儒家思想法典化的时代,它们还作为一个非常活跃的因素,经常冲击着独断论的思想,给中国思想文化的开拓演进带来了活力。中国封建时代许多"攻乎异端"的思想家,如司马迁、王充、嵇康、李贽、傅山等,他们所提出的某些进步思想,往往都受过老庄之学的诱发。很难设想,在古代中国,如果没有老子哲学的出现,如果没有道家思想对儒家思想的抗衡和补充,中国古代文化的发展将是一种什么样的面貌!

公木(张松如)先生《老子说解》的出版,不仅对道家研究有所推动,而且有助于改变一下我们对中国传统文化的思维模式,以深化对中国文化的认识。

二、《中国诗歌史论》

这是公木先生研究中国诗歌史的一部重要著作。1985年8月由吉林大学出版社出版。本书分三编。上编:中国古典诗歌史的鸟瞰;中编:中国古典诗歌散论;下编:泛论民族传统与新诗歌的发展道路。

所谓中国诗歌，系指"五四"以前的旧诗与"五四"以后的新诗，概指古典诗歌与现代诗歌。无论"五四"以前与"五四"以后，又都包括大量民歌在内。

1. 中国古典诗歌是在怎样的社会基础与历史背景上产生和发展的呢？

公木先生在《中国诗歌史论》一书中探讨研究了这一重大问题。"中华民族的发展（这里说的主要地是汉族的发展），和世界上别的许多民族同样，曾经经过了若干万年的无阶级的原始公社的生活。而从原始公社崩溃，社会生活转入阶级生活那个时代开始，经过奴隶社会、封建社会，直到现在，已有了大约四千年之久。"①在这个基础上所耸立着的上层建筑，所开拓着的意识形态诸领域，所发展着的文化历史包括文学和诗歌的历史。亚细亚型的中国古代，走出野蛮状态启开文明大门，由原始社会进入阶级社会，适应着地处经常泛滥的黄河流域、需要大规模的水利灌溉事业，全部属于黄土地带，较易于开发并较适于耕种，四周种族林立、经常遭到侵袭又提供了征服俘获作为家族奴隶劳动力的源泉等等"早熟"的自然条件，有必要和有可能集中氏族强化军事首长权力，从而走的是氏族公社的保留，氏族贵族转化为公社土地所有者氏族王侯，由家族到国家等等"维新"的特殊道路。因此，作

---

① 毛泽东:《中国革命和中国共产党》。

为古代世界所固有的第一个剥削形式的中国奴隶制社会,约当夏商两个朝代,历时一千年左右,生产力相对的低,商品生产和交换不发达,有着浓厚的公社残存,没有个体的私有经济,自由民阶层很薄弱,城市和乡村不可分离的统一,没有作为经济中心的城市,"夫人作享,家为巫史"(《国语·楚语》),精神生产的分工水平比较低,正如马克思在论述物质劳动与精神劳动的分离时所说,"与此相适应的是思想家,僧侣的最初形式"①。凡此一切,都说明中国的奴隶制社会是不够典型的。这就决定了中国奴隶制社会中文明的光芒还未能照透"人神杂糅"这种野蛮的迷雾。作为奴隶主阶级的思想家,僧侣最初形式的"巫""史",恰好表现出"分工也以精神劳动和物质劳动的分工的形式出现在统治阶级中间,因为在这个阶级内部,一部分人是作为该阶级的思想家而出现的(他们是这一阶级的积极的有概括能力的思想家,他们把编造这一阶级关于自身的幻想当作谋生的主要泉源)"。② 他们的幻想超不过"青铜饕餮"的审美意识,往往通过卜筮、占梦、祭神祀祖的途径而表现出来。因此,在这一历史阶段,中国奴隶制社会中的文学与诗歌,比较说来是不够发达的。其最高的成就,也不过像残存在《诗》三百中的以《那》为首的"商颂五",勉强说,可以看作早周史诗或具有史诗因素的大雅《生民》《公刘》《緜》《皇矣》《大明》等

① 马克思:《德意志意识形态》。
② 马克思:《德意志意识形态》。

章,羼杂着某些原始神话与历史传说,或可以认作完成于封建制社会以前的作品。中国古典诗歌的历史,严格说来,乃是与中国封建社会的历史相始终的。它是随着中国封建社会制度的建立而开端,整个是一部封建主义的诗歌流变史,或者说是随着中国封建社会的演进而演进的诗歌发展史。而与欧洲、近东以至印度不同,在中国历史上,由古代进入中世纪(实际上是由封建社会的早晨进入上午以至下午)没有脱节和中断。不仅如此,而且远在封建主义建立的早期,就出现了所谓"车同轨、书同文、行同伦"的局面。那些构成"民族"的诸要素,如共同语言、共同地域、共同经济生活以及表现于共同文化特点上的共同心理素质等等,就基本上具备了。从华夏族到汉族,经过上千年的融合,实际上已形成为具有巨大凝聚力的一个古老民族。从而使中国封建社会达到了其同时期的世界各国的最高水平,而具有了鲜明的典型性。并且,"中国的长期封建社会中,创造了灿烂的古代文化",这中间自然也包括着灿烂的古代诗歌。

远古奴隶社会的"早熟"与"维新",近代资本主义社会的畸形与落伍。从古代到中世纪延续三千年的封建社会的长期停滞又高度发展,及至近代以抵于现代,则又跨越过资本主义阶段而跃进到社会主义社会。这种社会历史特征,不能不给予中国文化和中国文学以深刻影响,使它在发展上遵循着特殊道路,在表现上形成为特殊形式,这样,在诗歌方面,必然也要有其具体反映。

公木先生对中国古典诗歌作了一次史的鸟瞰,虽然是间歇式的、跳跃式的、不匀称的、不平衡的,但总可约略看出:中国诗歌传统是悠久而丰富的。古典诗歌,三千年间,一脉相承,从未间断,由简而繁,继增续长。它揭示了历代人民的生活状况,揭示了民族精神面貌与社会斗争的具体情况;它反映了不同时期各个阶级各个集团的道德观念与政治理想,反映了由于中国社会现实与文化历史的发展所决定的审美要求与艺术特点。正是这些在发展上所遵循的特殊道路,在表现上所形成的特殊形式,赋予了中国古典诗歌以独特性和定型。

2. 古典诗歌中的民主精华与封建糟粕

公木先生认为:在一部中国诗歌发展史中,以民歌和进步文人诗歌组成的人民诗歌或具有人民性的诗歌是主流,它的基调是理智性、人民性、现实性;这是古典现实主义与积极浪漫主义的传统。但是,民主精华和封建糟粕是作为同一古典诗歌中的两种倾向、两种因素相比较而存在,相斗争而发展的,虽然泾清渭浊,而又并陈杂糅,基本上都属于封建主义的历史范畴,都没有超出前资本主义性质。而古典诗歌中的民主精华,也就是在封建社会中的所谓人民诗歌,决不只限于是民歌。民歌是群众集体的口头创作,它是先经过口耳相授的流传,然后被文人采集著录,才得保留下来。这些民歌虽然也难免沾染上或渗浸进一些色情迷信、低级趣味、不健康的因素,而清新刚健、生动活泼、质朴自然,则是它主要的特点。但是,研究中国古典诗歌,只着眼于民歌,乃是远远不充分的。因为,关于"人民"一词的概念,在封建社会中,当然同现代或近代是有区别的,即使在漫长的封建社会中各个不同的历史时期,由于阶级的与民族的错综复杂的关系不断变化,所谓"人民"也当有着不同的内容;但大体说来,它除了以广大农民阶级为主体外,还有小部分市民和手工业工人,以及樵牧渔猎和所谓贩夫、走卒、仆夫、奴婢各种劳动者被压迫被奴役者;此外,少数具有革新思想、革新活动,具有爱国爱民、忧国忧民、具有正义感与进步性的士人,也应包括在内。

这种进步的知识分子,在中国封建社会里是不少的,特别在古典诗歌的发展史中这种进步诗人的创作已形成为一种可贵的传统,这传统可以上溯到《诗经》中的变雅:被潜遭刑而作《苍伯》的诗人孟子,苦乐悬殊而赋《北山》的偕偕士子,唱《大东》控诉宗周搜刮东人的谭大夫,歌《正月》讥刺幽王荒淫无道的惸独人……这些讽刺诗篇的作者都是有名或佚名的没落士卿,岂不已揭开了后世进步文人诗歌的序幕吗? 此后屈原、贾谊、赵壹、阮籍、嵇康、陶潜、李白、杜甫、白居易、柳宗元、刘禹锡、李贺、李商隐、苏轼、王安石、陆游、辛弃疾、关汉卿、王实甫、高启、李贽、汤显祖、龚自珍、黄遵宪……繁星丽天,数不胜数,都可以看作"变雅"传统的继承者而又各有所发扬。正是这些进步诗人的诗歌和民歌共同组成的人民诗歌,亦即多少带有民主性和革命性的诗歌,构成了古典诗歌历史中的主流。

这种高度发展的以大量民间创作和进步文人作品合组成的古典文艺与古典诗歌,在幅员广大的国土领域内,使用着统一的语言文字工具,递生代长,延续了三千多年,经受了多次异族入侵,从未中断。这宗宝贵遗产,这种进步传统,直到今天,仍活在人民意识中,滋养着新的社会主义文艺与诗歌的开拓创造。而中国文化,中国文艺和中国诗歌,则有如日月交辉,不只照亮了我们自己民族的历史,而且也是整个世界史中巨大的光芒啊!

3. 中国古典诗歌中的现实主义和浪漫主义

公木先生认为现实主义和浪漫主义这两种基本的潮流或倾向,在中国古典诗歌历史发展中占着支配地位,并且互相渗透着,密切结合着。诗的性质包含着不可或缺的真善美三个方面:真是被认识的客观现实与符合于客观现实的认识,它以理智的火炬照亮通向未来的道路;善是以人民利益为准则的社会功利性,它以意志的飓风扫涤罪恶的污秽;美是依附在先进人类向上生活的外形,它以情感的灼热赋予真与善以活的呼吸。一切真正的诗,都必须是真善美的三位一体。当然,没有抽象的真善美,所谓真善美只能是具体的存在;没有僵固的真善美,所谓真善美定然在不断地发展。而反映在不同时代不同阶级意念中的真善美,纵然不可能是绝不相通,而会具有着一定的共性;但其实际内容,必然是各自具备着不同的阶级特质和时代色彩的。古典诗歌基本上都是属于封建主义意识形态的历史范畴,都没有超出前资本主义性质;当然,同现代诗歌,无论新民主主义的,更无论社会主义的,都不能相提并论,同日而语。虽然如此,我们仍然不得不承认:现代诗歌是由古典诗歌演变而来的,这之中有个一脉相承的源流关系。

反映在诗篇中的现实，也正是马克思所说的"事物、现实、感性"，不能"只是从客观的或者直观的形式去理解"，而必须是"把它当作人的感性活动，当作实践去理解，……从主观方面去理解。"[①]它是被历史地发展着的历史地规定着的人的活动所参与和变革着的客观现实，同时它又是诗人借助于审美活动以形象复制出的现实印象。现实只有经过人的思维加以意识，加以评价以后，才能成为诗的内容。而表现于诗篇中的理想，即使以任何幻想形式出现，也是现存社会关系之某种倾向的观念形态化的直接表现或折光反映，在阶级社会以及还有阶级存在着的社会中，它自然要打着阶级的烙印，在任何情况下，也不能不受时代的局限，无论是哪个阶级哪个集团的诗人，都不能创造一种在实际生活中没有具备相当要素的理想，所谓理想，必须是植根于现实，向往着明天；而对人民诗人来说，则必须是向往着光明，排除了狭隘与庸俗，排除了偏见与自私，才得成为诗的。现实与理想乃是一切诗歌从来就具备着并且永远保持着的两个因素。公木先生认为：所谓现实，乃是显示生活的实际存在的样子，有如波翻浪滚；所谓理想，则是生活的蒸馏或升华，有如云蒸霞蔚。它们既然具有着共同的基础，汲取自同一的源泉，二者的结合乃是自然的和必然的。

关于中国古典文学中的现实主义问题，自从五十年代以来，

---

① 马克思:《关于费尔巴哈的提纲》。

曾不断展开讨论。有人认为"杜甫才是现实主义的诗人";有人认为:"从南宋产生了话本小说,应该被看作近代现实主义的滥觞"。而公木先生认为:作为现实主义的因素,也就是作为现实主义的初级形态,在中国文学史上,既不是宋元,也不是杜甫才开始的,而是从《诗经》就已经有了。经过汉魏六朝,而唐而宋而元明清,便逐步达到接近成熟其至基本成熟的阶段。

由三百篇所开始的这一现实主义传统,在历代诗歌中都得到继承和发扬。这种现实主义精神,即使在我国第一个伟大的浪漫主义诗人屈原的创作中也有所体现。所以刘勰论及《楚辞》,曾说它是"体宪于三代,而风杂于战国,乃《雅》《颂》之博徒,而词赋之英杰也"。三百篇现实主义传统的进一步发展,主要还是反映在经过《楚辞》的推波助澜而大大繁盛起来的汉魏六朝诗歌当中。中国古典诗歌的高峰是唐代诗歌,在反映社会生活的深刻性、广阔性和复杂性上,较以前的诗歌又大大前进了一步。人们常说"诗莫盛于唐",唐诗的主流,乃是现实主义的倾向。而突出的代表则是杜甫白居易等伟大诗人。历代诗歌都有发展和变化,从诗歌中所反映出来的人民生活状况与精神面貌,无限瑰丽,无限广阔。于是丰富多彩,深刻健康,就形成为中国古典现实主义诗歌的基调。

古典诗歌的浪漫主义传统,同样也是悠久而丰富的。因为"自然中之物,互相关系限制。然其写之于文学及美术中也,必遗其关系限制之处。故虽写实家,亦理想家也。"特别是诗歌,浪漫主义精神普遍存在于所有一切伟大诗人当中。即使那些以现实主义著称的诗人也不例外。这种浪漫主义和现实主义合流的情形,乃是我们优秀的古典诗歌传统的显著特色。《诗经》是一部现实主义的古代诗歌总集,而三百篇中却有不少篇章或多或少或隐或显地具有着浪漫主义的因素。有些诗篇驰骋想象,把所希望实现的现实,用幻想演唱出来。这些岂不都孕育着最原始的浪漫主义因素吗?这种在现实主义基础上焕发着浪漫主义光芒的诗篇,在汉魏六朝的乐府和古诗中,就更普遍和更显著了。如《木兰诗》写代父从军,《秦女休行》写代宗报仇,无论故事情节,无论表现手法,都在写实基础上流露着浓厚的浪漫色彩。

公木先生认为,中国古典诗歌在一般情况下,总是以现实主义为根本,以浪漫主义为枝叶;而所谓两结合也者,在大多数场合,乃是以浪漫主义作为现实主义的补充的创作方法。

不过浪漫主义也并不总是作为现实主义的补充而存在。在中国诗歌史上,多数诗人是现实主义的,而以浪漫主义的表现手法为其辉煌诗篇的附属特色;也有的诗人是浪漫主义的,而在深刻地反映现实的矛盾以及对黑暗现实做不妥协斗争的勇气上,又和现实主义是相通的。在中国古典诗歌中,这种偏重理想,善于抒发主观世界的热烈幻想的浪漫主义倾向,也早已出现,长期发展,在历代诗歌历史中都闪烁着光芒。而屈原和李白则是杰出的代表。郭沫若先生曾论述:"作为诗人,屈原的想象力,在中国文学史中是独步的。特别是通过他的《离骚》——最宏大的一篇抒情诗,我们可以看出,他把宇宙中的森罗万象都看成是有生命的存在,而且都可以用来替他服务。他把风、雷、电、云、月,作为他的侍从、御者、卫士,使凤凰和龙替他拉车子;让他在天空中驰骋。他忽而飞到了天国的门前,忽而攀上了世界的屋顶,忽而跑到西极的海边,结果是上天下地都不能满足他的要求,而不得不决心自杀。"①

从李白的多数诗篇,从李白的代表作品来看,在创作方法上,也和屈原一样,是浪漫主义的。李白留下了丰富的遗产,在《李太白全集》的一千零七十三首诗赋中,经过耙梳,淘汰糟粕,多数诗篇闪耀着浪漫主义的光芒。就以《将进酒》一诗而论,在这首诗里,隐含着深刻复杂的思想,洋溢着强烈浓郁的诗意,鲜明地表现出诗人豪迈傲岸的性格,忧郁愤怒的情绪,从这里我们可以看到交错在诗人心中的矛盾,而基调是昂扬的,健康的:对生活的热爱,对时光的珍贵,豪放的达观精神,暗示出对封建礼法和利禄虚荣的轻蔑。又如《梦游天姥吟留别》,此诗诚如清人沈德潜所概述:"托言梦游,穷形尽相,以极洞天之奇幻,至醒后顿失烟霞矣。知世间行乐,亦同一梦,安能于梦中屈身权贵乎? 吾当别出遍游名山以终天年也。诗境虽奇,脉理极细。"②所谓梦游,当是神往于奇幻之境,正是不满现实,思想上从庸俗的功名富贵得到解放,

---

① 郭沫若:《屈原简述》。
② 沈德潜:《唐诗别裁集》。

精神上追求自由的一种表现;所以整个诗篇焕发着幻想的光彩,燃烧着反抗的火焰。诗人运用神话传说,运用高度夸张的手法,塑造出惊心动魄的自然形象,在这熊咆龙吟的雄奇景象中,正显示着诗人突兀峥嵘的性格特征,看似写景,实是抒情,当诗人神往于意象中的奇幻之境的时候,就完全摆脱了黑暗现实所给予的忧郁和烦恼,于是一种高亢的傲岸的激情便喷涌而出:"安能摧眉折腰事权贵,使我不得开心颜!"这是叛逆的宣告,这是决裂的誓辞。诗人自己说过:"五岳寻仙不辞远,一生好入名山游。"(《庐山谣》)看来诗人只是把山水风光作为个人移情的寄托来激赏,把神仙世界作为没有权贵没有不平的无限美好的境界来追求,借以挥斥幽愤,寄托理想而已。李白大部分放情山水,寻仙访道的诗篇,是可以作如是观的。

李白的解放思想与豪迈感情,总是通过丰富的想象和雄伟的夸张表现在他的天才的诗篇里,语言瑰异谲诡而又清新俊逸,音律纵横变化而又激昂慷慨,形式长短不一而又摇曳多姿。诗人曾说:"兴酣落笔摇五岳,诗成笑傲凌沧洲。"(《江上吟》)杜甫曾称赞说:"笔落惊风雨,诗成泣鬼神。"[①]这话最能说明诗人拔山盖世动魄惊心的艺术特色与独创风格。在中国诗歌史上,杜甫被称为"诗史",李白被尊为"诗仙"。这正好说明:在我国诗歌历史上处于高峰中的两个对峙的高峰,杜甫乃是卓越的现实主义诗人,李

---

① 杜甫:《寄李白二十韵》。

白则是超凡的浪漫主义诗人。在中国古典诗歌史上,浪漫主义诗人当然不只是屈原李白,他们只是最突出的代表罢了。其他诗人如宋玉、曹植、李贺等,都具有某种程度的浪漫主义色彩。

当然,也应该看到中国古典诗歌史上的浪漫主义是个相当复杂的问题,因此,必须作具体分析,只能够批判继承,要扬弃其糟粕,吸取其精华。也应看到,古典诗歌中的浪漫主义和现实主义不同,它仅是波浪起伏,时断时续,而不曾形成继长增高,后来居上的发展历史。假如说,从表面上看,浪漫主义似乎也有其发展历史的话,它的演变主要还是基于现实主义的日益成熟以及它往往同现实主义相结合的缘故;单单从浪漫主义本身中寻找其一线相承的关系,是困难的。

公木先生认为,中国古典诗歌是以古典现实主义为根本,以积极浪漫主义为枝叶,它们在中国诗歌史上给我们留下了宝贵的遗产,高度的思想性和深刻的人民性是它们共同具有的优点和特色。

4. 史诗和剧诗

史诗与剧诗,在中国正式形成和高度发展,是在封建社会后期,经过唐宋的酝酿,直到元明才成熟,而不是在从野蛮进入文明即古代奴隶社会时期。在后起的史诗型的长篇叙事诗和剧诗方面,神话题材比较少见,而以传奇故事、历史传说乃至现实生活为主要内容。像商颂中的《长发》《殷武》《玄鸟》,像大雅中的《生民》《公刘》《大明》《皇矣》《緜》《文王》以及鲁颂中的《閟宫》等等,都是有关商族或周族开国历史的诗篇,也都杂糅着不同分量的神话传说与信史资料。

我国古典诗歌中史诗和剧诗阙如的原因是:上千年的社会分裂与不公平现象,无止境的战乱倾轧和苦难,在人们精神上已留下难以磨灭的伤痕。这样,人们不但失去了人类还处于童年时期的天真,而且也失去了那种豪情,古典形式的神话和由它生发而成的史诗和剧诗,是再也不能在这种时代背景下产生出来了。

但并不是说,在中国历史上,史诗和剧诗始终没有正式形成和高度发展。如前所述,具有史诗规模的长篇叙事诗,由唐朝的变文、俗赋、词文、至宋金的鼓子词、诸宫调、搊弹词,已具雏形,发展到元明的鼓书与弹词,便终于完成了。鼓书和弹词到明清,便出现了像《大唐秦王词话》《大明兴隆传》《二十一史弹词》《北史遗文》等鸿篇巨制,都可以说是名符其实的大型史诗了。正式的剧诗,则由唐宋词曲诸宫调、大曲或法曲诸种形式的歌诗奠基,再经金院本、宋"杂剧"、百戏的直接启迪,发展而为元明的杂剧和传奇,也终于是完成了。中国古典诗歌中的史诗与剧诗,可以概括称作市民诗歌。到现在,在文学史研究中,杂剧与传奇已经取得充分肯定;鼓书与弹词仍未受到真正重视;作为剧诗与史诗看待,则两者都还没有得到完全的承认。

公木先生说,这里论述的仅是就华夏族以至汉族的诗歌流变史说的。若是旁及中国境内各兄弟民族即少数民族的诗史加以探讨,情况就复杂得多,内容也丰富得多了。如,我国藏族的英雄

284

史诗《格萨尔王传》长达五十万颂（诗节），整部为一百万行，是曾被公认世界最长的诗——印度古代史诗《摩诃婆罗多》的五倍。

5. 歌诗与诵诗

公木先生认为：古代，诗即是歌，歌即是诗；后世，歌还是诗，诗不必是歌。所谓歌，包括徒歌与乐歌。凡成歌之诗谓之歌诗，凡不歌之诗谓之诵诗。诵诗从歌诗当中分离出来，又经常补充着歌诗；歌诗在诵诗上面产生出来，又最后演变为诵诗。二者同时存在，并行发展，又互相影响，不断转化。这就是说，诗歌与音乐相结合，同时又相分离；诗歌与音乐分离了，以后又不断再结合。结合与分离，这两种趋势；是同时存在，并行发展，又互相影响，不断转化的。这一规律，在中国诗歌史上表现得特别明显，特别突出。

一切民族最原始的诗，都是以歌的形式作为口头创作出现的，它直接产生于集体劳动过程中，并且成为劳动本身的有机组成部分。在萌芽时期，诗歌、舞蹈、音乐三种艺术因素是合一的。公木先生研究了《诗经》中四言两拍子句式，是可以合理地设想为在某种程度上沿袭着原始诗歌的节奏韵律的，原始诗歌的节奏韵律是和比较简单的一反一复的劳动动作相适应的。

诗歌为什么一般的都要讲究节奏韵律呢？诗歌往往富有音乐性这种现象怎样理解呢？

公木先生认为音乐的节拍具有一种无法抗拒的魔力，所以人们听音乐时常常不知不觉打着节拍。诗歌中整齐一律和平衡对称是调节的原则，这一种外在形式，是完全必要的。因此，节奏和韵律是作为时间艺术的音乐和诗歌的特殊表现形式。诗歌如果同音乐结合起来，无疑地会大大加强它的艺术感染力；而音乐如果得与诗歌结合起来，自然就大大地加强了它的情节性和明确性，这是作为语言艺术的诗歌所突出具有的特点，是不言而喻的。公木先生既写了不少歌诗（歌词），也写了不少诵诗，因此，在论述歌诗与诵诗的关系，它们之间的互相转化问题以及音乐带给诗歌的艺术魅力等方面，更有说服力。

公木先生指出，歌诗并不必然是也不永远是和音乐相结合着。歌曲逐渐从仪式演唱中分离出来，歌词逐渐从曲调中分离出来，口诵的诗逐渐转为书面的文字，然后再转到更复杂的叙事形式——这一切都是在长期的社会发展过程中和各种极不相同的民族历史形式中进行的。这中间，文字的出现是一个关键，从口头创作的歌词到可供诵读的书面著录的诗，是一个飞跃，这时诗歌便逐渐失去了它的音乐的一面，只有到这时候，语言艺术的特征，语言的功用和表现能力，才得到充分的无穷无尽的发挥。

公木先生认为，诗与歌相分离的过程，在我国古典诗歌的历史中，如果说在春秋以前还不显著，那么到战国以后便比较明显了。在《荀子》中《成相》还是歌诗，《赋篇》则无疑已是诵诗了。在《楚辞》中，《九歌》《九辩》仍是歌诗；而《天问》《卜居》《渔父》已是诵诗；至于《离骚》《九章》《远游》等，它们似乎是处在由歌诗向诵诗过渡的状态。诗歌与音乐相分离，只是一种趋势；分离了还要再结合,这又是一种趋势。诗歌与音乐在一定社会历史条件下分了家,并且各自作为一种独立的艺术样式向着独自的方向发展;但在每个新的发展阶段中,二者又总是以新的方式重新结合起来。总之,纵观全部诗歌流变史,古时的诗,都是可以配乐歌唱的;战国以后,诗与乐逐渐分了家,从汉到唐,诵诗大大发展起来,并逐渐成为诗史上的主流;而在新兴的清乐的基础上,产生了乐府诗,这还是用以合乐歌唱的;到了唐五代,随着清乐为宴乐所代替,长短句的词便应运而生;经过两宋,以至元明以后,音乐又有变化,词便演变为曲。这便是古典诗歌中歌诗演进的线路,它清楚地反映出诗歌与音乐相结合的趋势。总括以上这两种趋势,公木先生得出以下六点结论:

第一,诗歌与音乐相分离,是基本趋势。在全部诗歌流变史中,诵诗是主流。每首歌诗,不论是乐歌,更不论是徒歌,同时都是诵诗。《汉书·艺文志》说:"诵其言谓之诗,咏其声谓之歌";又说:"不歌而诵谓之赋。"

第二,诗歌与音乐相结合,是另一趋势。结合、分离,再结合、再分离,分离了,又结合。循环往复,以至无穷。诵诗与歌诗,二者是平行的,后者又是前者的补充。

第三,歌诗总是不断转化为诵诗。歌诗与诵诗都是语言的艺术;同时歌诗又是音乐的艺术,它是同音乐结下不解姻缘的诗。

第四,诵诗又总是经常在补充歌诗。每首歌诗都同时又是诵诗,因为它首先还是语言艺术;但却不能说每首诵诗同时又是歌

287

诗,因为它一般不充分具备音乐艺术的特点。不过,诵诗既是从歌诗中分化出来的,因此它还往往具有一定的音乐性,特别在古典诗歌中,这音乐性还大量保留着。

第五,尽管歌诗不断转化为诵诗,诵诗又经常在补充歌诗,但二者还是两个系统,在平行发展着。诵诗在一定语言基础上提炼加工来进行创作,供目治或口诵,这是诗歌创作的主要途径;歌诗在创作时要兼顾音乐的特性,供口唱或耳听,这是诗歌创作的辅助方法。

第六,诗与乐分分合合,合合分分,形成一部源远流长的中国诗歌流变史。每一时代有每一时代的诗歌。诗歌的发展变化,当然根源于社会历史的发展变化,决定于归根到底是由经济的原因所造成的社会生活及政治的法律的道德的哲学的发展变化。

这部学术专著史论结合,宏观和微观并举,以历史唯物主义和辩证唯物主义观点为指导进行研究,将中西诗学文化之异同特征加以比较,从而使思路更加广阔,论述更具学术性和科学性。作者严谨务实的学风,深厚扎实的治学功底和独到的学术见解,使本书具有极高的学术价值。

三、《商颂研究》

对《诗经·商颂》的研究,也是公木先生的突出贡献。关于《商颂》到底是商诗还是宋诗,自汉代以来就聚讼纷纭,莫衷一是。后经魏源、王国维等学者的考证,认为《商颂》是宋诗似已成定论。

但公木先生在研读古代典籍中，发现了颇多疑点，于是历经十余年的艰辛探索，终以大量的史料和近些年的出土文物，有力地推翻或动摇了这一成说，重新确定《商颂》为商诗并非宋诗。这对于殷商文化和先秦诗史的研究显然具有突出的贡献。

公木先生的《商颂研究》分三个部分：第一部分是绎释，第二部分是考索，第三部分是论说。

在第一部分，作者对《商颂》中的《那》《烈祖》《玄鸟》《长发》《殷武》作了详细的绎释和考证，得出的结论是商颂就是殷商的颂歌。《商颂》是商诗，不是宋诗或周诗，这在先秦文献中，从无异议。

在第二部分，公木先生驳孔子删诗，避定公名讳，改宋颂为商颂说；驳商颂美宋襄公说；驳商颂为正考父所作说；驳正考父校商之名颂于周太师为效（献）商之名颂于周太师之说；驳景山在宋境，因证商颂为宋颂说；驳殷虚卜辞所纪祭祀与制度文物于商颂中无一可寻，因证商颂非商诗说；驳周颂词简而章短，商颂词繁而篇长，因谓商颂为宋人所作说；驳商颂中称至上神为天，因证商颂非商诗而为宋诗说。由上面的考索中，公木先生认为从汉儒鲁齐韩三家的诗义，到清儒魏皮王等今文学派的传疏，到现代王国维、郭沫若诸先辈学者的论说，关于《商颂》虽然做了大量考释工作，但只有一点他们是一致的：《商颂》不是商诗，而是宋诗，亦即周诗。除了这一点而外，他们所提出的论据，所达到的结论，大都是互相矛盾的，彼此在起着抵消的作用：

《商颂》是正考父作的，是赞美宋襄公的。

——这是从汉儒到清儒今文学派的传统说法。

《商颂》非正考父作，而曾由正考父献给周太师；它作于宗周中叶，与宋襄公无关。

——这是王国维氏的说法。

《商颂》是春秋中叶"宋襄公大夫正考父"作以美襄公的，非作于宗周中叶。

——这是郭沫若的说法。

这说明，古今学者为否定《商颂》虽然提出了在数量上很多的论据，但都不是铁证，不是确论。从而判断《商颂》不是商诗，而是宋诗，亦即周诗，是没有充足理由的。如果把以上诸家作为一个整体看，则诸家所提出的论点，大部分甚至全部已经彼此互相抹杀，也就是自我否定了。

公木先生认为，概括说来，可以得出下面的认识：

一、《国语·鲁语》说："昔正考父校商之名颂十二篇于周太师，以《那》为首。"凡先秦文献引诗或说诗，都称"商颂"，从没有"宋颂"之说。是《商颂》，而且是"商之名颂"。

二、认为《商颂》是宋诗的说法，最初只是出于汉今文学家的"经义"，首见于习鲁诗的司马迁《史记·宋世家》，称宋襄公大夫正考父，为了美襄公而作《商颂》。这是鲁齐韩三家诗义说，既不见于前代文献记载，更没有历史事实证明，只是当时"儒教"思潮的反映，"经义"观念的产物。即在汉儒中较多地注意章句训诂和历史考释的古文学派毛诗，则还是基本上保持了《鲁语》的记述。两千年间，相信诗三家义说的人寥寥无几。

三、清儒今文学派复活了久已衰微的诗三家义说，蒐求例证，重新高扬正考父作《商颂》美襄公的旗帜。这背景是在以汉学反宋学，以朴学反理学，古文学派毛传郑笺一度兴隆之后，又出现了以今文学派反古文学派，以三家诗义反毛传郑笺的思潮。

四、晚近学者超越了汉儒宋儒的藩篱，突破了古文今文的界限，论诗，也不拘于鲁齐韩毛的家数了。但在《商颂》问题上，则往往贬毛郑张三家，这是由于在殷墟发掘，甲骨出现而后，在历史考据上获得了丰硕成果，从而又产生了一种以卜辞读诗的风气。凡不见于卜辞的就谓之无，凡有异于卜辞的就谓之伪。实际上是今文学派三家诗义的变相继承。

五、从诗的内容看来，在《商颂》中所反映的，并没有周灭商以后的事情，没有宋国的事件。诸侯助祭（《那》《烈祖》）、功臣从享（《长发》），都不是宋国所能出现的现象；至于《商颂》中所表现的思想感情，没有周颂鲁颂中所强调的德孝思想和道德观念，而是对暴力神的赞美，对暴力的歌颂，显然，这是符合商代社会的统治思想的。这是属于奴隶制社会的殷商意识，区别于属于封建制社会的宗周意识的反映。因此公木认为《商颂》是商代的颂歌，是距今三千年前的诗歌。不是宋诗，因而也不是周诗。

在第三部分商颂论说中，作者进一步论述了商颂反映了殷商奴隶主贵族统治者的意识形态：暴力思想与祖先崇拜。《商颂》的五篇颂歌——《那》《烈祖》《玄鸟》《长发》《殷武》，充满着对暴力的歌颂。在这里，作为暴力的美与作为美的暴力已被统一起来，对自然暴力的歌颂与对社会暴力的歌颂已结合为一。原始神话已打上阶级烙印，已成为藉以颂扬社会暴力的材料。这种对暴力和掠夺的赞美，正是奴隶主思想的反映，也就是《商颂》的主题。犹如周代颂歌之所以赞美"德行礼教"是被封建经济基础所派生。这部分的结语，作者就商颂独特的风格形式——所使用着原始诗歌的二拍子节奏，而没有出现大型史诗和剧诗。论述了它与中国奴隶制的特点有关系。由于殷商是"城市不发达"的奴隶制社会，生活形态的单纯，不仅局限着文艺的题材，而且也局限着文艺的认识能力、综合能力、表现能力。原始诗歌是劳动呼声的发展：在原始阶段，劳动是主体，诗歌是其伴奏；原始社会的人们所从事的生产过程的技术性质比较单纯，从而劳动动作也比较简单，其节奏大多是一反一复；由于对一反一复的劳动动作的适应，所以在原始诗歌中最初出现的较普遍的是二拍子节奏。这种二拍子诗，是诗的原始型。《商颂》当然已经远远离开劳动，但仍然停留在这种原始型的状态。

四、《第三自然界概说》

公木先生的《第三自然界概说》是一部哲学著作、美学著作，更是一部艺术思维特别是诗学理论方面的专著。本书最大的特点在于它思维的广阔性和论证的科学性。

1. 实践唯物主义。

贯穿本书的哲学思考是实践唯物主义。作者思考这个问题，就是在思考如何理解和表达马克思主义哲学世界观的科学实质问题。要"完善并发展辩证唯物主义与历史唯物主义"，要突破亦即改革"辩证唯物主义与历史唯物主义"哲学体系的结构，中外哲学界近年来发出了强烈的呼声。道理说了好多，最主要的一条是它不能充分表达马克思主义哲学世界观的科学实质，特别是近半个世纪以来在其生发、阐释与运用方面，使之离开人与物的相互作用，贬斥人本主义，崇尚物本主义，一味强调物质的客观实在性，物质运动规律乃是铁则或铁的必然性，它不依人的意志为转移，甚至把历史唯物主义视作内在地概括于辩证唯物主义中，从而达到淹没直至阉割历史唯物主义的地步，以至陷于宿命论及其反面的唯意志论共生的困境。在这种情况下，马克思主义哲学中本来包含着的深刻的人本体论思想，也就未能得到揭示和显扬，甚至是被淹没了。十一届三中全会以来，在党的思想解放，实事求是路线的指导下，在改革开放形势的推动中，理论界开始出现了深刻的哲学反思，"人"与"物"、"主体"与"客体"的关系，随着社会历史发生的重大转折，在思维观念上也出现了从一极向另一极的倾斜运动，终至在思想理论界，腾涌起一股强大的高扬主体哲学的潮流，并在这种潮流中，交融着西方现代哲学的各种思潮。① 大

---

① 赵明:《沉思后的觉醒》——读《第三自然界概说》感言。

量现实问题和理论问题的提出,紧迫地呼唤着理论界给予哲学的回答。作者标举的"实践唯物主义"既是对几十年"辩证唯物主义与历史唯物主义"哲学体系结构的历史反思,也是对当时主体论哲学思潮的冷静思考。迎着滚滚而来的主体论哲学思潮,作者不仅作出了哲学回应,而且坚定地将自己的哲学世界观定位于将主客体直接而现实地统一起来的实践本体论上,即定位于马克思主义哲学的包含着深刻的人本体论思想的实践本体论上。公木先生指出:"实践是马克思主义哲学生长和发展的最现实的基础,是它的生命力的源泉。实践本体论——这是马克思在哲学领域中实现的革命变革的本质。马克思主义的实践观点是唯一地把握了实践的全面本质的观点。众所周知,马克思主义之所以为马克思主义,关键的一点就在于它第一次唯物主义地理解人、社会、历史和实践。在它看来,实践本质上不是人主观精神的、抽象理性的活动,而是现实的、社会的人的客观物质活动,即一种特殊的物质运动形式。既然实践的本质是物质的,那么实践本身就是物质世界的一种特殊的现实。所以实践本体论对于辩证唯物主义与历史唯物主义不但不构成分离与对立,而且乃是关于它的最深刻、最具体、最彻底的表述。"①公木先生在揭示马克思主义的真理观、价值观、艺术观如何在实践唯物主义基础上生发、形成的同时,也开始了对"第三自然界"、三种思维方式、真善美等问题的思

① 公木:《第三自然界概说》。

考与探讨。

2. 关于"第三自然界"

艺术创作、诗创作既是生产实践,又是美感活动。公木先生基于多年的思考,由此生发推演出一个关于"第三自然界"的假说。它说明,艺术形象、诗的形象既是现实的反映,是为意志所加强、为情感所修饰了的认识;又是理想的创造,是依照美的规律通过创造性劳动的产品。它"妙造自然",在生活的直接现实中仿佛造成了生活的幻影。人类通过劳动从"第一自然界"中创造出"第二自然界",人类本身便是这个"第二自然界"的主体并生活于"第二自然界"。而所谓"第三自然界",则是人类想象的产物,而"想象中的事物按原则说是不在当前的,按本质说是不存在的,这是它和感觉中的事物的区别"。但无论怎样浮想联翩与联翩浮想,它总是以人类活动为核心的"第二自然界"的反映,是影子世界,是精神世界,是浮现于人们大脑荧屏上的光辉灿烂的创造物,它不存在于意识以外,它是生命的火花,是人的本质力量的对象化,它便是由艺术或诗所建立的形象王国。

为了阐述"第三自然界"的独特魅力。作者先对"第一自然界"和"第二自然界"做了精辟的论述。第一自然界是先于人类外于人类而存在着的自然界,大量的实证科学都证明了,在人类之前之外的自然界是客观存在,它的实在性亦即物质性和运动性已经得到不容置疑的确认。

第二自然界则是人类学的自然界。"人类的出现是宇宙自然发展的奇迹,有了人,宇宙才从潜在的成为现实的,从自在的变为自为的。""第二自然界"正是人类通过劳动实践创造出来的"现实的""自为的"世界,也便是自然化与人的本质对象化的结果。第一自然界是人属的。第二自然界是由人属的不断发展为属人的。在第二自然界中,从客体到主体,抑或从主体到客体,这一切都是客观实在,也就是说,是实践地感性地直观地生成了物质实体,亦即由实践创造并发现出来一定意义的物质实体。公木先生把宇宙间的物质运动形式归纳为:物理形式、化学形式、生物形式、社会形式、思维形式。把物质的类型概括为六种:原始型物质;改造型物质;生物型物质;模拟型物质;信号型物质;意识型物质。以上六种物质类型也便是人类对世界本质认识与掌握的六个层次。虽然人并没有创造物质本身,但物质的各种类型则是经由人类社会实践而划分的。人类创造并生活于"第二自然界",人类本身以及整个感性世界,包括科学理论、伦理道德、宗教信仰、文学艺术一切属于意识形态的东西,都是"第二自然界"的有机组成部分,都是实践的产物。那些以一定类型物质做载体的精神产品,在列属于"第二自然界"的同时,又由它们的辐射或升华出一种虚而不幻,妙而又不玄的"第三自然界"。

《第三自然界概说》着重论述的"第三自然界",是作为"第二自然界"主体的人类的表现,是影子世界,是精神世界,是"意义世界"的升华与结晶,这个虚而不幻的世界只在人类意识中存在,而不是现实存在。它虽主要体现于由艺术或诗所建立的形象王国以及由宗教或信仰所建立的神性王国,但是,凡与"想象"有关的科学思维和其他精神景观,也都可能进入"第三自然界"。那么,这源于又高于、属于又异于"第二自然界"的"第三自然界"是怎样生成的呢?《第三自然界概说》一书以实践唯物主义的哲学观,从"精神产品"的创造及其特征方面给予的回答是非常精彩并富于启示的:在"自然的人化"和"人的本质对象化"的过程中,人类作为物种存在与社会存在,不仅将意识到自然规律和社会生活外化或凝冻在物质生产工具上,不仅是一种物质化活动,而且是把意识流中的心灵波动,把观念,把思想,把感情和意志铭记在物体上,或借助某种信号,使之固定起来,从而才得被创造或被生产为一种精神产品。而每一种精神产品都表现和展示一种理想境界而又建立在现实基础之上,离不开它所需要的质料,如科学存在于数据和公式中,伦理存在于礼节和序列中,宗教存在于经典和仪式中;至于文艺那就更加显著,正如海德格尔所说:"在艺术作品中,物质性的存在如此稳固,以至我们不得不反过来说,建筑艺术品在石头里存在,木刻在木头里存在,油画在色彩里存在,语言艺术在话音里存在,音乐作品在音响里存在。"[①]正是这些形成精神产品的质料,才能把真善美建立在形式中,使精神具有物态化的性质,从而仍得根植于亦即源于且属于"第二自然界"。由此可知,一切"精神产品"中所表现和展示的理想境界或理智情意,都

---

① 转引自李普曼《当代美学》。

具有主观中的客观性，它们存在于人的头脑中，却又是客观地存在着，是主体在意识中构成又神寓于或兴寄于其中的"世界"。在这里，反映着不具主体性的自然运动形式的逻辑规律或数理规律，也建基于人的自我意识中的纯粹观念之上，一切具有主体性的社会运动形式则化妆为各种意识形式，而被赋予以"形而上性质"；它们都显现出某种气氛、情境。于是，在这个"世界"中，就具有了理智方面的特征，诸如机智的、聪明的、敏锐的、迟钝的、深刻的、平淡的、新颖的、陈腐的等等；更尤其具有了感情方面的特征，诸如悲伤的、恐怖的、宁静的、欢乐的、崇高的、忧郁的、有趣的、讨厌的等等。从而它们就形成虽然反映却又异于且高于"第二自然界"的"第三自然界"。

构成于人的主体意识中的"第三自然界"，不是凝固不变的，而是随着人的思想的产生和发展而不断扩大其疆域，由简而繁，由素朴而精深：原其肇始，人的最原初的思维活动就把自己同自然界区分开来，认识自己与自然的对立，认识自然界对人来讲是一种外在的、异己的力量。"本能的人，即野蛮的人没有把自己同自然界区分开来，自觉的人则区分开来了。范畴是区分过程中的一些小阶段，即认识世界过程的一些小阶段，是帮助我们认识和掌握自然现象之网的网上纽结。"①当人类童年时代，即处于"本能的人"的时代，便曾经历了以万年计的不断以其粗陋的石斧和

————————

① 《列宁全集》第38卷第7页，人民出版社2017年版。

木犁向"自然现象之网"剥离"意识"碎片的实践,从而也一代代积累或沉淀了无可计数的与"自然"对置的"意识":天、帝、神、鬼、祖、灵、魂、魄……它们作为先民提出的一些思想范畴,正是人类思维发展史上某一阶段的必然产物。而这时期产生的神话则是童年时期的人类认识自然与社会的中介,它是宗教、历史、哲学、科学、文学、艺术尚未分离的一种意识综合体。而体现了人类求知欲望和奋斗精神的神话,其实质是情感或意志的表现,其特点是想象虚构的产物,而其内容则是自然与社会的虚妄反映。作为原始人的意识形态,正如恩斯特·卡西尔在《人论》中所说,在神话和宗教领域中,"人所能做的不过是建造他自己的宇宙——一个使人类经验能够被他所理解和解释、联结和组织、综合化和普通化的符号宇宙。"这个对称于"物理宇宙"的"符号宇宙",便是人类尚处于童年时期所创造的只能存在于头脑中的"世界",即"第三自然界"。它的功能便是帮助人们认识和掌握自然现象以至发挥自我规范的效力。这就是说,神话或宗教,曾是人类童年时代的"哲学"和"科学",远古先民用这种意识形态来解释各种自然现象、人际关系、人与自然的关系以及他们来源的历史,具有认识功能;另一方面,神话或宗教在先民手中又是一种巫术的实践力量,成为一个操作系统,具有支持和支配的作用,并起到礼仪规范和价值规范的效力。横观东西方神话,无论是播撒阳光的阿波罗,上天盗火的普罗米修斯,无论是制造铜斧的陀温多,手执金刚杵的因陀罗;抑或是为我们所熟知的"女娲补天""鲧禹治水""夸父逐日""精卫填海"等等，对于各种自然现象、社会现象、事物的起源、人生的过程，都莫不在神话的解释中有序地各归其位，获得各自的因果关系，而同时又在幻想中表达出支配和控制客观现实的理想。这种超自然的因果关系的揭示，正是人的主体性在其所创造的符号世界中的实现，表现出极其瑰丽的理想和恢宏的气魄，则更是一种强烈的群体性的主体意识的投射。由于神话是主客体的分化尚处于朦胧状态下思维方式的产物，因而人类意识的理性特征还缭绕在非理性的感性迷雾中。不过，人类的认识史就是一个不断地从宗教幻想亦即神话思维中逐步解放出来的历史。甚至可以说，如果没有宗教幻想亦即神话思维之类的东西，也就没有真正的科学思维。任何科学思维都不可能是纯粹的，不夹杂着一点盲从、迷信、宗教幻想亦即神话思维的成分，只能逐渐减少，不能完全绝迹。为什么？这是由历史发展的具体条件和实践力度规定了的，个人的性格、才能、情趣、渗入其间的影响相对"夫物，量无穷，时无止，分无常，始终无故"①的茫茫宇宙来说是极为微小的。"以其至小求穷其至大之域"，既是思维的本性要求，也是其现实的局限。科学的发展不断地开辟着人类的认识领域，也提高了其认识的能力。但"自然界无限领域都被科学所征服"，对于现代人和未来人来说，都难以真正达到这一境地。由于"思维

---

① 《庄子·秋水》。

的至上性是在一系列非常不至上地思维着的人们中实现的"①，"由于在科学领域和实践中预定的目的和达到的结果之间总是存在着非常大的出入，不能预见的作用占了优势，不能控制的力量比有计划发动的力量强得多"②，所以，人类认识发展的每一个阶段——从低级到相对高级——幻想和想象都不可缺，感情和意志都会给理智以助力，从而，以科学思维为神髓为经络的艺术思维才得应运而生，并永远与科学思维相伴随、相辉映。马克思认为神话是"在人民的幻想中经过不自觉的艺术方式所加工过的自然界和社会形态"③，实则，艺术思维正是由神话思维所出，为其嫡传。神话与艺术创作，二者均从属于人类的一种心理机制，即想象力。从人自身的角度说，如果没有想象力作源泉，不但神话不能出现，艺术也不能出现。"第三自然界"正是基于以想象力为源泉的神话思维，其疆域则是在科学思维，尤其艺术思维的支撑下更得到无限扩展的，纵观人类思维的发展史，"第三自然界"的理论是得到印证了的，是能够成立的。

3. 思维三层次，真善美与文化创作

"第三自然界"贯通在人类的整个思维系统中，人类的思维系统又包括既相联系又有区别的三个基本层次，即科学理论思维，伦理道德思维，文学艺术思维。

---

① 恩格斯：《反杜林论》。
② 恩格斯：《自然辩证法》。
③ 马克思：《政治经济学批判导言》。

在思维方式上,于主体与客体之间,科学理论思维属于"认知",断言是什么,以符合客观实际为准绳,求真,辨真伪,生发睿智,结晶为理念;伦理道德思维属于"评价",断言应当是什么,以适应主体需要为圭臬,求善,别善恶,激扬意志,重在践履;艺术思维属于"审美",断言想象是什么,以满足美感要求为目的,求美,识美丑,陶冶性灵,燃烧起情感。艺术或诗在"第三自然界"中还是居于突出地位的"显族"。艺术形象实际上也便是为情感所修饰为意志所加强了的"概念",在思维行程中,"形象"与"概念"是属于同一序列的。诗歌对生活现实的反映与评价,亦即它的思想与感情,连同它的思考与判断,就不同了。它们主要不是由一根抽象的逻辑线索所连结,而是首先转化为各种意象,形成一种特殊意境,然后为一个完整的感情形象统一起来,或者说要体现在一个感性形象之中。主题思想无须直说,而是由读者从这完整的感性形象中领悟出来,给不同的读者留有驰骋遐想的余地,即使同一读者也会从中体会到层出不穷的意味。艺术把握的是人,人的生活以及人化了的自然,所谓"人学",是统一的整体,是通过现象揭示本质,把握由现象到本质的统一体,它的对象是主观和客观的相互渗透,是真善美的综合。尽管幻想与想象往往升华为灵感,而灵感也不过是沉思冥想的顿悟,或者说是前意识活动的突然显现,它的根须仍然是扎在现实生活的土壤中。《第三自然界概说》在将真善美与思维三个层次对应后,仍然用实践唯物主义观照真善美:指出"第一自然界"不存在真善美的问题,真善美只能是"第二自然界"的产物——"发生、发展,成熟于作为主体的人类与作为客体的自然对立统一的关系中,亦即既把人类同自然相分离又把人类同自然相统一的实践中。"真善美只是类概念,不是实体,而是作为一种意义附着于一定实体——人或物之上,才得显现出来或创造出来,并依照抽象力本性而形成这些"一般类概念"。

关于真善美之间的关系,《第三自然界概说》一书亦从实践唯物主义的立场加以论析:在人类的实践活动中,当他们以智慧的火炬照彻虚假,合于规律性,即谓之真;当他们以自身利益为准绳,以意志的飓风扫涤罪恶,进行合于目的性的建造,谓之善;而合规律性(真)并合目的性(善)地建造,即"按照美的规律来建造",则谓之美。因此,美之中有真,又不就是真;美之中有善,又不就是善,美之中有真加善,又不就是真加善。作者对美的界定是:"美是真与善相融汇的形象显现。"而美之为美,即美的自性或特质则是"淡化欲念而使人愉悦的一种形式或情境"。美的这种自性和特质会不会使其"走向真理性和功利性的遗忘以至背叛呢?"作者坚信地回答:"不会的,不可能的。即使美着重意味着一种新的形式或新的情况,但它决不是纯形式主义的",因为"它的根基原本就是'真'与'善','真'、'善'乃是美的灵魂。"美必须是也只能是"真与善相融汇的形象显现"。真善美乃是艺术或诗中熔为一炉不可或缺的三个因素。作者广征博引,从中国古文论到西方文论,又从古今中外一些大诗人的创作经验中,揭示出这属于"第三自然界"的诗歌创作的本质性的特征。作者还论述了艺术创作中形象思维的规律和真、善、美相统一的辩证关系,而且对诗人的想象力所达到的广度与深度给予了特别的关注。总之,《第三自然界概说》是一部哲学著作、美学著作,也是一部关于思维科学和诗学方面的力作,它的学术价值和现实意义是不言而喻的。

"第三自然界"既是由人类所创造,又不断反馈于人类,人类已经而且正在步着它开辟的途径,朝着它指引的方向,超越再超越,完善再完善,向着真理、至善、大美的境界飞升。

五、《先秦寓言概论》

这是公木先生研究先秦寓言的一部专著。1984 年 12 月,由齐鲁书社出版。在这部专著出版之前(1983 年 9 月)、出版之后(1985 年 3 月)中国青年出版社出版了他与朱靖华共同编选的《历代寓言选》(上、下册)。

寓言产生于春秋末年,形成于战国初期,在先秦时代,就已经臻于成熟。先秦寓言主要只是散文的一个有机组成部分,是有故事情节和性格形象的一种比喻的高级形态。作为一种文学样式,到后世更被继承下来,并得到进一步发展,而成为抒情和叙事文学的一种体裁,一种独立的文学体裁。先秦寓言,同我们现今所说的寓言文学,尚有一定距离。

公木先生研究了春秋战国时期寓言文学得以产生和形成的

契机:正处于中国封建社会的转型期,社会中孕育着的各种矛盾更加明显,阶级斗争益趋激烈,出现了百家争鸣、处士横议的局面。反映在上层建筑的意识形态领域中,自然便促使学术与文化放射出灿烂的异彩。诸子百家,策士游客,在讲学论道、陈情说理的时候,引述或编制某些寓言故事,夹叙其中,以提高生动性,加强说服力。这种做法,开始于春秋,畅行于战国,愈演愈烈,逐渐成为风尚,这就是先秦寓言产生的契机吧!如果寻找它的历史渊源,还可追溯得更早一些。公木先生认为先秦寓言是赋诗、用譬、设隐的进一步发展,是比喻的高级形态,是在比喻的基础上,经过复杂的加工而形成的。它是有故事情节,有性格形象的比喻。

公木先生总结了先秦寓言的特点:

1. 大部分是人民的口头创作,是人民智慧的结晶,小部分是文人艺术的作品。所谓人民口头创作,主要包括古代神话、历史传说、民间故事等等。这些神话、传说、故事已经大量存在和普遍发展。不过,它们被赋予寓言的性质,还是由于它们被引用在诸子散文中,经过引用者加以生发的结果。因此,可以说,先秦寓言的发生发展,同春秋战国时代学术文艺的兴盛是分不开的,它是诸子散文的副产品。而先秦寓言的来源,则可概略分为古代神话、历史传说、民间故事、文人创作等四个方面。

2. 特殊的表现手法。先秦寓言特殊的表现手法与它种种不同的来源有关。如来源于神话的寓言《列子》中的《愚公移山》《夸父逐日》,《庄子》中的《北溟有鱼》《浑沌开窍》等,都是改编古代神话作为寓言的,在诸子书中这类例证实不罕见。先秦寓言继承着神话传统,不只表现在有时直接采取古代神话材料,而且更重要的是它往往使用神话式的虚妄反映的手法,极度夸张和拟人化,这也就是说,在吸取古代神话的浪漫主义营养的基础上,寓言文学逐渐绽开了灿烂的花朵。

公木先生认为先秦寓言中深刻的现实主义精神,是从历史传说与民间故事的传说中继承发展而来的。春秋战国时期,我国已经经历了上千年的有文献记载的历史,纯粹政治性的社会性的历史传说自然也有所积累,甚至还非常丰富。儒、墨、道、法以至诸子百家,往往都好撷取一些有深刻教育意义、有强烈故事性的历史传说,作为寓言,以阐发哲理或寄托教训,以讽喻时事或说谏君王,这是很自然的事。比如《墨子》中的《楚王好细腰》《越王好士勇》,《孟子》中的《王良与嬖奚》《子濯与庾公》,《庄子》中的《林回弃璧》《鲁少儒》,《韩非子》中的《纣为象箸》《棘刺母猴》等都是。以历史传说作题材,概括为一句格言或谚语,在开头或结尾处说出,以点明主题思想,这是先秦寓言中相当普遍的现象,也是先秦寓言的一个显著特点。

先秦诸子百家在讲学论道和陈情说理的时候,大量征引民间故事,作寓言为争鸣或游说服务,这是非常便当的事,因而也是极为普遍的现象。比如《孟子》中的《揠苗助长》《齐人有一妻一妾》;《庄子》中的《儒以诗礼发冢》《丑女效颦》;《韩非子》中的《郑人买履》《卜妻为袴》《守株待兔》等,大都是志怪者齐谐或齐东野人之语,也就是《汉书·艺文志》所说:"小说家者流,盖出于稗官,街谈巷语,道听途说者之所造也。"古代民间故事实在是非常丰富的,它是先秦寓言的最主要的来源。所以我们今天所看到的先秦寓言,虽然全部出于诸子史籍,但它们既然大部分源于人民口头创作,自然便保存着民间故事的特色,这也是寓言文学的现实主义精神的主要来源。

先秦诸子除了采用神话、传说、故事作为寓言,以服务于他们的争鸣游说外,有时为了上述需要,或应景生情,也从事编造。比如《墨悲丝染》(《墨子·所染》)、《庄周梦蝶》(《庄子·齐物论》)等等,都是现身说法,当然多属即兴创作。在先秦史籍中,各家都占有相当数量的这类寓言故事,总之属于文人创作。这类寓言在手法上无疑是综合继承神话,传说故事的传统,而往往在大多场合下更富于教育意义的哲理性。

《先秦寓言概论》探讨了先秦寓言被继承下来,并得到发展的情况。汉魏六朝、唐宋元明清一直到"五四"以后一脉相承。寓言从先秦产生,后经历代成长,发展壮大,迄未断绝。当然,在"五四"以来的新文学中,更进而获得新的生命。先秦以至历代寓言,在中国文艺的园地里,争妍斗胜,成长为独具一格的艺术奇葩,它显示了智慧的光芒,感人的魅力,具有长青的艺术生命。

该书还论述了对寓言文学的艺术特征的认识问题。寓言是抒情和叙事文学的一种体裁。它必有所讽谕,或寄托一个教训,或阐发一个理念,在这个意义上说,类似哲理诗,是抒情;它又必是一种比喻,具有一定的故事情节和性格形象,在这个意义上说,类似故事诗,是叙事。这两种性质是由寓言的内容与形式两方面的特点所产生的,所以一般寓言作品,往往既是抒情的,又是叙事的。但是,寓言是特殊的文体形式,既与一般抒情诗不尽相同,又和一般叙事诗有所区别。为什么呢? 寓言创作,归根到底,当然渊源于生活现实,但它不像抒情诗似的以生活感受直接描绘现实,而是哲理概念的形象化、故事化。它不像叙事诗以创造客观形象来具体反映现实,而是借用易懂的具有代表性的故事,来阐发哲理或寄托教训。这就是说,在表现方法上,寓言文学显然也同样是现实主义和浪漫主义的统一,可是它不是像叙事诗那样,讲述生活中所发生的或可能发生的事件,不是创造符合于实际生活的典型性格,以反映现实生活;也不像抒情诗那样,诉说直接引起激动的事物,不是直接传达生活在灵魂中所激起的感性印象,以揭示自己的心灵;而是根据从社会实践中得来的哲理概念,创造与其精神实质相适应的足以说明这一概念的故事形象,以印证概念,加强概念的说服力。因此,在实质上,寓言是以抽象概念通过具体故事反映现实,是理性认识的感性式的表现,是抽象概念的具体化。

寓言的诗意,就在于它不是冷淡的议论,不是空泛的说教,而总是以生动的形象触动人的感情,来启示或暗示真和善,以及在真和善的根株上焕发出来的美。寓言的故事形象,既然不是直接描绘生活,又不直接反映现实,这就决定它的语言的运用上,不是着重刻画人，而是着重说明事，并从而阐明理。它的特点是：不要求语言的狭义的确切，而要求语义的双关；一方面叙述故事，同时又意味深长地隐约地表现概念。所以寓言的语言，不是描绘性的语言，而是智慧的语言。寓言往往以警句格言起兴或作结，这警句或格言，也便申明了主旨，点出了主题思想。

公木先生研究先秦寓言时，思路极为开阔，他将中国寓言同外国寓言加以比较。他认为我国源远流长的寓言文学，同希腊寓言，同印度寓言，一道构成了世界寓言的三大源流。早在两千多年前的春秋战国时代，随着诸子横议、百家争鸣局面的形成，随着哲学思维的发展和文学艺术的兴盛，寓言文学就开始出现并达到了第一个高潮，产生了足以与希腊《伊索寓言》、与印度《五卷书》相媲美的先秦诸子寓言，从而奠定了中国寓言的深厚基础，形成了中国寓言的民族传统。与世界各国相比较，中西寓言的共同性是讽喻性和比喻性，它或寄托一个教训，或阐发一个观念，把教训或观念寄寓在一个具有一定情节的故事里，所以可以说是有故事情节、有性格形象的高级比喻形态。这是中西寓言的共性。在分析中西寓言共性的同时，公木先生还精辟地概括了中西寓言的不同之处在于：西方寓言重幻想，以神话故事和动植物故事为主；中国寓言重哲理，以民间故事或历史传说为主。这虽然不是绝对的，是比较而言的，但却由此形成了不同的传统。为了进一步说明这一问题，公木先生还从中西方美学方面的差异上进一步加以比较。假如说西方美学创造了偏于客观摹拟，以人物、典型为核心的再现美学;那么中国则贡献于偏于言志抒情,以意境、韵味为核心的表现美学。假如说西方美学偏于美与真的统一,偏于美学和哲学认识论的统一;那么中国古典美学则偏于美与善的结合,偏于美学和伦理学、心理学的结合,这种不同的美学思想,体现在寓言文学上必然会有差异的。

在比较、对照中,公木先生一步步把论题引向深层,让人们读他的著作时茅塞顿开。

六、《毛泽东诗词鉴赏》

《毛泽东诗词鉴赏》是公木先生研究毛泽东诗词的一部专著。本书共收毛泽东诗词57首,按毛泽东诗词写作的先后顺序编排。在每首诗或词后面都加以"题解""笺注""赏析"三部分。

毛泽东是伟大的革命家、政治家、理论家、军事家,也是一位独领风骚的伟大诗人。作为一位伟大的革命实践家,在中国的历史上,留下了他深深的足迹,作为一位豪放的浪漫诗人,在长期的革命实践中,他始终以诗为伴,在他一生各个重要阶段,都留下了辉煌的诗篇。毛泽东的诗词,堪称诗词中的泰山北斗,反映着中国革命的光辉历史,体现着革命导师的伟大思想、博大胸怀,又具有哲学家的深邃、军事家的睿智,更具有诗人的豪情和才气。毛泽东诗词的根须深深扎根在现代中国的战斗生活土壤中,又吸吮马克思列宁主义普遍真理的阳光雨露,生动地表现了一代伟人的自由意识的生命活力,矗立起一个从古典和谐走向现代崇高的抒情主人公的典型性格形象。凡是读过毛泽东诗词的人，无不惊服他那丰富的想象力、宏伟的气魄、昂扬的激情！他那支如椽大笔可以包容宇宙、震撼山河，其艺术魅力，冠绝古今。毛泽东诗词在世界文坛上也享有极高的声誉，其思想性和艺术性达到了完美的统一。因此，没有博大精深的思想，没有深刻的洞察力，没有广博的学识和深厚的古典诗词的功底很难研究透彻毛泽东诗词。而公木先生具备了研究好毛泽东诗词的一切优越条件，特别是他本人首先是戎马生涯的战士，又是著名的诗人和学者，这对于他的研究工作更是得天独厚的。

公木先生认为研究毛泽东诗词，首先应研究其怎样借鉴古人、继承遗产的？这个问题不搞清楚，研究工作无法深入。

中华民族有着悠久的历史和灿烂的古代文化，在如何继承民族文化遗产方面，毛泽东有着非常精辟的见解和论述。对古代文化遗产，他主张"剔除其封建性的糟粕，吸取其民主性的精华"，"古为今用"，"推陈出新"，以发展和创造我们民族的新文化。在如何"古为今用"和"推陈出新"的问题上，他又说："对于过去时代的文艺形式，我们也并不拒绝利用，但这些旧形式到了我们手里，给了改造，加进了新内容，也就变成革命的为人民服务的东西了。"在这方面，毛泽东身体力行，为我们作出了光辉的榜样。他本人在古典文学方面有着很深的造诣，又特别酷爱古典诗词，精通韵律，长于歌赋，他写的诗和词一律采用旧形式，却反映崭新的革命内容，充满革命豪情。旧体诗讲究颇多，形式要求严格，并不好写。而毛泽东写起来却是那样得心应手，每每成佳篇名作。原因在于他深厚的古典诗词修养和艺术造诣。他的一生，不仅在伏案书写时，而且在戎马倥偬间，也不辍吟哦或默诵，到新中国成立以后，生活条件变了，欣赏起来就更加酣畅淋漓，于日理万机之余，几乎全部沉浸在诗词艺术氛围中。可以说，古典诗词成了他的审美趣味中心，至少是中心的一个重要方面吧。从"三百篇"到《人境庐》，一切伟大和杰出的诗人，无不结识神交，所有重要和优秀的诗篇，尽量搜求饱览。公木先生考查研究了毛泽东同志评点圈阅过的古典诗词，发现相当部分还大圈小圈，圈中点，点套圈，都是反复阅读，多次评点过的。公木先生还仔细研究了由中央档案馆整理出版的《毛泽东手书古诗词选》，编选者在"出版说明"中指出，这些古诗词，是毛泽东同志在"工作之余""凭记忆"书写的"大量古诗词"中的一部分。仅此一部分凡117首，即包罗了两千余年间58位作家的作品。这在一般人所见到的古诗词选本中，尚未有任何一家的本子在浩如烟海的旧籍中，选得如此之精严！其中书写于1961年11月6日的高启《梅花》，在诗前特加一个小注："高启，字季迪，明朝最伟大的诗人。"《梅花》诗云："琼姿只合在瑶台，谁向江南处处栽。雪满山中高士卧，月明林下美人来。寒依疏影萧萧竹，春掩残香漠漠苔。自出何郎无好咏，东风愁寂几回开。"这首诗，无论就格律、文藻、意境来说，都堪称上品。而高启在中国文学史上并未为后人所鼓吹，其姓名几近掩没，为今日学子所少道及，毛泽东却于差被遗忘的寂芜中发现了这株异卉奇葩,其涉猎面之广,即此可知。而且于手书的古诗词中,还收录不少长诗。如《木兰辞》(400字左右),李白《梁父吟》(300字左右),《梦游天姥吟留别》(300字左右),白居易《琵琶行》(600字左右),这些浩繁的巨著竟能"凭记忆"默书,其记忆力之惊人诚叹观止;而且这些古典诗词在他头脑里印象之深刻,也可由此想见。这些说明在中国民族文化中,古典诗词的确有它自己的生命力。历代诗人以生命写成的颇见性情的篇什,作为一个总体,它之所以使人感动,使人惊异,不单是诗篇形式,它的语言,它的音韵、节奏和旋律;更重要的是,通过诗篇表现出来的诗人所代表的我们民族的精神内涵——深沉的思想,诚实的品德,宽宏的怀抱,自然的意趣,情致婉约,风骨挺拔,以及操节、格调、丰神、刚柔兼备,隐秀错采,都有一派扣人心弦引人入胜的情感的魅力。

毛泽东不是一般的古典诗词爱好者和欣赏者,他是一位杰出的诗人,杰出的书法家,又是一位伟大的政治家和思想家,一个革命统帅和国家元首。因此,他不能不把"政治标准"放在首位。"对于过去时代的文学艺术作品,也必须首先检查它对待人民的态度如何,在历史上有无进步意义,而分别采取不同态度。"他喜欢屈原,能够熟练地背诵《离骚》,并且把《离骚》翻印出来分发给党的中央委员们阅读,主要还是肯定屈原敢于面斥君恶,热爱人民,具有"路漫漫其修远兮,吾将上下而求索"的执著精神;对于曹操,给予高度评价,首先还是从政治上着眼,他把曹操同刘表相比较,在《刘表传》中批注:"杀降,不祥,孟德所不为也"。1954年夏在北戴河曾对身边的工作人员说:"曹操统一中国北方,创立魏国。那时黄河流域是全中国的中心地区,他改革了东汉的许多恶政,抑制豪强,发展生产,实行屯田制,提倡节俭,使遭大破坏的社会开始稳定、恢复、发展。这些难道不该肯定?难道不是了不起?说曹操是白脸奸臣,书上这么写,剧里这么演,老百姓这么说,是封建正统观念制造的冤案,还有些反动氏族,他们是封建文化的垄断者,他们写东西就是维护封建正统。这个案要翻。"正是在这个前提下,他才对曹操的《短歌行》《观沧海》《龟虽寿》诸诗篇十分欣赏。沈德潜在《古诗源》笺注中说曹操的诗"有吞吐宇宙气象""写得苍劲萧瑟,于三百篇外,自开奇响"。毛泽东完全予以首肯。对于唐宋以讫明清的诗坛词苑,也莫不是从这同一视角看待的。但是,重视"政治标准",决不意味着看轻"艺术标准"。"我们的要求则是政治和艺术的统一,内容和形式的统一",这是因为"缺乏艺术性的艺术品,无论政治上怎样进步,也是没有力量的。"所以,毛泽东把审美趣味放在古典诗词评价的重要地位。毛泽东非常看重古典诗词的"艺术标准"。对于唐诗,人所共知,他最倾倒的是三李:李白、李贺、李商隐,而不是杜甫、白居易;在杜甫诗中他肯定《北征》,更多欣赏晚年流落蜀湘的篇什,而不是脍炙人口的《三吏》《三别》;在白居易诗中,他称赞《长恨歌》,尤其是《琵琶行》,而对于流誉后世的《秦中吟》《新乐府》则很少论及。这些都可视作重视艺术性的表征。更为显著的莫如对宋词的评析和欣赏了,在读过柳永《乐章集》后,毛泽东曾说:"词有婉约豪放两派,

314

各有兴会,应当兼读。读婉约派久了厌倦了,要改读豪放派。豪放派读久了,又厌倦了,应改读婉约派。"说到他自己,他自称兴趣是"偏于豪放,不废婉约"。这是非常真实而确切的表述:偏于豪放,是主流,表现在对苏轼、张元干、岳飞、陆游、辛弃疾诸家的广涉博览,手书背诵,引用唱和,解读宣讲。另一方面也不废婉约,这表现在对柳永词、李清照词,都亦酷爱。不但李清照的《醉花阴》:"莫道不销魂,帘卷西风,人比黄花瘦",曾多次摩挲,留有点点圈圈手迹;而且柳永的慢调《望海潮·东南形势》,曾用五页白纸背诵手书,首尾连贯,一气呵成;至于《雨霖铃·寒蝉凄切》《八声甘州·对潇潇暮雨洒江天》等名篇,那就更加击节称赏了。可见,毛泽东既重视古典诗词的政治性,又重视它的艺术性。

公木先生认为毛泽东诗词之所以达到千古独步的境界,是因为它扎根于近代中国和世界的现实生活,而艺术表现上则借鉴传统精华。他沉浸寄兴的古典诗词,光怪陆离,竞采绝艳,既满足了他的审美需求,便不得不于熏陶所染、潜移默化中形成他的审美定势。对一位诗人艺术家来说,所采取的艺术形式便是感性个体的生命投影。诗人毛泽东以传统诗词的形式来抒情言志,驰骋想象,创造意境,这自非偶然,而是具体生活经历和一定修养所决定的。但难能可贵更值得研究的是丰富的巨大的创造性。他曾指出:"对于过去时代的文艺形式,我们也并不拒绝利用,但这些旧形式到了我们手里,给了改造,加进了新内容,也便变成革命的为人民服务的东西了"。毛泽东在其诗词创作上是怎样体现这一原则或这种精神呢？

公木先生认为毛泽东是以"与天奋斗，其乐无穷！与地奋斗，其乐无穷！与人奋斗，其乐无穷！"的奋斗哲学来阅读古典诗词，其所取于古典诗词的便是那勃勃生机、奋进搏击、自强不息、行健有为的思想情感和动态形式。毛泽东诗词从总体上看是继承并发展了这一优良传统精神的。起于 1918 年《七古·送纵宇一郎东行》以讫 1965 年《水调歌头·重上井冈山》，47 年共 51 首，这是我们所见到的毛泽东诗词。数量不算多，但艺象各异，涉及面广，涵盖了自然、社会和人生，反映了现当代全部革命和建设的战斗历程。据此若从历时性角度来划分，基本上可分为三组，即 1935 年 12 月遵义会议以前的作品为第一组，15 首；1949 年 10 月建国以前的作品为第二组，13 首；建国以后的作品为第三组，23 首。合起来读，恰是一部中国无产阶级革命的壮丽史诗，是毛泽东思想形成和发展的形象显现。第一，从"年少峥嵘""鲲鹏击浪"的豪情，"昆仑崩绝壁，台风扫环宇"的壮志，到"问苍茫大地，谁主沉浮"？从而"霹雳一声暴动"，"不周山下红旗乱"。第二，在"刺破青天锷未残""而今迈步从头越"的气概中，体现了创作主体性的高扬和诗人理想性的憧憬，于是剑裁昆仑，同匀凉热；于是"俱往矣，数风流人物，还看今朝"；以至于"天翻地覆慨而慷"。第三，"一唱雄鸡天下白"，"敢教日月换新天"；于是"六亿神州尽舜尧"，"极目楚天舒"；这样才得有"我失骄杨"的忆旧的宽余，而专注于"我欲因之梦吴越"。公木先生认为这体现了从打破古典和谐走向近代豪放再迈向现代崇高的美学轨迹和诗人心态。而国际风云的变幻,反"修"斗争的兴起,正是这种历史背景,沉潜在诗人的激化情绪中,从而强化了政治上的失误。但是,如果要说这一时期反"修"斗争的诗词,只可以从艺术和审美的角度来理解,那也不一定确切,"风物长宜放眼量","今日欢呼孙大圣,只缘妖雾又重来",岂不是更富远见性吗?总之,从历史性角度来衡量,诗人毛泽东不同于从而超越于历史上一切伟大诗人之处,他不止于求索,不限于抱负,不只是发出浩歌和慨叹,他辉煌的诗篇都根植于他更伟大的实践。从共时性角度来看,毛泽东诗词亦可概括为三组:第一组侧重自然景物的、突出的为《沁园春·长沙》(1925)、《菩萨蛮·黄鹤楼》(1927)、《菩萨蛮·大柏地》(1933)、《十六字令三首》(1934—1935)、《念奴娇·昆仑》(1935)、《沁园春·雪》(1936)、《浪淘沙·北戴河》(1954)、《七绝·题庐山仙人洞》(1961)、《卜算子·咏梅》(1961)等等。第二组是侧重于社会历史的,突出的为《西江月·井冈山》(1928)、《清平乐·蒋桂战争》(1929)、《如梦令·元旦》(1930)、《渔家傲·反第一次大"围剿"》(1930)、《渔家傲·反第二次大"围剿"》(1931)、《七律·长征》(1935)、《清平乐·六盘山》(1935)、《七律·人民解放军占领南京》(1949)、《七律·到韶山》(1959)、《七律·和郭沫若同志》(1961)、《满江红·和郭沫若同志》(1963)、《念奴娇·鸟儿问答》(1965)、《贺新郎·读史》(1964)等等。第三组是侧重人生和爱情的,突出的为《七古·送纵宇一郎东行》(1918)、《贺新郎》(1923)、

《采桑子·重阳》(1929)、《七律·和柳亚子先生》(1949)、《水调歌头·游泳》(1956)、《蝶恋花·答李淑一》(1957)、《七律·吊罗荣桓同志》(1963)等等。在第一组诗词中,突出地表现出自然景物的雄奇壮美,热情地讴歌大自然富有生命活力的运动状态:"鹰击长空,鱼翔浅底,万类霜天竞自由";"飞起玉龙三百万,搅得周天寒彻";"山舞银蛇,原驰蜡象,欲与天公试比高"……诚然尽如诗人早年所说:"天地盖唯有动而已,而这些'动'更尤其'是养乎吾生,乐乎吾心'。"[①]在第二组诗词中,特别注重描写人民军队的作战运动以及整个社会的历史变迁。从"六月天兵征腐恶,万丈长缨要把鲲鹏缚";"百万工农齐踊跃,席卷江西直捣湘和鄂";直到"百万雄师过大江","天翻地覆慨而慷";"为有牺牲多壮志,敢教日月换新天"。讴歌向上和抗争的思想情感是一以贯之的。这之中特别应当咀嚼的是《贺新郎·读史》。站在历史唯物主义高度,仅以115字的乐章,概括了整个一部人类社会发展史,眼界开阔,气象恢宏,笔墨纵横,实属空前,且于国际上各种反动势力反华大合唱甚嚣尘上之际,纵情歌唱了革命,坚定了胜利的信心。这在今天以至永远都是具有深远和重大意义的。在第三组诗词中,表现出作为一个有血有肉的个体存在,诗人与普通人一样,也有着生死感怀,夫妻离别,亲人牺牲,甚至孤独苍凉的体验:"汽笛一声肠已断,从此天涯孤旅";"人生易老天难老,岁岁重阳,今又重

---

① 毛泽东:《体育之研究》,1917年4月1日发表(见《新青年》3卷2期)。

阳";"君今不幸离人世,国有疑难可问谁?""我失骄杨君失柳,杨柳轻飏直上重霄九"。诚然,个体的生存是短暂的,人世的生活总是艰难的。但是,诗人毛泽东还是以自强不息的奋斗精神来处理个体生存的烦恼:"凭割断愁肠恨缕,要以昆仑崩绝壁,又恰像台风扫寰宇。"到那时,遭受磨难的爱情,才显示意义和价值,并得到升华:"重比翼,和云翥"。这原是在战士眼里,"战地黄花分外香"啊!综合观之,诗人毛泽东对自然、社会、人生的思想感情,归纳起来,就是追求运动、抗争和奋进的动态过程。这些自然是继承和发展了中国古典诗词的优良传统,反之,也可以说是我们诗歌的民族传统在新的历史条件下伟大的实践基础上的飞跃和升华吧。

毛泽东诗词在语言的熔铸和运用上,是怎样对传统精华创造性继承和革新呢?

公木先生指出,毛泽东诗词运用比喻和象征等习惯手法不落俗套,巧妙采集神话传奇借以构筑独辟蹊径的艺术图像,用典而不为典所用,遵循格律而又不受其束缚,从而别开生面地遣词命意,创造独特意境。毛泽东同志喜欢李贺,也每好化用李诗句意,例如:《七律·人民解放军占领南京》尾联出句:"天若有情天亦老",全用李诗原文,而李贺的诗《金铜仙人辞汉歌》:"衰兰送客咸阳道,天若有情天亦老",说的是仙人辞汉,凄冷荒凉,苍天若是有情,苍天也会为之黯然神伤,愁白了头。而到"毛泽东诗词"中,则完全赋予以新义:首先上承颔联"宜将剩勇追穷寇,不可沽名学霸王";盖"沽名"亦是"有情","不可沽名"也就是"不可有情",而青天不老,正以其"无情";所以才说"天若有情",那"天亦老"了。老者,老死即停止运动之谓。然后这才反衬出下句:"人间正道是沧桑","正道沧桑"也正为"青天不老",而不是"天亦老",所以说是反衬出。把"天若有情"放置在承上启下的关键,配合着"翻天覆地"的大变化,形象地道出了一整套辩证唯物主义和历史唯物主义的大道理,全然改变了原诗句义,境生象外,意酣词畅。推陈出新之大手笔,令人叹服!

至于《浣溪沙·和柳亚子》中"一唱雄鸡天下白",也是用李贺《致酒引》中"雄鸡一声天下白"句意。而原诗只是在说眼看鸡鸣天亮,便更加"我有迷魂招不得"了,了无新义。毛泽东同志化用其意,只把歌行声调,稍加调整,改为律句,用在词中,则使这意象,针对"长夜难明赤县天",表现新中国的早晨已经到来。意境顿觉宏阔,无异点铁成金了。

公木先生认为毛泽东诗词,对新与旧的辩证处理,实已达到出神入化的程度,在虚实庄谐上,在形神情理间,确实进到了意味深长、魅力无穷的境界,在中国诗歌史上是空前的。毛泽东同志自称他的作品是"旧体",是"旧诗",那是由于使用了传统的古典的格律,是专指体裁形式说的;若论内容实质,则当属现代范畴,它是用"旧体"写的"新诗",用"古典形式"写的"现代诗歌"。正名当叫做现代诗词,是开放在现代诗坛百花园中的花朵,甚至是无与伦比的异卉奇葩。它是为老百姓所喜闻乐见的中国形式中国气派,是民族的,也是世界的。在诗与艺术上,只有深深扎根在民族土壤中的东西,才得走向世界。谁能否认毛泽东诗词在世界范围放出的光芒呢?

公木先生作为著名的诗人,他的《毛泽东诗词鉴赏》一书,有它的独特之处。这就是公木先生"读诗,也是一种灵魂的探险,也是一种艺术的创造"①。他对毛泽东同志的每一首诗词都进一步去欣赏、去品味、去涵咏、去探索,那就要神驰于诗的意境中去感受、去体验、去翱翔、去激动、去咏歌。公木先生认为,读诗,也如同作诗一样,需要想象。要展开想象的翅膀,飞进诗人所创造的意境中去,驰骋在诗的海阔天空中。而能飞多高,能飞多远,这取决于自己的才能胆识,取决于自己的生活经验、理论修养和精神状态。毛泽东的诗词是诗歌的太阳,是艺术的北斗。它的博大,可以囊括宇宙;它的精深,可以包容古今。短弱的翅膀,是不能周流遍览的。读毛泽东的诗词,必须能与毛泽东的思想沟通。在这方面公木先生是很突出的,这与他首先是战士,又是诗人,又是学者的生涯有关。

公木先生的《毛泽东诗词鉴赏》一书,在语言运用上也颇具特色。〔题解〕、〔笺注〕部分,语言简洁、明晰、准确、生动。〔赏析〕部分的语言形象生动,浮想联翩,联翩浮想,洋溢着诗情画意。可以说,每一篇赏析文都是一首优美的散文诗。

---

① 公木:《毛泽东诗词鉴赏·序言》。

第八章　辛勤的园丁

　　公木对党和人民的贡献，还突出表现在培养人才方面。几十年来无论处于顺境，还是处于逆境，无论在何种岗位，他都自觉以培养祖国需要的文学人才为己任，总是尽其所能，呕心沥血，像可敬的园丁那样浇水、施肥、修枝、打杈，"不惜化泥土，舍命润花根"。在他的培育下，一批又一批文学人才脱颖而出，可谓"浇汗培桃李，桃李满园新。"

　　公木甘愿做辛勤的园丁，来自他对青年的正确认识。公木认为，"青年拥有未来，相信青年就是相信未来。我们不要因为青年人的某些不成熟和有些片面、偏激就不信任他们，甚至排挤他们，瞧不起他们"，"他们毕竟是我们的希望所在。"公木对青年人的热情更来源于他高度的革命责任感。"一从结发读宣言"，选准了一生的政治方向，公木就把自己和革命紧密地联系在一起，共产主义理想时时在胸中鼓荡。他希望革命事业浩浩荡荡，汹涌向前，波连浪激，百代不衰；他认为革命文学事业是党的革命事业中的一部分，革命文学事业的繁荣不仅反映出革命事业的繁荣，而且可以把革命事业有力地推向前进。正因为如此，诗人才那样自觉地去发现、培养人才。

一腔热血育诗才

公木爱诗，"我爱过许多男人和女人，却从没有，像爱你这般深"！他自己写诗，也热望更多的人写诗；希望有更多的有才华的诗人跃上诗坛，去为祖国和人民放声歌唱。因此，他特别注意发现、培养诗人。公木为多少青年改过诗已难以计数，但我们却知道，建国后几代诗人中的一些佼佼者都曾受到他的浇灌、培育。我国当代诗坛的繁荣，无疑问有公木的重大贡献。

早在延安时期，公木就注意团结、帮助周围的诗人。他到哪里哪里就有一群文学青年、写诗的青年跟着他，围着他。无论主编《部队文艺》、筹办《诗刊》、组织"鹰社"，出街头墙报《蒺藜》，编辑《陕北民歌选》等活动，都有许多爱好诗歌的青年被他所吸引，"如同香甜的蜜被群蜂围绕着"（朱子奇语）。后来，赴东北，调鞍钢，他都在繁忙的工作之余，培养指导过一些青年诗人。

1954年夏，公木被调到北京，任中国作家协会文学讲习所副所长、所长，有更多的时间和精力培养、指导青年诗人。他应一位编辑的邀请，阅读了初学写诗者的五十多篇习作，写出《和初学写诗的同志漫谈关于写诗的问题》一文，详细分析了初学写诗者一些不正常的思想，例如认为"写诗只要有真实的感情就行""只要思想正确就能写出好诗"等等，使一批初涉诗坛的青年受到教益。他大量阅读青年诗人的诗作，通过报刊发表和通信的方式，对他们的诗进行评论。先后评论过邵燕祥、张永枚、张天民、石方禹等人的诗,热诚给予肯定,同时又指出瑕疵。公木称赞张永枚:"读着你底诗篇,就好像吃着我所喜欢吃的水果,虽然不够成熟,皮还带青,肉还发涩;而浆汁是饱满的,气味是香甜的,清脆而利口。""你曾在《新春》集的后记中谦虚地说:'只能算是习作','只算是萌芽之作。'但是这些诗篇确乎预告了一位新诗人的出现。"同时,也毫不客气地指出其"噜苏而不简练,浅露而欠含蓄"以及对生活理解不深的缺点,还举具体的例子来剖析,把自己改的诗附上供作者参考。公木的诗评总是热情洋溢,语言像诗一样精练、流畅,被评介的诗人为他精辟的分析所折服,在创作上甚至一生都打下了很深的烙印。1987 年,公木接到从江西寄来的一封长信。写信者称公木为"老师",满怀深情地在信中写道:"老师,您还记得一个叫春刚的学生吗?1957 年 9 月您曾写过一篇《漫谈天才、技巧与生活》的评论(见 1958 年 2 月号《文学青年》)。您通过那篇文章,对那个叫春刚的学生说:'你是颗饱满而肥硕的种子,你聪明、敏感,富于幻想,想象力强,有新鲜感觉……你有写诗的天秉。当我读了你的三十八首短诗以后,感到非常愉快,像清晨起来,漫步在溪边的小路上,迎着晨风望到飘飞的朝霞,寻着鸟声看见带露的花枝,我确实感到非常愉快。……这些诗出自一位少年之手,是难能可贵的,我看见才华在闪耀发光……我企望着一棵小苗将长成一株大树'。老师,那个叫春刚的少年就是我呀。"这位名叫春刚的作者,尽管命运坎坷,时隔数十年,但他却没有忘记公木这个从未见过面的老师的鼓励和教诲。

公木在文学讲习所期间，全国一批小有名气的文学青年来所学习，其中有不少是诗歌作者，如流沙河、苗得雨、谷彦岩等。公木和他们接触，读他们写的诗，和他们探讨交谈。公木在现代诗坛享有盛誉，并有深厚的古典文学功底，学员们都乐意将自己的诗作送给他看，请他提修改意见。公木总是愉快地接过来，逐句逐段地修改，常常改到深夜。"一旦发现一株新苗，就兴奋得睡不着觉，连夜写评介文章"。还把他认为的佳作推荐给报刊发表，许多作者因此而成名。通过阅读青年作者的诗作，公木一方面敏感地听到了他们青春火热的歌声，兴奋地看到他们一步步走来，补充到中国诗人的行列里，一方面感到他们生活和知识的功底还不够厚实，亟待进一步提高。为了能够系统地谈点指导性的意见，他搜集一些青年诗人近年的诗作，详尽地进行研究。在1956年3月召开的全国青年文学创作者大会上，公木做了"关于青年诗歌创作问题"的长篇发言，其中对十几位有才华的青年诗人的诗篇，逐一分析，指出了他们表现新生活的才能和不足。他谆谆告诫青年诗人们"如果不深入群众斗争生活，只坐在稿纸面前期待着灵感的到来，那比'守株待兔'还渺茫"。他直截了当地指出青年诗人作品中存在的语言不精练现象，"不单是语法修辞问题，而是形象与构思脱节、违反高度集中的表现方法。"针对青年诗作者文学功底浅、表现手法不够的问题，公木在讲习所讲授创作中如何借鉴古典诗词等专题，并和杨公骥合编了教材《中国文学史》，引导学员从我国古典文学中吸取营养。

公木对青年诗人的关心与培养是长期的,无论接触时间长短,只要一经结识,他就一如既往地给以指点和帮助。1957年初春,流沙河的《草木篇》遭到批判。这时,流沙河已从文学讲习所结业后回到四川,公木给他写信,鼓励他树立信心,继续写出更好的诗篇。三十多年过去了,流沙河仍铭记着公木在他身处逆境时,对他的鼓励。而当时的这一封信,正是公木后来被划为"右派"的重大证据之一。

1956年1月,公木在《人民文学》发表一篇文章,评论邵燕祥的诗,这时,他们两人并不相识。公木只是通过读作品,感到这是一位需要扶持的才华横溢的诗人。他深入研究诗人的诗,指出作品描写得不够细腻,但却刚健、清新,并论及一些不足。邵燕祥当时在诗坛虽已显露头角,先后出版过两本诗集,但对他的诗做系统评论,公木却是第一人,因而从中受益匪浅。当年3月,邵燕祥在全国青年文学创作者大会上和公木相识了,他紧握着这位诗坛前辈的手,尊他为师,感谢他在自己亟需进一步提高时的及时指点。就在这次会上,公木在发言中,又对邵燕祥的诗做了更加系统深入的分析,欣赏推崇之余,也严肃地指出了存在的问题。比如,他直率地说,像"心跳的心"这样的诗句,就用得不够恰当、不够确切,"正如同我们不能说'头痛着的头'、'手颤着的手'、'脚踢着的脚',我们也不应该说'心跳着的心'的"。坐在台下恭听的邵燕祥,觉得公木的分析很透彻,讲得很有道理。后来诗集再版时,他按公木的意见做了修改。也就是从这时起,他们结下了友谊,开始了诗文的往来。1956年秋天,邵燕祥写了一首诗,名叫《忆西湖》,是新诗,但有些诗句受古词的影响,半文半白。他把诗寄给公木,请求指点。没过几天,公木就回了信。信中说:"要么写新诗,要么写旧诗,半文半白,路子似不对头,望酌。"邵燕祥接受了公木的意见,在以后的诗歌创作中,写新诗就写新诗,偶尔写一些旧体诗词,也严格按照格律,不搞四不像的诗作。1957年以后,由于两人均被错划成"右派",天各一方,长期中断联系。一直到1979年1月召开全国诗歌创作座谈会,两人才得见面。此时,公木已鬓发斑白,邵燕祥也由五十年代的青年而进入中年,新老诗人拥抱,百感交集。至此,他们又恢复了通信联系和诗的交往。邵燕祥珍藏着公木的每一封来信,认为对他写诗、做学问,有很大教育意义。1981年3月,《上海文学》发表了邵燕祥一组诗,编辑要求作者在诗前写一段关于诗的主张,于是邵燕祥就谈了一些对新诗的看法,其中讲:"归根结底,诗是激情的产物。"公木看到后,即来信一封,写了满满几页纸,和邵燕祥交换看法,提出"诗不光是激情的产物,应不排除思辨。"信中并没有提出批评,但邵燕祥感到这实际上是纠正他命题的偏颇。他立即回信,表示接受公木老师的意见。在交往中,公木从不以大家身份出现,切磋商榷,平等待人,即使指出不足,也是循循善诱。他还把自己的诗作寄给邵燕祥,请他提修改意见。

回顾自己诗歌创作走过的道路,邵燕祥深有感触地说:"我国当代诗坛人才辈出和公木老师的精心浇灌分不开,我的成长和公木老师的热情培育分不开。1949 年后,我有两位恩师,一位是严辰,一位是公木,我终生感激公木老师。"这是邵燕祥的感受,同时也是张志民、公刘、未央、雁翼、流沙河、张永枚、胡昭、任彦芳、芦萍等活跃在我国当代诗坛的一批中年诗人的感受。他们茁壮地成长为当代诗坛的中坚力量,固然是党的阳光雨露和生活源泉滋润的结果,但也浸透着公木的滴滴汗水。这些诗人都尊敬地称公木为老师,其中不少人至今仍和他保持密切联系。在 1985 年 10 月召开的公木创作学术讨论会上,著名诗人胡昭代表这批中年诗人,向尊敬的公木老师献上了《歌者和园丁》的诗歌,一些诗界后辈还赠送了"开一代革命诗风,育百年诗坛英才"的书法画轴,高度评价了公木这位园丁对诗坛繁荣的贡献,同时也表达了蕴藏在内心的感激之情。

公木在身处逆境,远离诗坛期间,也尽其所能地去做"园丁"的工作,指导、帮助周围爱好写诗的青年同志。在吉林省图书馆"劳动改造"期间,公木那间斗室里,就曾聚集过馆内爱好写诗的青年,他们常常来这里请教,公木总是热心帮助、指点,给他们谈诗、改诗。后来有人向组织汇报,这成了"不老实改造"的一条罪状,说他拉拢青年,为此批斗他。尽管如此,公木"毫无悔改之意",仍然尽力去扶持青年诗歌爱好者,默默地为我国诗坛集聚着力量。

粉碎"四人帮"之后,经过几年的恢复,至八十年代,我国诗坛开始出现繁荣。此时公木年事已高,教学、科研任务繁重,且担负学校和文艺界的领导工作,要参加大量的社会活动,但他仍关注着诗坛,以自己的慧眼去发现诗歌创作人才,一如既往地去扶植、浇灌新诗园里的一代新苗。生活在长春的爱好诗歌创作的青年"近水楼台",不少人得到他的抚育。当年诗坛有名气的青年诗人,如徐敬亚、王小妮、吕贵品等,不会忘记公木老师对他们的帮助。公木给他们看诗、改诗,并热情地推荐发表。虽然他并不同意一些年轻同志比较偏激的观点,但还是耐心地与之讨论,开阔他们的视野。

透过读到的诗作,公木看到改革大潮中的一代青年跃上诗坛,使诗坛充满了生机和活力。在《人民文学》1983 年第三期上,公木发表了《政治·现实·知识——读 1982 年〈人民文学〉诗页随想》。在这篇文章中,老诗人说他"来到了一个百花园地,一座十二进的璀璨多采的诗苑"。但"停留最久,驻步观赏、反复品味"的还是青年诗人的诗作,完全同意严辰所评论的,"它们都是虎虎有生气,带来了一股新的气息,没有因循守旧,充满了活力,充满了探索的韧劲",并由此预见了"一个社会主义诗歌的新高潮正在迎面涌起,行看报幕人已经出现在前台了。"为了推进这种高潮,公木认为必须关心、爱护诗坛的青年,使之健康地成长。

近些年,人们对一些青年人的诗作,对一些青年诗人,对他们所推崇的某些诗歌流派,有种种争议和非议,这并不奇怪。但是怎样全面、正确地对待诗坛"崛起"的这批青年,确乎是关系到我国诗坛前途的大问题。公木的观点是明确的,他多次在一些场合讲,在一些文章中阐述,指出:"要依靠青年,引导青年。这几年涌现了一些有前途的诗人。他们敢动脑,很用功,有的学外国诗比较得力,对现实问题也相当敏感。对这一点,应该充分肯定。当然,他们中有的人也不无弱点,例如,马列主义修养差,生活视野狭窄,艺术上易犯偏食症,等等,对他们要疏导,有批评,也有鼓励。他们毕竟是我们的希望所在。"提出:"要研究他们,只有研究他们,才能认识和懂得他们。比如诗歌界的'崛起派'(姑且这样称呼),强调人的自觉、自由、内心世界,这是对的,艺术上求新也是对的,但过分强调主观就显得有点简单,强调主观不能无界限。可是,无论如何,他们毕竟是诗歌界很有生气的一帮人,他们给诗坛带来了生机和活力。同是一批人,北岛的诗作过于冷峻,生活在他笔下往往是灰冷的,而舒婷却有些不同,她对生活更多地抱着热情。对这些年轻人,我们应该研究。对他们,我们应该爱护,应该尊重,一方面要引导,一方面要向他们学习。他们身上有许多东西值得我们学习,这对于我们,对于文艺是极其有益的。研究青年的问题,扶持青年成长,这也是我们的一个任务。"他还说:"诗与青春联系在一起,写诗要有一颗年轻的心。我们这一辈写诗的,已成强弩之末、熟透了的庄稼,包括那些大诗人。不是不能再发挥一些什么,但难有大的发展了,真正朝气蓬勃地探索、上升、前进的,是青年人。"

公木这样主张,也这样去做。他对跃上诗坛、崭露头角的青年诗人倍加关心、爱护,热情地评介他们的诗作,"于好处说好",情不自禁地给以赞赏。在《春风》函授第六期上,公木把自己六十年代写的一首《蒲公英》和顾城写的《蒲公英做了一个梦》进行比较,自谦地说,自己的《蒲公英》概念化,干干巴巴的没有诗意,也没有诗味。而顾城的《蒲公英做了一个梦》却"美极了!美就美在活泼的想象和生动的联想","人们读了它,感到美,觉得愉快。"新秀们的诗作所透露的清新、优美、浓郁的诗意,使老诗人由衷地欣喜。对待争议较大的青年诗人,公木也决不回避,他通过中肯地分析,实事求是地谈出自己的看法。1983年初,诗坛对女诗人舒婷的诗争议很大,她的诗集通过无记名投票方式在全国获奖后,争议仍在进行。公木写了一篇《评舒婷〈双桅船〉》的诗评,由于种种原因,在北京没能发表,后来发表在上海出版的《书林》(1983年第6期)上。通篇体现了一个老诗人对新一代诗人的关心和爱护,对《双桅船》做了充分肯定,并做了辩证的有说服力的分析。这之后,公木又陆续研读了舒婷的一些新作,感到有的不像《双桅船》那样令人满意,并表示忧虑。因此,当《克山师专学报》索要文章时,公木对原先评论舒婷的文章没动,另加了一个"附记"。在"附记"中,他对舒婷的一些诗作也提出了一些批评。批评是商榷式的,讲道理的,字里行间洋溢着爱护之情。

尽管公木寄希望于青年,但他对自己认为有前途的青年诗人并不一味推崇和偏爱,不仅给他们扶持,而且也不时修枝剪杈。当他在刊物上看到有的青年诗作者用朦胧的诗句嘲弄我们的祖

先和历史时,他在《读史断想》中阐述这样的哲理:

大道如无后继便荒芜,

开辟者切莫睥睨前驱。

假若只会以鼻音去奚落,

母亲的母亲——一个干瘪的老太婆,

那就永生跌在地上啃土。

谁说要提倡骸骨迷恋呀?

人的双目既然生长在头脸前面,

昨天不再现,要看明天就必须

奔向一唱雄鸡时的明天。

不屑回顾,又怎能前瞻呢?

　　形象地告诉当今的青年诗人,只有脚踏实地,尊重历史,才能创造未来。

　　近些年公木对青年诗人诗作的评论,并不限于上述提到的几位。除了分析评论,他还在百忙中多次应邀为中青年诗人的诗集作序,以此方式对他们进行鼓励。在为河北诗人任彦芳《心声集》写的序中,肯定诗人诗风"平易、自然、朴实、真挚、有意味、有情思"。认为有深刻的思想内容,"个人在社会中的崇高地位,便是个人利益与社会利益的统一,并服从于社会的利益,必要时为社会利益献身。这就是人的最高价值标准。这也是人为万物之灵，区别于一般鸟兽虫鱼的地方。依我看，这便是诗人任彦芳同志所探求出的'心声'，所开掘到的'新意'"。在为吉林诗人黄淮诗集《命运与爱》作的序中，这样写道："诗，是真善美的整体融合。就其形式说，是真与善的美；就其内容说，是美的真与善。综合言之，诗是真善美；具体说来，还有个写什么和怎样写的问题。""因为真实，这些诗篇都经得住看，经得住嘴嚼，有些篇章和节段，有些诗句，还需要停下来琢磨琢磨，才能领会，不都是一口气通读下来，就能一目了然。写山写海，写一花一木，写一石一水，都激荡着诗人的情怀，这是需要了解诗人从而立到不惑，到行近知天命，这超过四分之一世纪的生活经历，才能够真正理解的。"对这位中年诗人的诗作给以较高评价。公木在为著名诗人韩笑的长诗选《海浪之歌》写的序言中，引莱辛的一段话，和诗人们共勉："人的价值并不取决于是否掌握真理或者自认真理在握，决定人的价值的是追求真理的孜孜不倦的精神。"在读曲有源的诗集《爱的变奏》的感想(《文艺报》1986年7月26日)中，他谈道"探索是诗人的天职，对未知世界的开拓精神是诗的本质特征，是艺术生命的活页。只要不脱离大地沃土，只要不背离人民，只要不丧失对真理的创造亦即审美的灵感，诗就终究会在平凡中求得崇高，在短暂中达及永恒"。公木总是对诗人的努力给以肯定，鼓励他们锲而不舍，努力创新，不断提高创作水平。

近几年，国家曾先后组织过两次全国诗集评奖，公木每次都是评委。为了做到合理、公允，不埋没人才，他总是集中精力读参加预选的诗集，认真进行评选。在1986年的评选中，公木得了重感冒，嗓子都哑了，但他仍坚持读完二十二本诗集，并对每本诗集都提出具体意见。和许多老一辈诗人一样，他想通过自己的辛勤劳作，以换得更多诗才的脱颖而出。

公木对青年诗人的培育，决不限于那些有点名气的人，对众多的并不知名的诗歌爱好者，他一样不惜花费心血和汗水。他被聘请为《春风》文学讲习所的顾问，不仅顾问办所的方向，还亲自担负对来自全国的广大诗歌爱好者的函授教学任务。他通过《读诗随感》的形式向青年谈诗。从学员诗歌习作的实际出发，结合自己的创作经验，谈诗与生活的关系，诗的形象思维，诗的美感作用，诗的语言创造等基础知识，亲切生动，深受广大学员欢迎。在函授教材第七期上，公木为一位初学写诗的青年修改习作，他逐字逐句地推敲、润色，并把原诗和改过的诗一并刊登出来，给青年诗歌爱好者以极大的鼓舞和激励。

当一位编辑把诗稿《母子诗集》交给公木后，公木认认真真地通读了全部诗稿，并写下了"随想"。他写道："我看了，没有略过母部诗，更尤其侧重子部诗，从头到尾都看了。且看且想，思绪万千，话酿造了一肚子，但拿起笔来，却又不知从哪里写起。写话，太不易，话在肚子里，一则凌乱，二则闪烁，像小鱼小虾在泥塘里浮游，把捉不住。这种心境，实在不适宜谈诗。且说我被告知：这里的母与子都生在天府之国。母亲郁小萍，诗人兼编辑，依中国标准,正年届中青之间,月刊《诗人》的特约记者。儿子郁奉,十二岁,小学五年级学生,又是'中华少年文学讲习所'一期学员。这个讲习所是北方妇女儿童出版社主办的。这部《母子诗集》也将由该社出版。纵横交错,千里姻缘,实在可以说根生西南,花开东北了。万绿丛中一点红。就是这么一件普普通通的事情,岂不也足以从一个侧面看出现代新诗歌的活力,足以做一个例证显示出今天中国文艺创作的大好形势吗?"是的,诗坛和文坛确实是一派繁荣。人们在赞美这大好形势时,不会忘记公木这位园丁的辛勤劳作。

一生以教师为己任

公木是优秀的教育家,他的大半生是在学校的讲坛上度过的。从中学到大学,从国统区到解放区,从北京到长春,他呕心沥血教书育人,以自己丰富的知识和满腔的心血培养了一批批学子。

公木先生曾说:一生最喜欢教师这个职业,最看重"教师"这个称呼。他确乎与教师和教育事业结下了不解之缘。早在二十世纪三十年代初,就在山东、河北等地的师范和中学教过书,抗战期间又曾在延安承担过抗大、鲁艺的教育工作,新中国成立后,历任东北大学、东北师范大学、中国作协文学讲习所、吉林大学的教学和领导工作,传道授业,辛勤栽培,可谓桃李满天下。回顾往事,公木说:"我的一生应该说是一个教员。写诗都是业余的。我教过小学（在北师大预科时到小学代过课），在山东、河北教过四年正规中学。抗战开始后，在抗大、鲁艺讲过课。以后到东北，主要是办大学、搞教育。后来调到鞍钢，也是从事职工教育工作。1962年到吉林大学，全副精力都用在教学岗位上。"他仅在大学就工作了四十多个春秋，终生以教师为己任，为新中国高等教育事业的创办和发展做出了重要贡献。

1945年抗日战争胜利后，中共中央决定迅即创立东北革命根据地，组建东北干部团挺进东北。公木参加由鲁迅艺术学院组成的东北文艺工作团，于当年的10月末到达沈阳。在做了短暂的一段时间文艺宣传和地方工作之后，他被任命为本溪市委宣传部副部长，为创办东北公学做筹备工作。1946年1月初，中共中央东北局任命东北公学领导班子，校长白希清，副校长舒群，张松如（公木）为教育长。不久，根据党中央关于建立巩固的东北根据地和创办东北大学的指示，决定停办东北公学，创办东北大学。1950年4月1日，根据东北人民政府教育部的决定，东北大学改名为东北师范大学。办学宗旨是为中等教育培养全面发展的人民教师。可以说，这所大学由小到大，由创建到发展，公木都倾注了大量心血。作为开创这所大学的元勋，他的事迹写进了校史，将永远被师生们铭记。公木后来回忆这一段经历时说："我对这所大学是有很深感情的，这里是我一生工作的重要转折。"

参与创办东北大学（东北师范大学）期间，公木年届四十左右，正值年富力强，他毫无畏惧不知疲倦地投入到事业中去，他的努力得到了回报,取得了载入史册的成绩,也由于种种原因,受到了人生的挫折。

在这里,他创造了人生的又一个辉煌,实现了人生的重要价值。作为这所大学的重要创始人,他冒着解放战争的硝烟炮火,率领几百名学生辗转东北三省,历经千难万险把校址定于长春。又经过多年的辛勤耕耘和艰苦开拓,为这座人民教师摇篮的建设和发展奠定了基础。东北师范大学继任的领导动情地说:"我校能有今天,是与公木先生在学校创办和建设阶段作出的卓越贡献分不开的。"

在这里,他以自己的坚韧意志、美好人格、卓越才能和丰富知识赢得了教师的尊教、学生的拥戴和一批批知识分子的信任。他讲课备课认真,结合实际,深入浅出,给学生留下深刻印象;他善于做深入细致的思想工作,摆事实讲道理,循循善诱,使青年学生坚定了政治立场,坚定革命必胜的信心;他提倡钻研业务,倡导研究之风,并身体力行,取得了丰硕成果;他倡导和老教授交朋友,发挥他们的特长和才干。这一切弥漫开来,在学校形成了一种清新的空气。

在这里,他还收获了甜美的爱情。吴翔是东北大学的第一批学员,毕业后留学任教育干事,她对公木的为人非常敬重。公木也喜欢这个质朴、聪慧、性格爽朗的大连姑娘。两人在频繁的工作接触中相互产生了爱慕之心。两人的相爱是真挚也是简单的。一天,公木主动拿出结婚申请书征求吴翔的意见,吴翔毫不犹豫地在申请书上签了字。俩人上街照了一张结婚照,学校为俩人的结婚准备了庆贺饭,穆木天、蒋锡金等人和一些学生前来祝贺。没有豪华婚礼,没有香车迎送,甚至没有结婚的礼物,但两人却结下了终生不渝的爱情。无论遇到多少人生险阻,两人都不弃不离、相濡以沫,公木在吴翔的关心和扶助下,走完了曲折而又辉煌的一生。

然而在这里受到的挫折和"不公"也让公木终生难以忘怀。为了把学校办得更好,公木提出走正规化办学之路、老干部应该钻研业务、要善待老知识分子等主张,而这些都成为他受到"批判"和处分的"根据"。他被迫检讨,并受到了留党察看一年、撤销党内外一切职务并调离工作岗位的处分。公木离开他亲自创建的东北师范大学是无辜的、酸楚的,他不想离开教育事业,也不愿离开教育这个光荣岗位。但是不久,他就在鞍钢教育处处长这个岗位上,又找到了"用武之地",继续进行着他心爱的教育事业。

1951年10月初到鞍钢后,鞍山钢铁公司根据公木"想做点职工教育工作的意愿",同意他组建鞍钢教育处并任处长。公木把过去积累的教育工作的经验,以及对教育工作的热爱,一古脑地投入到职工教育中去。而且仅用二三年时间就取得了突出成绩。

和鞍钢沸腾的工地一样,生活在鞍钢的公木的心也在沸腾着,他和千万建设者一道迎来了鞍钢三大工程开工生产这样一个中国重工业发展史上的重大事件。他用开展职工教育的行动推动,他用诗篇歌颂工人的创造,他深深爱上了这片热土,决心一辈子扎根这里,把余生献给职工教育事业。公木曾说:"我对鞍钢的教育工作很有兴趣,确乎是不愿调出来,如果叫我终生做这个工作,我是高兴的,因为我在这里又从事着自己心爱的教育事业。"

然而,公木还是离开了这里。因为一天在接待领导视察时,他遇到了前来视察的周扬。多年不见了,周扬还记得延安时期的公木,记得这个曾写了《八路军大合唱》和大量诗作的才子。他动员公木归队,去目前非常缺人的作协工作。公木婉言谢绝了:"教育是我的本行,业余才写点诗和文章。"两个月后,周扬通过中宣部党组与东北局文委联系,商调公木去中国作协工作。因为是组织调动,公木只好服从分配。1954年6月先去中国作协沈阳分会任秘书长,秋季正式就任北京中国作协文学讲习所副所长,不久任所长。中国作协文学讲习所是培训作家的地方,和教育工作近似和相关,周扬调公木任所长一职,也算知人善任吧。公木上任后雄心勃勃地要把文讲所办成文学院,办成独立的、正规的培养文学创作人才的教育机构。他发出誓言:"不办成高尔基式的文学院,誓不瞑目!"为此,他逐渐改变以往所内存在的自由、松散和随意性局面,向专业化、正规化靠拢。他主持制定出宏大的教育计划,把才、识、艺和人格培养都囊括进去。在课程设计上详尽、明确,并带头组织所内外有学识和写作能力的专家、学者,编写系统的教材和参考资料,建立起一整套完整的教材体系,为了保证教学质量,他聘请专家、学者郑振铎、游国恩等四十多人主讲专题课。此外又对学员进行辅导,从而培养出张永枚、刘绍棠、邓友梅等一大批青年作家。就在方要大展宏图之际,代表中国作家协会去匈牙利、罗马尼亚宣传党的"双百"方针和介绍国内反右斗争情况的公木,却被划成了"右派",开除了党籍。文讲所呆不下去了,想去学校从事教育、讲授数理化的愿望也落空了。

1961年11月,经过在吉林省图书馆和省直农场劳动改造三年的公木,被第一批摘去"右派"帽子。年末到吉林大学报到,任中文系代理主任、授课教师。从1951年秋天离开东北师范大学讲坛,到现在整整十年了。久违的大学校园,久违的三尺讲坛,虽然仍是戴罪之身,一生以教育为本行、以教员为己任的公木,欣喜之情可想而知。很快他利用寒假回北京,将妻子吴翔、儿子百钢、铁奔,女儿丹木接到长春。他真正"归队"了,也有了一个温暖的家。从此,他再也没有离开给他爱也给他挫折的长春,再也没有离开城市花园中的吉林大学,再也没有离开教书育人的教育事业。从1961年末到吉林大学任教,到1998年10月辞世,公木在吉林大学工作了37年,他任代理系主任、系主任、副校长,除了"文革"中有一段时间被剥夺授课权利外,他大部分时间在给学生"传道、授业、解惑",培养了一批批、一代代学子和优秀人才。在吉林大学隆重举行的校庆大会上,校领导代表全校师生赠给公木一块题写着"筚路春风"四个大字的牌匾,高度赞扬了他历经艰苦献身革命的崇高精神,肯定了他对吉林大学建设和发展的突出贡献。当白发苍苍的公木在主席台上接过牌匾时,吉林大学鸣放宫礼堂沸腾了,几千名学生雷鸣般的掌声,如大海的波浪一浪高过一浪经久不息,表达了学子对恩师的由衷的感激之情。

公木的学生谢文利回忆说:"我是1961年秋考上吉林大学中文系的,翌年1月,老师在多年蒙冤下放之后,终于从吉林省省直农场积肥组组长调任吉林大学中文系代主任,住在惠民路的一栋日式平房里。从此,老师便以渊博的学识、诲人不倦的精神和崇高的人格魅力吸引着莘莘学子和众多诗爱者登门求教。我自然也忝列其中,常将习作拿去请老师传道、授业、解惑。""第一次听公木老师报告是1963年5月9日15时,在校图书馆小礼堂,题目是《继承和发扬古典诗歌现实主义与浪漫主义优良传统》,那天听者甚众,中文系学生之外,文科各系甚至理科各系的师生见了海报之后,也都慕名来听。老师那天洋洋洒洒地讲了两个半小时,共六个问题。""1964年元旦发表了毛泽东的十首诗词,元月9日下午,老师主持了中文系的学习毛泽东诗词座谈会。5月14日晚,中文系学生会举办'毛泽东诗词讲座',由老师主讲《七律·答友人》和《满江红·和郭沫若同志》两首。这一晚,老师足足讲了190分钟。1965年,老师开设了'毛泽东诗词鉴赏课',系统讲授毛泽东公开发表的17首诗词。我是有幸最早听课的学生之一。他那部数十万言的讲稿是由学校印刷厂委派专人在蜡纸上刻写后油印的。老师第一次在我们班授课时,虽仅年逾半百,但多年磨难,早已霜染双鬓。他语重心长地教导我们:'昨天是值得留恋的;明天是值得向往的;但最重要是今天'——数十年来,我一直把老师这精彩的开场白奉为座右铭。"公木的学生乔迈还清楚地记得公木初到吉大中文系时的情景："我在吉林大学中文系读书,读大四的时候,他来给我们上课,表情肃然,而我们则情绪热烈。我清楚地记得当时我们中文系和全校同学都很振奋,校广播站当天晚上就播出了公木作品专题节目,介绍先生的诗和歌。'向前,向前,向前! 我们的队伍向太阳……'雄壮的歌声响彻校园内外,中文系同学精神大震。'我这部讲义是1957年以前在中央文学讲习所用的,现在,没有时间改,也不准备改了。'公木老师站在讲台上,面对几十双聚精会神的眼睛说。他的眼睛光芒闪闪,含有悲愤、悲壮的意味。我们怦怦心跳不止。他在讲义中列举了一个又一个'右派'诗人的名字和他们的作品。这样做是很犯忌的,尤其是那些诗人中有相当一些当时还没'摘帽',先生这样做,很容易被说成是向无产阶级示威,风险很大。但是先生在讲现代诗歌论,不对有的诗和诗人给以评价,就不成其为论了。我仍为他捏一把汗。坚持真理、坚持真善美,不因一时风云变幻改变自己的信念,对历史和人民的事业负责,这就是他教给我们的,这就是这位作家诗人学者的风度。""公木先生的讲义文字优美,思想深邃,对同学们的学风影响很大。我们手头上虽然都有讲义,先生的课我都是有闻必录的,凡是讲义上没有的,就都写到了讲义的天头等空白地方,现在这个讲义仍被我精心保留着,差不多成了一件文物。"

在吉林大学中文系,公木先后讲授中国文学史、《诗经》、先秦寓言、古典诗论、毛泽东诗词鉴赏等课程。时任中文系教研秘书的刘中树这样评价公木："公木老师的教育思想严谨，强调厚基础，又思路开放，重视知识面的拓展和能力的提高。"加之他备课精心、授课认真，他的课总能给学生更多的启示和收获。除了授课，公木还以多种形式关心帮助弟子，他热情辅导学生办墙报、搞创作，为中文系学生墙报"蒲公英"题诗《蒲公英》，学生墙报"啄木鸟"题诗《啄木鸟》，为学生墙报"新松"题诗《咏松》，对学生的创作积极性给予鼓励，希望他们能像松树一样成材："白露凝珠弹蜡泪，绿波浸翠闪霞光"，像蒲公英那样为人类做贡献："深黄艳艳花堪赏，嫩叶油油叶可餐。"

对喜欢写作又崭露头角的学生，公木更是热心地给以指导。诗人徐敬亚回忆道："坐在如花般年龄的学生中，你手舞足蹈地给我们讲'飞行聚会'，讲向反动派扔汽油瓶，讲得家里的藤椅摇晃，讲得布垫落地。在你绷着嘴唇模仿嘭嘭爆炸声的时候，我已经是你家中的常客，你像我们中间最大的孩子。""你坐在往事般的旧藤椅上，你坐在你彩云般的书堆中。你阔大的嘴唇、粗壮的鼻子和浓黑的眉毛，总是组成一连串的演说。"徐敬亚回忆了公木帮他修改《复苏的缪斯》一文的经过，真挚地说："我不能说，是你教会了我写诗，但是你暗中地放大了我的某些性格，听你大刀阔斧地谈天论地，不能不为我后来放肆地、斗胆地指点文坛输送了不计后果的那种真实与勇气。"学生樊希安回忆："1977 年春天，我由部队来到吉林大学中文系就读。开学不久，公木先生给我们班开

'毛泽东诗词讲解'课。开课前,班主任介绍说:这就是公木老师,《中国人民解放军进行曲》的词作者,我国著名诗人。当时我对诗歌创作正在兴头上,渴望能有高人给予指点。便托教写作课的张宇宏老师带我去拜访公木先生。记得那是丁香花开的一个晚上,月光下的丁香花正开得蓬蓬勃勃满街飘香。在去公木先生家的路上,我的心情有一些紧张,带着黄挎包中的幼稚诗作去见一位全国著名诗人,总觉得忐忑不安。但在公木先生家落座不久,紧张的心绪便一扫而去。公木先生是那样的和蔼谦虚,又是让座又是上茶,一点都没有名人的架子。他接过我递上的诗稿,简略地翻了翻,认真地说:'我留下看看。'一周之后,公木先生托张宇宏老师把诗稿还我。展开看时,多数诗稿上都有改过的痕迹,圈圈点点,有肯定、鼓励,也直率地指出一些毛病,连我因河南方言浓重而用错的韵都一一改了过来。""从此我开始和公木先生有长时间的交流,并受到长期的教诲。他欣然为我的两本专著作序,还将珍藏的《毛泽东诗词讲稿》赠我,题词道:'樊希安同志:此 1965年稿本,请一读并指正。公木 1994.2.13.'公木先生辞世前二十多天,我出国前去探望公木先生,他在新居书房的阳光里,情绪高昂地谈他的著述计划,还鼓励我抽时间随他搞一些研究课题。"

公木对学生的指导和帮助不限于这些,学生马玉梅回忆:"1991 年,我考入吉林大学,有幸跟公木老师学《老子》《中国诗歌史论》……老师有时候离社会很远,他会花自己的钱给我们这些学生买他认为有价值的参考书;老师离社会很近,国际、国内大事,他比我们更关注、反应更敏锐,判断更准确。"学生江笑尘叙说得更具体:"记得有一次,一个学生抱来一部刚出版的《老子通》给他看。尽管这部上下卷的书与他的学术观点相左,张老师仍然对此书大加赞赏,认为其中的研究资料很有价值,研究方法亦有可鉴之处,建议学生买一部以作研究之用。'我们应当充分尊重不同的意见',他说。这厚厚的两大本书售价45元,而当时我们每月的工资才56元。张老师见大家面有难色,竟拿出自己的积蓄给他的每个研究生都买了一部! 为学至此,为师至此,怎能不叫做学生们的心生肃然、敬意有加呢?"

公木在学生中的影响决不限于中文系,他的教学惠及全校学生,也赢得了全校学生的敬重。学生梁莹回忆:"当我在吉大外文系学习时,就已听说中文系有位张老师,他是一位伟人,平易近人。一次偶然机会,我有幸旁听了张老师教的文史课。去听此课的学生达到几百人之多。我记得当时的大教室被学生们挤得水泄不通。有很多人坐在窗台上,更多的人挤满了过道、走廊。可以想像,张老师知名度是何等之高。这些事虽然发生在17年前,但他给我的印象太深了,使我至今仍记忆犹新。"

有人做过统计,公木89个有生之年中,有一半以上是从事教育事业,是在教员的岗位上。公木的老伴吴翔说:公木先生一辈子没有离开教育,去延安之前在山东教书,1938年去延安又在"抗大"任教,日本投降后又在筹建东北大学,1961年末到吉林大学任教,后来任中文系主任,被国家教委批准为"终身不离退"的教授。终其一生看,他从事过中学教育、高等教育、职业教育,既有丰富的教学理论,又有丰富的教学经验,还有丰富的教育行政管理实践。作为中国当代著名教育家当之无愧,他在新中国教育事业的开拓、我国教育实践的丰富发展和难以数计的人才培养方面,为国家和人民做出了卓越贡献。

青年的良师益友

作为一名园丁,公木不仅仅培育、浇灌诗坛的新芽,他对田园里的其他幼苗一样关心、呵护。他不仅是诗歌爱好者的良师益友,也是所有愿意接近他的青年的良师益友。作为一名教员,他真正做到了"有教无类",决无门户之见,不管是不是自己授业的学生,只要求教于他的门下,他都热情接待,悉心指点。从延安开始,一直到垂暮之年,在公木的周围,总有一批又一批青年围绕着他,他也竭尽全力尽其所能地对青年人给予帮助。

公木所以能对青年产生向心力,一方面是由于他有渊博的知识,诗人的出众才华,学者的深邃和智慧,一方面是由于他有令人尊敬的人品。冀中平原的孕育,知识海洋的泛游,革命熔炉的冶炼,艰苦岁月的砥砺,使他形成了朴实、纯真、直率、忠厚的性格。他热情坦直,为人诚恳,实事求是;他感情丰富,重言诺,讲交情,讲友谊,乐于助人,甚至不惜牺牲个人利益;他做事认真,实实在在,对真理有极顽强的坚持精神,百折不挠。正因为如此,青年朋友都乐意和他交往。在和他的接触中,不仅能增长知识,提高才能,而且能受到美好品格的熏陶。

公木非常愿意和青年朋友交往、接近,一则是他认为青年是祖国的未来和希望。他在文章中经常谈到这一点,说青年好像丛林,其中必然会产生挺然而立的乔木。二则是认为青年身上有许多值得学习的东西,应该放下架子向他们学习,以充实丰富自己。他曾说:"不要总认为是我们在引导青年,其实,青年人的锐气、善于思考和创新意识不也在时时推动我们引导我们吗?我们和青年要互相学习、互相促进。"这段话决不是公木的自谦,而是发自内心的一种认识。所以,他和青年交往从不以长者、诗人、名家、教授自居,而是平等待人,开展双向交流,力求达到心灵与心灵的沟通和理解。实事求是地说,和青年的交往,确实使公木受到许多启迪,年纪虽长而"思想"不老,精神焕发。青年朋友不仅聆听了公木的教诲,而且有许多人得到了具体的、实实在在的帮助,在各自岗位上施展才华。

公木五十年代对文学创作的贡献,其中重要一项,是筹备召开全国青年文学创作者大会。这次会议是党中央批准召开的,作为会议秘书长,公木主持了筹备的全部过程,从会议的内容、日程到参加的人员,他及时请示领导,都做出详尽的安排。会议有五百多名青年作者参加,像丛维熙、刘绍棠、邓友梅、刘真等一些青年文学创作的佼佼者全都到会。周恩来总理和茅盾同志到会做报告,公木做了长篇发言。这次会议对文学青年是一次检阅和鼓舞。会后,公木建议办短期训练班,进一步培养青年作家。这样做的结果，使他们打下了厚实的基础。现在，这些同志分布在全国各省，不少人任作协主席、副主席，主编、副主编。提起公木，他们都感激不已，称之为"忠厚的长者，敬爱的老师。"

当时，公木不仅对在文学讲习所学习的同志悉心指点，而且对所里的工作人员也给以鼓励帮助。现在是中国人民大学教授的朱靖华，就是公木培养起来的。

朱靖华是文学讲习所教务处的工作人员，刚大学毕业不久，他爱学习和钻研问题，常去向公木请教。公木鼓励他在做好本职工作的同时，积极备课，争取做兼职教员。在公木的鼓励、支持下，朱靖华终于登上讲坛，给学员辅导古典诗词和外国小说，并从此开始逐步成长为一名有较高成就的人民教师。

从公木和朱靖华合著《历代寓言选》这一事例中，我们更能看出公木作为青年朋友良师益友的风范。

从 1956 年 5 月开始，公木以龚棘木的笔名，连续在《北京日报》发表《战国寓言选释》，这是其刻苦钻研先秦文学的一项成果，他还准备继续搞下去，出比较系统的专著。但当他听说朱靖华也对寓言感兴趣，正苦于找不到突破口时，就主动提出和当时只有二十八岁的朱靖华合作。他们与中国青年出版社签订了出版合同，加快了书的编著速度。公木一边指导朱靖华，一边亲自动手，于 1956 年底完成了书稿的写作。在出版过程中，公木被错划成了"右派"，出版社决定不用公木的名字。对此，朱靖华甚是内疚。公木老师领一个后辈入了门，却最终未能分享合作的成果，这不能不使人感到遗憾。但公木一点也不计较个人的得失,反而为培养了一名新人感到欣慰。当他的"右派"问题改正后,朱靖华为了弥补缺憾,提出再合编《历代寓言选》。二人重新合作,终于实现了夙愿。1982 年 7 月,已是中国人民大学教授的朱靖华,去长春参加吉林大学研究生论文答辩会,和公木重逢,他这样评价公木:"他真是一位忠厚的长者。数十年来,我的成长都得益于他的教诲和帮助。从某种意义上说,他是一个完人。不论从思想、品德、业务、学识各方面,我都深得他的教诲。假如没有他的培养,我不会有今天。"

几十年来,经过公木培养、指点的青年为数不少,其中成才者灿若群星。

王肯是我国著名吉剧专家,吉林省作协副主席,他创作的吉剧剧目连续三年在全国获奖,受到一致好评。但他五十年代刚开始研究"二人转"时,却面临着很大压力,被许多人瞧不起。公木是他的有力支持者,认为这是一条正确的路子。他鼓励王肯注意吸收民间文学的营养,同时扩大知识面,广开视野。王肯说:"那时公木老师是东北大学的教育长,更是教我们写作的老师。他说他当年初到延安,也被《蓝花花》《骑白马》《走西口》等陕北小调迷住了。还和何其芳同去整理了一本《陕北民歌选》。这对来自大城市的文化青年来说,是一种情感的变化,是一种进步的表现,一生不能断了民间这口奶。但人民要求他们的作家,要有更广更深的文学素养,才能写作更多更好的作品。"这个告诫,在王肯的创作生涯中始终都起作用。

万寒是吉林文坛有名气的小说家。吉林大学中文系毕业生，由于反右斗争时被错划为"右派"，毕业后在一个基层菜店当工人。1979年他拿着一首长诗和两个中篇小说去拜见公木老师。原稿是复写的，字迹很潦草，公木老师一个字一个字地看，一直读到深夜。万寒第二次去时，公木老师紧紧握着他的手说："《大地上的芭蕾》写得很好，我是一口气读完的。"万寒受到很大鼓舞，增加了信心。为了使小说能公开发表，公木积极为之推荐。在推荐给《春风》编辑部时，还附了一封长长的信。这篇小说发表后被评为获奖作品，在全国引起较大反响。至此，万寒一发不可收，又写了一些短篇、中篇。送给公木老师看后，公木老师都一一做了修改。为了使之有一个较好的生活和创作环境，公木老师积极为万寒联系调动工作，使他成了吉林省作家协会的一名专业作家。现在，万寒珍藏着公木老师修改过的小说底稿，稿纸上添写得密密麻麻，连错别字都改正了过来，上面凝结着一个"园丁"的心血。

金恩晖，吉林省图书馆馆长，著名学者。能有今天的业绩，金恩晖非常感谢公木先生。他说：我不是公木的授业弟子，但他却是我永远的恩师。金恩晖从北大毕业后分配到吉林省图书馆，此时公木正在图书馆劳动改造，两人有幸结识。金恩晖这样记述公木对他的帮助："公木1961年冬调入吉大主持中文系之后，工作和教学十分繁忙，但他却格外地开了'绿灯'，他的家成了我这个未经考试入学的、关门弟子的课堂。""按年纪、地位和影响来说，我是一个普普通通的学生、晚辈,他对我却是从善如流、虚怀若谷、和蔼可亲。在社会与人生问题上,我对他可以毫无保留,无话不谈,师生间可以完全洞开心扉,毫无禁忌……六十年代,公木师无论在我处于顺境还是逆境,都一直关心我的学习和感情,勉励我发奋上进,不可自堕其志。""他对我的文章从来都看得很仔细,所以批评起来自然切中肯綮",而且给予具体的指导、帮助。一次金恩晖要写一篇关于美国小说《飘》的评论,为此去请教公木。公木欣然应允,他认真阅读原书,一一指出书的时代背景、主要内容和人物的个性。这些意见满满写在两张稿纸上,还附了五张摘录书中某些片断的卡片。在给金恩晖的信中写道:"书已读完,也略写了几句感想,极草草。卡片中所引数则,可作参考。书中所描绘的事例尚多,不曾一一摘录,有的曾划出一点标志,请翻阅。"后来,金编写《马克思的读书、学习和科学研究工作》一书,请公木给以指导。公木没有丝毫推托,他查对多处《马克思恩格斯选集》,补写了近五千字,提高了全书的质量。

上面提到的仅仅是几位,经过公木培养脱颖而出的人才,尚有许多。那些受到公木帮助指点过青年朋友,可谓难以尽数。

张国安是贾植芳先生带的博士生,一次持老师写给公木的介绍信去长春探访一批学者。公木热情地接待他,还不顾年老体衰,亲自领他爬上五楼,去看望他要拜访的一位作家,以便当面介绍。

高宪民,是公木在吉林省图书馆劳动改造时结识的又一个青年朋友，两个人同住一个宿舍，朝夕相处两年时间。高宪民对公木给自己多方面的帮助记忆犹新。当他知道小高喜欢写诗时，教给他一些写诗的技巧，同时告诉他没有激情时不要"硬写"："用生命写出来的才是诗歌。你觉得为了写首诗吃不好、睡不下非写不可时你再写。"三年困难时期，公木请小高下馆子改善生活。当小高失恋时，公木连续几个晚上开导他："爱情是甜蜜的，也是痛苦的，不管甜与苦，都是人生美好的回忆。"劝他抛开痛苦，振作起来，把宝贵的时间用到学习和工作上。

龙彼德与公木的交往始于1990年，正式通信始在1993年之后。从1993年7月30日，到1998年7月13日，5年时间中，公木先后给龙彼德写了8封信、一篇评论。这些信许多都是在病床上写就的。在最后一封信中，公木告诉龙彼德"我年来病肾，已届晚期。住院，大夫宣称不治，实际束手乏术，只靠自己挣扎"。就是在这种境况下，他极其认真写信讨论问题，让龙彼德深受感动。

郜晋收藏有一件珍贵的题词封，每当看见它，他都深深怀念公木先生。郜晋有收藏当代文学名家签名集邮的爱好，很希望得到公木先生的手迹。1998年8月18日，他冒昧地给公木寄去一信和"刘伯承元帅诞生100周年邮票首日封"。出乎他的意料，仅过半个月，就收到了公木先生在首日封上的题词："没有行动，思想永远不能成熟而化为真理。光说不做，等于一只嗡嗡叫的蜜蜂不酿蜜。"而这离公木辞世仅隔月余。

刘沅波自称是公木的"编外弟子"，由购书变赠书，他受到了

352

意想不到的关怀。他喜欢读公木研究中国诗歌的学术著作,一次在友人处见到公木著的《中国诗歌史论》,便写信给公木求购一册。万没想到老人家给其赠书一册,不仅不收费而且还破费寄了挂号。得到公木先生逝世的消息,想到老人一定是大病中嘱托家人办理此事,刘沆波禁不住泪水长流。

吉林省教育学院张立华拜访公木先生,请他为《中国哲理诗话》一书题词。此时公木的尿毒症已非常严重,为了鼓励青年人,他还是坚持题词,而且写了一个不满意,又写了一个。10 月 23日张立华来取题词,公木慈祥地笑着把题词交给他。题词写道:"诗的王国,是智慧的海洋,是理想的宇宙,是理念思维的彻底解放,是精神状态的真正自由。解放与自由:对主体而言,是自我觉醒;对客体而言,是真理显现。因此诗歌欣赏,意味着创作的幸福、灵魂的净化,意味着善与美统一于真,意味着意志与感情统一于理性,意味着生命的升华。"捧读题词,张立华内心发出由衷的赞叹:"真不愧为国学大师、文坛巨擘、诗学泰斗,这题词不就是一首美妙绝伦的诗章!"当公木坚持送他下楼,两人在楼下握手告别时,他怎么也想不到,公木先生竟会在一周后与世长辞!

进入晚年之后,公木还以社会联系方式关心培养青年。他担任中国作家协会理事、作协青年创作委员会主任、吉林省社联副主席、省文联副主席、中国作协吉林分会主席、省社会科学院副院长、省作家进修学院院长等职务,虽然年事已高,身体不好,工作繁忙,但仍力所能及地为青年做工作。对此,吉林省作家协会的工作人员们，都深有同感，永世难忘。吉林省作协孙里回忆说："在我的记忆中，这些年凡作协召开的会议，不管是代表会、创作会、作家作品讨论会，抑或是接待外地作家、学者来访，也不管集会规模大小，只要需要，他都会亲自到场，并即席发言和讲话，表达他对文学发展和文学青年培养的关心。""在我负责处理《作家》杂志日常工作的许多年中，便经常收到他荐来的青年作者的稿件。有的推荐信密密麻麻地写满几大篇，末了，还要再三叮嘱：一定要妥善处理。即使是一些业余写作者，他也决不敷衍。在他受聘担任省作协文学创作函授中心顾问期间，虽不拿分文报酬，但仍十分认真地处理学员来信。一次，福建一农村学员给他来信，请他帮助查找自己一份作业的下落，公木将这封信及时地转给了我，并附有措辞严厉的意见；时隔半年，他还专门打来电话，询问此事处理情况，直到得到满意的答复。"他评改一些年轻同志的作品；他给素不相识的青年去信，为他们的作品提修改意见，解答他们的疑问。凡是青年们组织的活动，公木几乎有请必到，他在热情洋溢的讲话和题词中，鼓励青年"要用自己的智慧和汗水，为祖国山河添异彩，为中华儿女震声威"。他还主动辞去自己担任的一些职务和课题研究组长的头衔，推荐比较年轻的同志担任，以利他们施展才干。

在家里接待青年和后学，是公木晚年的一个重要社会活动。平日里向他求教，或想取得支持和提携的人很多。每天他都要接待来访者和阅读大量信件，但他总是做得那么耐心细心。即使在病中,即使家人为"保护他"在门上贴了"有病勿扰"的纸条,凡有来访,他都有来必见,决无丝毫怠慢和一丝不快。这挤占了他晚年的大量时间和精力,他在无奈之余也很高兴,认为为青年和后学做点事是应该的。

为青年人所出著作和作品集撰写序言,是他关心青年的又一方式。吉林省作协蔡春山为公木先生编过一本序跋选,对此感受很深。据有人统计,他曾为人作序百余篇,其中多数是为青年作者撰写。公木为人作序有三个特点:一是从不让人代笔;二是必须看完书稿思索再三,方才动笔;三是于好处说好,不足之处也一并指出,决不一味吹捧"捧杀"青年。比如他在肯定一部青年的作品的优点和特色之后,也一针见血地指出:"个别平平之作杂陈其间,有的作品也还缺乏深细加工,因此不能全然曰荟萃之作。"除了作序,还有大量的题词,大量的回函,这占去了公木生命中的宝贵时间,但他毫无怨言,反而因能为青年做点事情而欣然。

公木不仅寄希望于青年,也寄希望于少年。五十年代对写诗少年春刚的鼓励,八十年代对《母子诗集》"子部诗"的看重,都可管窥出老诗人的心迹。1978年夏天,东北师范大学附中成立了青少年文学爱好者协会,公木欣然担任了协会的名誉主席,并挤时间专程赶去参加成立大会。中学生们满怀激情地描绘老诗人:"一位飘逸着满头银丝、一脸庄重神情的老人,手里悠闲地摇着一把硕大的墨黑色折扇,微仰身端坐在沙发上。"公木热情和同学们握手,告诫他们:"不要偏科,任何专业都不能变成电线杆,单打一不行。学问像金字塔，要博大才能高。"事后，一位中学生追记："时光可以流失，记忆却难泯灭，留在心底的爱，飘浮出依恋的烟渺，唱着一位平凡而高大的老人。他，送给了我燃烧起诗情的第一次握手；他留给了我一晕生活的明媚阳光。"

第九章　军歌送君行

1998 年 10 月 30 日，公木辞世。他的逝世，是我国诗界、学界、教育界的重大损失。他给我们留下大量的精神财富和文化遗产，也给熟识敬仰他的人们和被他泽被的人们留下了无尽的思念。人们在嘹亮军歌中为他送行，他在嘹亮的军歌中获得永生。

遽然去世

10 月 30 日是周五，是"黑色的星期五"，就在这一天，已届米寿的公木永远离开了这个带给他欢乐和痛苦的世界，离开了不愿让他离去的人们。

公木辞世的经过，公木的学生、著名文学评论家朱晶，根据公木夫人吴翔的口述，在《诗翁公木》一文中做了详尽的记录。

早上公木照常 6 点起床、吃药。自 1996 年确诊肾衰，病情时有起伏，腿和脚经常是浮肿的。在学校（吉林大学）的支持下，已定好下周一（11 月 2 日）去省医院住院，做腹部透析。

吴翔要给他理发。他摸了摸头，不想剪。可能是想到要住院，又同意了。人坐好了，新买的电推子却不好使。吴翔说，下午到商店换一把,再理。午间,女儿丹木回来。公木愿意吃馄饨,可这天没吃几个,看着女儿吃,问:"丹木,今天怎么回来啦?"女儿说:"看老爸。"老人转过身,突然哭了。这是很少有的事。每天都是他自己下楼取报刊,这天是丹木去取的。公木躺下看报,看看就睡着了。下午二点多,他醒了。吴翔告诉他,去街里修推子。

大约 3 点 20 分,吴翔回来,一开门就觉得动静不对,急忙跑进屋子,发现公木倒在洗手间,左腿压在肚子下,右腿伸着,头抬不起来。她马上找六楼哲学系张维久夫妇,帮助把公木抬上床。

在省医院工作的丹木带来救护车,立即送公木去医大一院。脑 CT、心电、血压都没发现问题,采血化验,血里无糖,属于低糖昏迷。5 点多钟,公木苏醒:"这是哪儿呀? 我不是上厕所了吗?"孩子们围在床前,公木笑了:"你们都来了!"转过头对吴翔说:"我好了,去马克思那里早点,赵雨出去没回来,还有三年课题呢!"他说的是和助手赵雨进行的《诗经》研究,赵雨正在石家庄、北京做课题咨询。此时他似乎挺精神,耳朵也不那么聋了。过了一段时间,突然说"冷",呼吸不畅。医生找吴翔,要她有所准备。

9 点 50 分,电话响了。回家做准备的吴翔心里一沉,又急忙与丹木赶回医院。10 点 15 分,公木心力衰竭,心脏停止了跳动。

听到公木辞世的消息,许多人的第一反应是不相信这个事实,从感情上不肯接受这个事实。

著名诗人丁耶说:忽闻诗翁公木,于 1998 年 10 月 30 日晚十时,不幸与世长辞了,我从感情里不肯接受这个事实。就在几天前我们还在面谈,他说自己还在编《中国诗史》,他的几案上还摆放着他正在研究的资料,并且双管齐下地整理他的著作,等身的著作呀!他自我感觉健康情况良好,不久前他曾经在省作家协会召集的一个会上向青年作家们讲过:"我要亲自把他们送到21世纪……"他不会食言的,他为了他的承诺也要坚持活下去。几乎每天从广播里都听到他所创作的军歌:"向前,向前,向前,我们的队伍向太阳……"这歌声唱了千遍万遍,这雄壮的歌词哺育一代又一代。亿万青年战士就在歌声里壮大成长,所向无敌地冲过历史的硝烟,迎来光明的未来……

公木的学生、吉林大学原文学院院长郝长海教授说:10月31日清晨得知公木老师已于昨晚溘然长逝的噩耗,我感到异常的震惊,脑子里一片空白。怎么会呢?十天前他不是还带着极大的兴致参加院里举行的迎新生联欢晚会么?不是在我身边足足坐了三个钟头,时时为师生们的精彩表演报以热情的掌声么?当他离开会场时,不是还带着慈祥的微笑,向大家挥动着他那有力的手臂么?怎么几天不见,他竟突然的去了呢?然而,这的确是不容置疑的事实。他真的和我们永别了。

公木的学生、他带出的第一批研究生、青岛大学文学院院长赵明说:从电话里传来消息的时候,我真不敢相信,更不愿相信。我的案头还放着他半月前的来信,字迹苍劲而工整,音容跃现于纸端。信中说:"年来偶见谈及我的诗文的文字,多加'老'字,有的甚至称'师',这很难展开真正的研究讨论。对技艺与理论的评议，都当就文本来立论，年纪老了，就不一般对待，这就改变了实事求是的原则，也使我感到几分苍凉。我是多么希望能同一般作者共同研讨，并且听到认真的指正啊！"还说，他计划用三年时间完成《夏商周村社文化演进下的〈诗经〉研究》的课题，预计明年一月开始写。在这过程中，希望能听到我的意见……

吉林省作家协会原创联部主任蔡春山说：11月2日（周一）一早刚到办公室，突然听说公木老师30日（周五）病逝了。我和同事们都说"不会的，不可能！"因为10月8日下午，公木老师约我去他那里，老人神采奕奕，竟长谈了一个多小时；临走时还把手稿给我，准备发表。10月13日上午，我和省作协副主席王士美及作家进修学院部分同志特意到家中看望公木老师，也长谈了45分钟，并且合影留念。特别就在10月30日上午8点多，省电台一位记者朋友给我说，他想看望和采访公木先生。我随即与公木先生的夫人吴翔联系，吴老师说："你张老师（公木）这两天身体不大好，推几天好不好？"我说："电台朋友只想看看张老师，没什么任务，不多说话。"吴老师说："那就由你陪着上午过来吧。"我马上转告电台朋友，可惜电台朋友正在外边采访，不能按时前往，失之交臂，错过良机，竟成永远的遗憾……

不愿相信这个消息，除了感情上的因素，还是人们没有思想准备。即使公木自己对这一天的到来，也未必有足够的思想准备。他的晚年，屡被疾病所困扰，1981年4月初患心脏病住院，不久，因过度疲劳患心肌梗塞，经抢救转危为安。进入九十年代后,又被肾病所累以至日趋严重,但公木面对疾病始终有一种乐观的心态。他说:"人的一生,生老病死原是必然过程,而我正处在老病阶段,这是全过程的灰色时期,力争把这个阶段拖得长些,再长些。药石无效,也还要吃;更主要靠自力更生。老树暮花,回光返照,也可从正面视角看,未必是走向'黑乡'的预兆。这也是一种看法或者说想法,此之谓灰色主义。"他以"老骥不伏枥,夸父逐日跑"的姿态,以"御风与时间同步"的紧迫感,决心在有生之年多出研究成果,延伸人生价值,并以此作为抵御疾病侵扰的良药。他给自己报了一个《诗经》研究的科研项目。包括译注及语言考释,计划两年完成通稿。他把这"作为一副药,名曰寄托,精神寄托,服之忘我"。他对自己的身体还有信心,常常说再坚持若干年没问题。他对自己的学生说:"孔子活了73岁,孟子活了84岁,从我现在的身体状况看,超过孟子不成问题。"岂止如此,他还要向二十一世纪迈进。

但是无情的疾病折磨着他,病老毕竟不是愉快的事,使他会有晚年的苍凉和孤寂。他想到了离去这一天,但是他没想到来得比预想的要快。在生命的最后一段时间,公木书写了李白诗句"若非群玉山头见,会向瑶台月下逢"的条幅挂在书房里,日夕与之相对。我们无法猜想他此时的心态。但我们知道,他走后留下了两个未竟的心愿:一是他和赵雨的《诗经》研究课题;一是《公木文集》的出版。去世前一些日子,公木把自己的著作全摆在桌子上,逐本翻阅,寻找讹误,有时看看就打起盹来,冷不丁地醒来,笑着摇摇头："吴翔,我老了,我这油没多少了!"

即使在弥留时刻,他还惦念着他未完成的《诗经》研究课题。"我还有课题呢,还得三年呢",这句话成了留给家人乃至世人的最终遗言。

隆重的悼念

公木逝世后,社会各界举行了隆重的悼念活动。人们深深缅怀这位《中国人民解放军军歌》的词作者、我国著名诗人、学者、教育家,高度评价他在我国文学创作、学术研究、教育事业等领域做出的重要贡献。

新华社、中央人民广播电台及全国各大媒体都报道了公木辞世的消息。讣告称:中国共产党优秀党员、坚定的共产主义战士、著名教育家、学者、诗人、《中国人民解放军军歌》词作者、中国作家协会顾问、吉林省文联名誉主席、吉林省作家协会名誉主席、全国毛泽东文艺思想研究会名誉会长、原吉林大学副校长、吉林大学文学院名誉院长张松如(公木)教授因病医治无效,于 1998 年 10 月 30 日 22 时 15 分在长春逝世,享年 89 岁。

长春晚报以《军歌送君行——各界人士送别诗人、学者、教育家公木》为题,详细报道了送别公木的场景:

7 日 8 时,离公木(张松如)遗体告别仪式还有半个小时,白求恩医大一院告别厅外,已站满了千余名前来为公木送行的各界人士。

文化部发来唁电,国内许多省、市的文学团体、高等院校、出版机构及臧克家等老一辈文艺家发来唁电唁函,痛悼这位我国著名的诗人、学者、教育家。告别厅外,几十幅挽联、挽幛高悬。

王云坤、洪虎等省领导,李述等市领导前来为公木送行。神情肃穆的送行者中,有公木的亲属、朋友,更多的是战友、同事、学生。

公木早在 30 年代就活跃在中国文坛,在最后的 20 年里,公木的诗歌创作和学术研究都进入了一个新的爆发期,他的诗作和文学研究蜚声海内外。《老子校读》曾获原国家教委颁发的首届人文社会科学优秀科研成果一等奖。

早早就来到告别厅的原长春出版社副总编辑董辅文,是公木 60 年代的学生,也是公木许多学术专著出版工作的当事人,他一直在念叨着:"老先生走得太快,他撰写的《毛泽东诗词鉴赏》4 年中再版 12 次,发行 22 万册,第 13 版已经开印。他亲笔写序的《中国美学思潮》8 本,刚刚出版了 2 本,还有 6 本要在他的设计、指导下完成啊!"

公木是著名的学者和教育家,他的大半生是在学校讲坛上度过的,他以自己丰富的知识和满腔的心血培养了一代代学子,如今,他桃李遍天下,弟子中不乏学者和名人。青岛大学文学院院长赵明,专程赶来见老师最后一面。他含泪讲述着:"20 天前,当我的《两汉大文学》问世时,公木老师来信表示祝贺,他鼓励我不要浮躁心态,要我对文学研究的事业终生相许。"

公木走了,然而作为"先秦两汉魏晋南北朝"研究方向研究生的指导教师,他留给后人的是无法估量的财产。作为公木第一批研究生,并曾做过公木课题研究助手的李军说:"公木是我国当代文学史中少有的一位诗人兼学者,他用马克思主义的理论观点来研究中国的传统文化、中国的文学、诗歌,颇有建树。但是,老师还留下两个心愿,一是国家级科研项目《诗经》的课题研究,二是《公木文集》还没有出版,这是后人应该完成的事业。"

公木走了,他安卧在鲜花丛中,他身上覆盖着鲜红的中国共产党党旗。"向前! 向前! 向前!"这曾经激励过千军万马驰骋疆场的雄壮旋律,再一次响彻在这位《中国人民解放军军歌》词作者的耳畔,为他送行,为他89载坎坷却不凡的人生送行。

著名诗人、作家杨子忱如实记录了1998年11月7日当天送别公木的经过:向公木遗体告别的场所,设在医大一院吊唁厅。我来到这里时,见人还未全到,都在忙着布置和悬挂挽幛、挽联、悼文、悼诗之类的祭奠物。随即我看了一下,真打动人心。与我感怀一样,天下皆悲也。于是,我拣选抄录几幅:"战士思想家革命者;诗人学问家教育家""道德文章留千古;桃李风范传五洲""痛失文苑泰斗;哀送教坛导师""生天下歌;死天下哭"……这些字,是他的同志、朋友、学生、亲人诸方面送的。但可以这么说,公木是先于他人之先的人,他人是后于公木之后的人。这不仅是年龄、资格,还有做人、治学、为诗等等。西安的作为公木生前友人的回族兄弟,送的挽幛文字是:"文坛失去一名宿将;回族少了一位兄弟""痛在八百里秦川;泪流几千里山河"。旋即,我走进吊唁厅。见那主位上立有其亲人送的花篮,缎带上的文字是:"老师同志爱人松如兄千古,学生爱妻吴翔敬挽""长子张煜英媳孟敬勉率儿女敬挽""次子张运藏媳辛富有率儿女敬挽""三子张许嘉媳周汉华率儿女敬挽""四子张百钢媳郑一生率儿女敬挽""五子张铁奔率儿女敬挽""胞妹张魁贞率全家敬挽""长女白桦女婿谷少弟率女敬挽""次女张丹木女婿梁鸣率子敬挽"。见此,可知公木这位生于 1910 年 6 月 21 日卒于 1998 年 10 月 30 日,享年八十有八又四个月零九天,几乎与世纪同步的老人,堪称"十全老人"了。接着,还有国家文化部和教育部、中国作家协会、全国文联等,还有朱子奇、臧克家、马烽、西戎、李瑛、张锲、翟泰丰等,都送了花圈。诗刊社的花圈,是我应《诗刊》常务副主编丁国成电话所嘱代办的。看过这些后,我为公木的遗容拍了照,包括其整容之先和整容之后的,以及其遗像等。接着,便是向公木遗体告别仪式的开始,哀乐响起。我边哀悼,边拍照,边迎候前来吊唁的人。上千人的队伍排得好长。我看着省、市领导王云坤、洪虎、李述等同志在公木遗容前默哀鞠躬,看着所有前来的人在公木遗容前默哀鞠躬。看着看着,瞬间我竟忘记了自己,仿佛什么都忘记了,只是流泪。

我一直送公木到朝阳沟殡仪馆,这是最后的送别。公木的遗体置放在革命公墓正厅鲜花丛中,身上覆盖着中国共产党党旗。

当亲人和同志们在公木遗体即将火化前再行告别礼时,殡仪馆要放哀乐,人们要求放送公木于 1939 年在延安时创作的《八路军进行曲》即 1988 年 7 月被颁定的《中国人民解放军军歌》,于是,伴随着公木遗体在众人环卫和簇拥下缓缓离去,乐声奏起。我听着那歌,还似当初,还似在 50 年前,在 1948 年,在念小学刚学会时。那是公木老师写的歌呵——

"向前向前向前! 我们的队伍向太阳……"

社会各界以各种形式对公木的辞世表示哀悼和追思。文化部、新闻出版总署、中国文联、中国作家协会、中国社会科学院等部门和团体,著名诗人臧克家、朱子奇、公刘、纪鹏、徐刚、邵燕祥、张永枚、吴开晋、徐敬亚、王小妮等,著名作家马烽、西戎、草明等,著名学者金景芳、蒋锡金、朱靖华等,吉林省省委、省人民政府、长春市委、市人民政府,吉林大学、东北师范大学等高等学府,公木的亲友和弟子,以及日本、美国等海外友人,还有在国外的朋友、留学生,都致函或致电,用各种方式寄托对公木极高的怀念和哀悼。

下面,我们特意全文照发中国人民解放军总政办公厅的叩电全文,以此可见我国军方对公木极高的评价。

公木同志治丧办公室:

惊悉公木同志遽然辞世,不胜悲痛。总政领导和机关对公木同志的逝世表示深切的哀悼。

公木同志是著名的诗人、学者、教育家,也是杰出的革命文艺战士。半个多世纪以来,他创作的《八路军军歌》《八路军进行曲》等优秀作品,特别是由他所作词的《中国人民解放军军歌》,对于激励我军官兵为民族解放和国防现代化建设前赴后继、英勇奋斗,发挥了重要的作用。公木同志虽然去世了,他的英名永存!

请代我们向公木同志的家人表示诚挚的问候。

公木同志永垂不朽!

中国人民解放军总政办公厅

一九九八年十一月六日

这里,我们也全文照登郑律成夫人丁雪松发给公木夫人吴翔的唁电:"惊悉律成的老战友老大哥公木同志逝世深感悲痛特电哀悼望节哀保重请治丧办公室用郑律成老伴丁雪松名义送一花圈。"丁雪松的唁电极富特色,也昭示了公木和郑律成终生不渝的友谊。

郑律成 1914 年出生在朝鲜全罗南道光州杨林町一个贫苦家庭。原名郑富恩,后因酷爱音乐改名律成。1933 年春,郑律成和一批朝鲜爱国青年来到中国,1937 年奔赴延安。在延安他结识了比他长 4 岁的老大哥公木,俩人住在同一个窑洞里,共同创作了后来成为中国人民解放军军歌的《八路军进行曲》,结下了深厚的情谊。郑律成非常尊敬公木这位老大哥,1962 年还特地到长春邀公木同去云南搞歌剧创作,公木因有教学任务没能成行。1976年郑律成又到长春看望公木,公木将歌颂周恩来总理的《东风歌》一诗交给他谱曲,郑律成欣然答应,兴奋地说:"一定好好写,认真写,把它唱出去,唱起来。"但没等他实现这一愿望便猝然而去,两人没能再度合作创作精品令世人遗憾,而郑律成的突然辞世更是让公木锥心般疼痛,他含泪作诗《挽辞联曲》,沉痛哀悼郑律成,追忆在延安窑洞共吟《八路军进行曲》的往事,以及商定合作《东风歌》的经过,读之让人感慨万千。现在,公木这位老大哥也随律成前往了,丁雪松怎能不悲从中来?"用郑律成老伴丁雪松名义送一花圈",这里字字饱含着多么浓厚独特的情义啊!

曾受到公木呵护、关爱的我国著名诗人徐敬亚、王小妮夫妇,当时在海南,没能赶到长春为恩师送行。他们分别撰文寄托了悼念之情。王小妮在人民日报发表的《回想公木老师》一文中写道:

"就在我们听到公木老师离世前一个多小时,我们坐着车,向城市的西方走。南面一公里外是南海,北面是中国大陆。我们看见落日正被云影快速吞没又吐出来。我们说,这景象还从来没见过。我们注视了一会儿。把这么两件事联系起来,并不涉及预感之类。只是从中发现了无可抗拒的不测和混沌。

"有的时候,我们往往被迫把事情做得太快,比如我要赶写这篇文章。其实,生,是在十个月后来。去,在几十年后如果发生。特别我们中国人的方式,是极缓慢的那种浸润。我认识公木老师,就是在长达二十年的过程中。急促而就,往往是不益的。公木老师和他的学生们,和嘴里唱着进行曲的人们,都还需要时间。

"又下雪了。公木老师,我们将在不同的地方体验四季。"

大业长存

公木先生去了,但他的风范、贡献以及所从事的事业都长存着,延续着。正如他的老友臧克家《有的人》诗中所言:"有的人活着,他已经死了;有的人死了,他还活着。"公木活在军歌中,活在他的诗和学术研究中,活在他开拓的各项事业中。这种存在分为有形和无形,物质化和人格化,显形和潜在等各种形态,使人们时时感受着。

自然,人们提起公木,最先想到的会是《中国人民解放军军歌》,或者说,人们唱起或听到《中国人民解放军军歌》(以下简称《军歌》),脑海中就会浮现"公木"这个名字,就会想起这位著名诗人、学者和教育家。

由公木、郑律成合作创作的《八路军进行曲》,后被改名为《中国人民解放军进行曲》,最终确定为《军歌》,经受了经久的考验,有一个长期延续的过程。

1940 年夏,《八路军进行曲》在《八路军军政杂志》刊载后,便在各抗日根据地军民中传唱。1941 年 8 月,该歌曲获延安"五四青年节"奖金委员会音乐类甲等奖。全国解放战争时期,《八路军进行曲》更名为《人民解放军进行曲》,歌词略有改动。1951 年 2 月 1 日,中央人民政府人民革命军事委员会总参谋部颁发试行的

《中国人民解放军内务条令（草案）》，将《人民解放军进行曲》改名为《人民解放军军歌》。1953 年 5 月 1 日，中央人民政府人民革命军事委员会重新颁布的《中国人民解放军内务条令（草案）》，又将其改为《人民解放军进行曲》。1965 年更名为《中国人民解放军进行曲》。1988 年 7 月 25 日，经中共中央批准，中央军事委员会决定，将《中国人民解放军进行曲》定为中国人民解放军的军歌，邓小平签署了颁定军歌的命令。

《中国人民解放军军歌》的歌词是："向前向前向前！我们的队伍向太阳，脚踏着祖国的大地，背负着民族的希望，我们是一支不可战胜的力量，我们是工农的子弟，我们是人民的武装，从无畏惧，绝不屈服，英勇战斗，直到把反动派消灭干净，毛泽东的旗帜高高飘扬。听，风在呼啸军号响！听，革命歌声多嘹亮！同志们整齐步伐奔向解放的战场，同志们整齐步伐奔赴祖国的边疆，向前向前！我们的队伍向太阳，向最后的胜利，向全国的解放！"

《中国人民解放军军歌》的歌词内容，反映了中国人民解放军的性质、任务、革命精神和战斗作风。曲调气势磅礴，坚毅豪迈，热情奔放。词曲浑然一体，表现了人民军队一往无前、无坚不摧的革命精神，塑造了中国人民解放军肩负历史重托，为中华民族的解放英勇奋战的英雄形象。

一个国家的军歌仅次于国家的国歌。只要有国家存在，就有军队存在，有军队存在，就有《军歌》存在，就有作者的影响存在。军歌不是普通的歌曲，它是振奋人心、激昂斗志、鼓舞人们永远向前的精神力量,而这种力量又是巨大的、无时不在的,在激发军队战斗力和民族凝聚力方面,有着不可替代的作用。这首歌也是完美的、富有艺术性和感染力的,一旦定型,一字难易,堪称经典。有人回忆,"文革"中一些人曾组织班子修改这首歌的歌词,想把它改得更革命些,结果是相形见绌,以留人笑柄而告终。可谓撼它物易,撼《军歌》难矣。这首壮歌是公木个人体验和民族体验的完美结合,是思想性和艺术性的完美结合,也是革命现实主义和革命浪漫主义的完美结合,蕴藏有排山倒海的气势和气壮山河的无穷力量。后来在回忆《军歌》创作经历时,公木曾说:"如果我不坐几次牢,不亲身参加抗战,不亲自作抗战时事研究,那是绝对写不了这样的歌词的。在'八路军大合唱'中,抗战的三个阶段,我都写上了,写成大兵团音乐形象,不是个游击队的形象。其实,1939年还没形成大兵团,但要站在抗战形势发展的高度去写。这是我当时的一种真感情,很自然很自觉地写的。不是首长叫写的,也没有谁告诉我要这么写,也没领导提意见,更没有开什么研讨会。回想起来,那时我们二人胆子也真够大的,既没有请示也没有汇报,一写就是军歌、进行曲。这样的环境,我想只有在那个年代才有,在任何时候可能都是不行的。"在颁定《军歌》的同时,中央军委给公木颁发了词作者证书,给了他很大的荣誉。面对这一切,公木显得很平淡。臧克家回忆说:"记得去年,他在延安时写的军歌歌词受到嘉奖,在某些人就会趁机宣扬自己,或请人写文加以吹捧,以增个人身价。可是公木同志为此事来了北京,又

371

默默地回长春去了。"

除创作《军歌》歌词外，公木还创作了《英雄赞歌》等优美和谐、传唱不衰的歌词。

《英雄赞歌》歌词

烽烟滚滚唱英雄，四面青山侧耳听，侧耳听。

晴天响雷敲金鼓，大海扬波作和声；

人民战士驱虎豹，舍生忘死保和平。

为什么战旗美如画，英雄的鲜血染红了她；

为什么大地春常在，英雄的生命开鲜花。

英雄猛跳出战壕，一道电光裂长空，裂长空。

地陷进去独身挡，天塌下来只手擎；

两脚熊熊趟烈火，浑身闪闪披彩虹。

为什么战旗美如画，英雄的鲜血染红了她；

为什么大地春常在，英雄的生命开鲜花。

一声呼叫炮声隆，倒海翻江天地崩，天地崩。

双手紧握爆破筒，怒目喷火热血涌；

敌人腐烂变泥土，勇士辉煌化金星。

为什么战旗美如画，英雄的鲜血染红了她；

为什么大地春常在，英雄的生命开鲜花。

1963 年长春电影制片厂根据巴金中篇小说《团圆》改编的剧本《英雄儿女》完成，电影主题歌歌词的创作任务落在毛烽与作曲家刘炽身上。但时任总政文化部处长的毛烽绞尽脑汁也没能写出自己中意的歌词，情急之下，他与刘炽等人一起找到时任吉林大学中文系主任、曾创作《中国人民解放军军歌》歌词的公木。公木花了一个晚上写出歌词，刘炽看了连声叫好，回家谢绝一切打扰，一遍遍读着歌词，借助突发的灵感，以当年在内蒙古采风时采到的一首鄂尔多斯草原民歌《巴特尔陶陶呼》为种子，激情迸发发展完成了《英雄赞歌》这首优美的歌曲。电影《英雄儿女》在全国公映后，在观众中引起强烈反响，王成的名字和《英雄赞歌》随之唱响全国。公木与刘炽的合作可谓珠联璧合，他们共同努力，为我们留下了这首歌颂英雄、激励人斗志的好歌。1998 年 10 月，两人在一周的时间相继辞世。人们永远怀念他们。

　　1978 年，公木还应邀为电影《豹子湾的战斗》插曲和片尾曲作词。

　　　　"唱的红日节节高，
　　　　纺的白云绕山川。
　　　　红格丹丹的太阳照大地，
　　　　丰收的歌儿飞上九重天"
　　　　……

这首歌名为《清格朗朗的延河水》的歌,歌词清新、欢快、优美,富有陕北民歌风味,宛如细腻优美的乡情诗。随着著名歌唱家王昆那嘹亮的歌声,在全国各处传唱开来。

对广为传唱、家喻户晓的《东方红》歌词的修改定型,是公木歌词创作的又一杰作。

《东方红》是一首曲调优美的民歌,它的曲调是由陕北民歌"骑白马挎洋枪调"移置而来。1944年,陕西葭县农民李有源、李增正叔侄依据此曲调自编歌词传唱,初称《移民歌》,但和《东方红》词有非常大的差别,只有第一段"东方红,太阳升,中国出了个毛泽东。他为人民谋生存,他是人民大救星"与后来的《东方红》相同,应该说只是具备了《东方红》歌词的雏形。1945年秋,公木随东北文艺工作团赴东北,在行军途中创作了《出发》一诗,诗的开头两句是:"共产党像太阳,照到哪里哪里亮。"结尾是:"哪里有了共产党,哪里人民得解放。"为解行军途中枯燥,文艺工作团的同志们一路唱着《移民歌》等歌曲,大家一边接续,一边创作改编,使歌词逐渐丰富,产生了一些新的意义。公木的一些诗和歌词创作,就是在这样的环境中产生的。

10月24日,东北文艺团到达沈阳,文艺工作队为了向当地群众宣传党的政策,打算一两天后,召开祝捷会,需要准备一些节目,大家想到《移民歌》中有歌颂伟大领袖的句子,决定把它改成一支可供演唱的歌曲,于是由公木、刘炽、雷加、严文井、王大化等几位工作队的同志聚在一起参与歌词创作,由公木执笔负责记载。大家你一言，我一语，凑成了四段。之后，公木又对歌词进行了整理修改：

> 东方红，太阳升，中国出了个毛泽东。
> 他为人民谋幸福，他是人民大救星。

> 毛主席，爱人民，他是我们的带路人。
> 为了建设新中国，领导我们向前进。
> 共产党，像太阳，照到哪达儿哪达儿亮，
> 哪达儿有了共产党，哪达儿人民得解放。

> 共产党，老百姓，民主联军子弟兵，
> 军民合作心连心，保家卫国享太平。

歌词第一段保留《移民歌》原词，将"谋生存"改为"谋幸福"是公木的手笔。第二、三、四段歌词全部是新填上去的。第三段歌词在编写时，有意识地把"哪里"改成"哪达儿"，用意是为了显示陕北民歌的地方特色，有土味儿。另外，公木他们就"哪里有了共产党"一句，费了一番斟酌，有人说"出了共产党"，有人说"来了共产党"，可又感到"出了"和"来了"都有些不合适，经过推敲，想到还是用比较含混的"有了"一词更加确切些。第四段主要是唱东北民主联军的，这一段只在沈阳一带传唱过。不久，随着"东北民

主联军"的番号取消,这段歌词也就没有人再唱了。

凑成四段后,由刘炽在《骑白马》曲调基础上略作加工,仍不失陕北民歌的风格。1945 年 11 月初,《东方红》这首著名歌曲就在沈阳诞生了。

此外,公木还参加过电影《白毛女》、歌剧《青林密信》等剧的歌词创作。后来谈到这些,公木很低调地说:"一般说,我参加过部分歌词的编写,但不能一定要说哪几段是我写的,更不能由此把歌词都编到我的诗集中去。"

作为诗人,公木对我国诗坛的贡献是巨大的,为后辈留下了许多脍炙人口的诗篇。

他和臧克家、田间、艾青等是齐名的,处在同一创作期,成果也一样丰硕,著名诗篇有《我爱》《哈喽,胡子》《鸟枪的故事》等。从 1927 年创作第一首诗《脸儿红》(发表于 1928 年的《大公报·小公园》)开始,到 1998 年 7 月写下最后一首诗《读〈鹏城颂〉——致张朔》,他的创作生涯长达七十余年,出版过《人类万岁》《中华人民共和国颂歌》《崩溃集》《黄花集》《棘之歌》《公木旧体诗抄》等十多部诗集。他的诗创作,到在延安主编《部队文艺》和发起成立《鹰社》时达到第一个高峰(达到了"五岭逶迤腾细浪"的高峰——公木语),代表作《鸟枪的故事》发表于《部队文艺》第一期,在延安曾引起轰动。一年后,他有幸应邀参加"延安文艺座谈会",更是燃烧起了旺盛的创作激情。和一般诗人不同,公木不仅写诗,而且着力进行诗歌创作研究,如他提出歌诗和诵诗的概念。认为歌诗是先写词后谱曲,而诵诗则只能朗诵,进行了长期的理论研究和创作实践。在文学讲习所时,主要是指导学员写诗和进行其他创作。为了加强指导,他深入展开对新诗研究,出版了《谈新诗创作》一书。公木有深厚的文学功底,兼擅新诗旧诗创作,有丰富的创作实践,对诗词创作素有研究。1961年到吉林大学中文系任教后,开讲《毛泽东诗词解读》得心应手。不仅从政治视角,更从艺术视角,从诗词创作规律的角度进行解析,大胆深入,向人们展示一个瑰丽独特的艺术世界。这部讲稿精心修改后,1994年由长春出版社出版,先后重印20多个版次,发行80多万册,创造了诗词鉴赏类图书畅销的奇迹,产生了广泛的社会影响。

公木的学术研究起步很早,到晚年老树著华,更是硕果累累,为繁荣发展社会科学一些领域的学术研究做出了重要贡献。1935年公木作《屈原研究》一文,署名章涛,刊于《东方文化》3月号上,同年还由北平震中印书局出版了他的第一本专著《中国文字学概论》。1954年他与杨公骥合写《中国原始文学》,并共同拟定《中国文学史纲目》。1958年与朱靖华合著的《先秦寓言选释》,由中国青年出版社出版(公木署名被去掉)。1979年1月,公木二十余年的冤案得以昭雪,被错划为右派的问题得到改正,恢复了党籍,进入人生新时期,学术研究也进入黄金阶段。他"御风与时间同步",抓紧一分一秒时间著述写作,相继出版了《诗要用形象思维》《老子校读》《老子说解》《诗论》《商颂研究》《历代寓言选》等专著。还担任全国重点科研项目《中国诗歌史论》的学术带头人,主编《中国诗史》《中国诗歌史论》等多卷本专著。煌煌六卷《公木文集》,其中大部分是这一时期完成的。特别引起学界关注的,是他在晚年发表《第三自然界概说》,提出"第三自然界"的理论范畴。认为人类通过劳动从"第一自然界"中创造出"第二自然界",人类本身便是这个"第二自然界"主体并生活于"第二自然界"。而所谓"第三自然界",则是人类想象的产物,是以人类活动为核心的"第二自然界"的反映,是影子世界、精神世界,是浮现人们大脑荧屏上的光辉灿烂的创造物,它不存在于意识以外,它是生命的火花,是人的本质力量的对象化,它是由艺术或诗所建立的形象王国。对此展开了充分和精辟的论述,形成了独特的一家学说,产生了重要影响。他对《老子》等古代典籍的研究,将历史文献和出土文献相结合,开拓出学术研究的新境界,受到海内外学界的高度重视。

作为一名教育家,他对新中国教育事业的开创、高校教学和科研的发展、广大学生的培育,都有卓著的贡献,在新中国教育史和高校发展史上留下浓重的一笔,对此我们已有专章记叙,在此不再赘述。

除了有形的作品、研究成果和教学业绩,公木还给我们留下了许多无形却又很宝贵的东西。他集传统美德、革命意志、诗人胸襟、学者风范于一身,有着高尚的人格情操,堪称人伦师表。观其一生,在以下几个方面尤为突出。

甘为人梯的园丁精神。公木一生大部分时间从事教育工作,热心传道授业,辛勤栽培,可谓桃李满天下。这些学生,既有著名的专家、学者,也有优秀的记者、教师,既有身负重任的各级领导,也有基层一线默默奉献的普通工作人员,甚至是未曾谋面的晚辈后生。他不仅培养了成千上万的学生,而且培育了一大批诗人,为我国诗坛输送一批一批新生力量。

百折不回的真理追求。公木一生追求真理,受尽人生磨难,但他百折不回。他一辈子敢讲真话,为此吃了不少苦头,也依然不改。他说:真话不一定是真理,但真理一定是真话。说真话是求真理的前提。进入改革开放新时期后,他对政坛的一些风气不满,有感于有的领导干部不愿听真话,他几次以诗的形式,反映一个老共产党员的心声,向党的总书记胡耀邦提出建议。他对自己作诗、治学、为人的要求是"不拜神,不拜金;不崇古,不崇洋;不媚时,不媚俗;不唯书,不唯上",敢于直言,一副铮铮硬骨。

终生不悔的坚定信仰。公木1930年入团、1938年入党,自从选定了共产主义信仰,就没有改变过。坐过牢,被通缉过,甚至有被杀头的危险,都不能使他改变信仰。即使被党组织多次错误处分,直到被划为右派、开除党籍,蒙受那么大冤屈,遭受那么多苦难,也没有改变信仰,依然对党和人民肝胆相照。他在一首诗中披露心声:"一从结发读宣言,便把头颅肩上担。遵命何如革命易,求仁自比得仁难。穷途未效阮生哭,晚节当矜苏子坚。问俺早知这么样,早知这样也心甘。"被开除党籍远离组织,他依然心在组织内,依然照一个党员的标准行事,"肉烂依然锅里滚,船翻犹自岸边行"。这是因为他坚信道路是曲折的,前途是光明的。他说过:"你看那黄河,从发源地下来,曲曲折折,拐了多少弯,但它依然奔腾向前,终将流入大海。"

朴实无华谦和待人的品格。公木为人忠厚朴实,朴实得像他家乡冀中平原的农民,普普通通,低调行事,不喜张扬。待人接物特别谦虚和善,不争名,不争利,与人友好相处。有人当他的面夸赞《中国人民解放军军歌》,他总是说:"主要是郑律成同志的曲子作得好,是音乐给它插上了翅膀。"说到《东方红》的署名,有人问他:"1949年出版的《大家唱》第二集,发表《东方红》歌曲时,署名是张松如改词,后来署名怎么变了呢?"他也只是淡淡地说:"我只是在沈阳参与整理的执笔人,不敢掠取创作之名。"父母被邻居泄露的煤气窒息亡故,他并未追究肇事者的责任,也没说什么责怪的话,只是自己关在屋里痛哭几天,恨自个没有服侍和看护好二老双亲。由此可见公木的为人和性格。

斯人已去,风范永存。最后,让我们引诗人臧克家先生的诗《东北有嘉木——祝张松如(公木)老友八十寿辰》,作为本书的结尾,也以此表达我们对公木先生的怀思。

东北有嘉木,挺拔知根深。

不与争春色,自有岁寒心。

我颂岭上松,我歌老诗人。

诗人为我友,木讷见醇纯。

君子貌苦愚,含练实超伦。

术业成就大,叹我望后尘。

长饮延河水,战斗愿献身。

诗歌千百首,引吭发强音。

论交兄弟行,差肩五六分。

形骸隔千里,交感两颗心。

白头互映照,永在是青春。①

---

① 载《诗刊》,1990 年第 7 期。

附录(一) 公木自传

乳名顺通,学名张永年、崧甫,现名张松如,笔名公木,又龚棘木、章涛、木农、席外恩、四名、魂玉等。

1910年农历五月十五日出生于直隶省(今河北省)束鹿县(今辛集市)北孟家庄一个农民的家庭。父存义只念过两年私塾,母李梅不识字。幼年在外祖父家资助下入学读书,1917年入私塾,翌年转村办初级小学,先念了一年"子曰诗云"后,又读起"小桥明月凉风"来。"五四"的风吹来了,"ㄅㄠㄇㄈ勿"成为新事物,学会了拼音,觉得比私塾老师教的"五方元音"可灵便多了。

1922年春升入深泽县河疃高级小学,是父亲背着一布袋小米送去的,入门升堂,先给大成至圣先师孔夫子的牌位磕了三个响头,就算录取了。主任教师曹席卿(怀珍)老先生是清末童生,又于民国入天津师范毕业,长子曹贡生(保定师范毕业)、侄子曹俊生(育德中学毕业),轮番来校助教,均不索工薪,只和全体学生同桌就食。学生亦不交学费,只供米粮蔬菜,一律住宿校内,周日也不放假。校规极严,教鞭戒尺是经常动用的。课程除英文是由一位不住校的王先生担任外,其余国文、算术、史地、博物、音乐、体育等均由三曹轮教,老曹老师还自编一部"语学",实际成了主课,我的语文基础便是在这时打下的。国文课教的本是文言,作文也以文言为主,有时老师命题竟是"任作一文必用夫然故虽四字"之类,这就是结合"语学"进行教学和习作;而在这中间,大曹老师善书法,小曹老师则以《独秀文存》《胡适文存》《白话文苑》《白话书信》及《新潮》等书刊做辅助教材,更引起多数同学习作白话文的兴趣。周日上午学生轮番登台讲说故事,讲完以后,公议选定一则或两则,下午分组用文字整理出来,交老师评阅,这是学习运用白话的好机会。校制原定三年毕业,我只念了两年半,便考入中学。在高小读书期间,我十二岁那年冬天,由父母之命,媒妁之言,给我娶了一位媳妇。当时我确实还不晓得娶媳妇是怎么一回事,只觉得披红带绿,又坐花轿,吹吹打打,是很好玩儿的。晚间由妈妈怀里换到一位长我六岁的大姐怀里去睡觉,虽然有些陌生,也不免腼腆,可是既然是高小生了,已经离家住宿了半年,仗着胆儿,也并不怎么害怕,反倒感到几分体贴亲切,不过,什么叫"两口子",渐有所知,还是在两三年后,那就是我要上中学的时候了。

1924年暑假,以名列榜首考入直隶省立第七中学,校址在正定县城内,离家140里。在中学的四年,正是中国大革命时期,正定虽在北洋军阀统治下,直系晋系奉系轮番易手,国民军第三军也曾一度进驻,校内党团员的工作是很活跃的,校长训育主任还有不少教员是国民党,1925年"五卅"惨案、1928年"五三"惨案,都曾罢课声援,全体师生分入市郊农村宣传,远达石家庄结队示威游行,焚烧日货,这使我在政治上受到了启蒙教育。1927年共产党员高克谦同学在石家庄被军阀杀害,校内为他开追悼会,训育主任胡韵笙赠送的挽联:"吴将军遭暗杀,高烈士又惨死,一地永埋双侠骨;太行山头明月,滹沱水上凄风,千秋凭吊两英魂"。当时整个北方社会还处在漫漫黑夜中,我们校内国共合作的形势,却给我留下很深的印象。也于课外接触过一些新诗文,读鲁迅、郭沫若以至蒋光赤的《短裤党》《少年飘泊者》等,都极受鼓舞,在校图书馆里也能翻阅到《新青年》《向导》《创造》等期刊,更感到新鲜。不过我个人那时还是以课业为重,政治觉悟是很低的,只盼望国民革命北伐军早日到达,献身革命的要求尚未萌生。在国文教师赵召德先生热心指导下,初步学习了做诗填词,有些习作,不脱模仿痕迹,曾向京津报纸投稿,也偶被刊用,这诱发了我对诗词创作的兴趣,甚至自作多情,也曾写过一些《忆内》《闺怨》一类东西。这种情调直到考入大学以后,才逐渐变化了。

1928年夏蒋介石国民党打到北方,迅速暴露出国民党与土豪劣绅相勾结的面目,彻底粉碎了我在幼稚的心灵中盼望北伐军的幻想。是年秋到北平高考,国立院校都陷停顿,先考入了天主教主办的辅仁大学,很不满意,两个月后才又考入了北平大学第一师范学院,经过"复大"斗争,后恢复为北平师范大学。革命转入低潮,情绪非常郁闷。曾写过一篇《孟老先生歪传》,嘲讽了国民党与封建势力合流,在西城的一家报纸上发表后,第一次得到五元钱的稿费。在人生道路上,这时期还是茫然的,仍处于上下求索的状态。初入师大,曾与同学程金造,一道求教于高年级的王重民同学,在其指导下读《论语》和《史记》,对于高步瀛教授的《唐宋诗》与孙蜀丞教授的《宋词选》更深感兴趣,同时对于蒋光赤的诗,钱杏邨的评论,也极为热中。不久之后,1929年春与同学赵慎馀、刘锡麟、孙秉哲还有两位赵君,为着探讨中国社会出路与发展前途,自发组织一个"农村经济问题研究社",白天分头读书,晚间集合讨论,狼吞虎咽读了一些报刊和小册子,还有从《三民主义》《建国大纲》到《共产党宣言》《左派幼稚病》《二月到十月》等等。每次集会都争论得面红耳赤,击案拍胸。这活动被师大党组织发现,有意识地加以指引,遂使我们研究社的几位同学,大都走上了革命的道路。在这期间,偶然在图书馆阅览室结识同学谷万川,他为《益世报》副刊主编一个专页,刊名《初步》。他拉我写稿,我便写了两三篇诗文,在谷万川影响下,文章中也开始使用起"布尔乔亚""普罗列塔利亚"和"无产阶级文学"等等术语来。逐渐在学习中批判了类似钱杏邨式的极"左"观点。1930年春加入中国共产主义青年团,随后在校内发起并参加中国社会科学家联盟、左翼作家联盟及华北左翼教师联盟等组织,并参加"北平文总"的活动。不过最主要的活动还是在街头巷尾涂写粉笔标语,在天桥西单等地搞飞行集会散发传单等等。这年"八一",我因参加纪念南昌起义、庆祝长沙解放及反对军阀混战的游行示威,捣毁国民党党部,被捕。一道被捕的五十人,连同前期已拘留的共三百多同志,我的老师范文澜先生也在其中,一起羁押在北平警备司令部的监狱中,一个大号子里住二三十人,十几个大号轮番放风,到院子当中转一个圈儿,再去"稀屎洞"解手,镣铐声丁当相应,整日不断。这实际上成为传授革命理论和交流斗争经验的学习班。九十月间,政局变化,以阎锡山、汪精卫为首的所谓"扩大会议"瓦解,晋军仓促撤退,在押同志全部获释。此后,直到翌年"九一八"事变前后,便全力投入救亡运动。1932 年 3 月 18 日因参加抗日救亡集会,再次被捕,羁押在北平市公安局,一个多月,由师大学生会和抗救会联合保释。这年是学运高潮,师大校长徐旭生先生辞职,校政实际上由学生会及抗救会主持。师大暑期学校,是教联主办的,我任文书主任,教师有马哲民、侯外庐、黄松龄、王慎明诸位先生,都是教联成员。这年冬天曾以左联关系用学生代表名义邀请鲁迅先生来校讲演,讲题是《再论第三种人》。讲演前夕,与同学王志之、潘炳皋一同访问鲁迅先生,听先生畅谈了许多关于文艺和政治的问题。我于当年曾写过一篇《鲁迅访问记》,发表在《文艺月刊》上。在这一段期间,我曾主编过由社联领导的《麾尔》杂志,并与谷万川、王志之等共同筹办《文学杂志》。《文学杂志》正式出刊时,已是 1933 年,我虽不在,仍保持着联系,参与编辑。

1933 年春,由躲避特务追捕,逾墙出走,被迫离校,后到山东滋阳省立第四乡村师范教书,讲授国文及文字学,兼做班主任。该校教师中有教联盟员孙铁夫、段雪生、熊渭滨、胡一若、钟鸣宇等,我正是通过教联关系才到这里工作的。因为是师范学校,我们便在同学中发展并建立了华北左翼教师联盟支部,在鲁南几个县的小学教师中撒下革命的种子。在此期间,我办了一件顶亏心的事,便是曾利用寒假回到老家闹"离婚",实际上只是在族叔张镜人协助下立了一张"自欺欺人"的文书,便把已经为我生育过两个儿子的"大姐"遗弃了。只在两三年前,还曾吟唱过:"怕听破晓啼,不上北京去!"那显然是虚情假意。事实是内心里萌生着一种冲动,说白了也就是"喜新厌旧"吧。而当时确实是甜美的。1935年春乡师学生涤薪,随我同赴北平,独立建立了小家庭,赁居西城天仙庵,度过一个人间天上的寒假。假期后,把涤薪安排在北平育英女中寄读,我便接受河北正定中学聘书,前往任教。正定中学原是我的母校,这时的同事中只有姜文彬、王眉微少数进步教师,教联的组织活动不易展开;学生里面思想极活跃,我除担全校的壁报指导外,还从事拉丁化新文字运动,这样联系面就突破了我任课的班级。是年秋,涤薪因参加读书会活动,被捕,获释后,辍学,迁来正定,这样我便在校外安家了。这时,《文学杂志》已被查封,主编谷万川也被判刑押在南京监狱,所以在正定期间,写的诗文很少,只作过一篇《屈原研究》,是应孙志远为《东方文化》约稿写的。另外,曾把在济阳乡师编写的讲义加以整理,印行过一本《中国文字学概论》。并非热衷于著述,只是为了取得在高级中学任课的资格。不过,书是出了,教员还是没有再当下去,"双十二"事变后,学生中酝酿着一种不满情绪,为反对教员中几个国民党分子,突然罢课闹起风潮来。校当局暗地向省教育厅报告,指我是幕后策划人;教育厅派督学孟扶唐同志来校查办,他先到我家知会一声,让我不辞而别,回北平去。这时我们的女儿白桦还不满周岁,我只好留一封辞职信,便携妻将雏,经历一次逃亡生活,这已经是1937年春天的事了。

回到北平,先在石驸马大街一位杨姓宅院里,租赁两间东厢房,把家安顿下。然后经过申请,又回师大中文系复学,文学院恰好就在石驸马大街,与我的住处不到抽一支烟的工夫。这时期,社联、左联、教联都已解散;曾与武新宇、张更生、李梦龄、王之平等共同酝酿,想把教联恢复起来,并拟订了"纲要",未果;尔后便参加了"民先"的活动,同由"饭团"支撑的所谓"新学联"展开论战,主题自然仍是团结抗日救亡。在这半年间,写了一本《白茶斋九歌注》,是教了四年书的一点收获,但未得发表,便在炮火声中佚失了。

卢沟桥一声炮响,抗战开始了。经过一个多月时间,从北平辗转到达西安。把不满两周岁的女儿白桦,托付给一个陌生人家寄养,养父李宏瑢,回族,是一位好心肠的厚道人。曾写一篇《弃儿记》留给西安友人,便与涤薪一同轻装赴山西参加了晋绥军区工作,是八路军驻西安办事处林老介绍的,结伴同行者二十多人。做过二战区动委会《动员》杂志编辑,做过神池县与岢岚专区干训班的主任与指导员,做过由程子华同志任司令员的敌后游击队的宣传股长,在宣传股里结识了很富文艺才华的马瑜、陈强、何文瑾、贾克等青年同志,还接触到分配来游击队工作的一些长征战士,包括抢渡大渡河的英雄。曾编写过一些活报剧和小唱本,《岢岚谣》就是这时写的。只是战地生活,飘转不定,印刷条件亦差,诗文稿多未保留下来。

一年后,1938 年 8 月,为护送几位不适于在前方工作的女同志回后方,西渡黄河,到达了延安。在抗大学习四个月,在此期间入党。未及结业,调任抗大政治部宣传科时事政策教育干事,业余从事诗歌创作,作《新歌诗试论》。那时郑律成同志也在宣传科任音乐指导,曾于无意间看到我抄写在笔记本上的诗稿,暗自为《子夜岗兵颂》作曲,后来连近二百行的《岢岚谣》也谱写了出来,这使我很感动,遂相约合作创作《八路军大合唱》。此议是由郑律成同志提出来的。这时冼星海与光未然合作的《黄河大合唱》在延安演出,很受欢迎。"大合唱"这个名称,就是由此听说的。适值 1939 年 7 月抗大总校东渡黄河,迁往敌后,我和郑律成都被留在延安,分配到筹办中的抗大三分校工作。在此新旧交替之际,趁空完成了拟议已久的《八路军大合唱》。我只是写了八段歌词,创意布局,多得力于郑律成同志。其中《军歌》和《进行曲》两支歌,被军委总政治部正式追认,刊登在总政主编的报刊上,得到广泛流传。此后与萧三、刘御、师田手、海稜诸同志共同发起并建立"延安诗社",开展街头诗和诗朗诵活动,编印《诗刊》小报。在这期间遭婚变,深受刺激:"还有冒着毒烟的嫉妒,绝望的遗弃与被遗弃的痛苦,在毁灭的悬崖上的踟蹰。"受到徐光达校长和李逸民主任严肃的批评与热情的安慰,才得振作起来。申请赴前方回到我的家乡冀中军区去工作,已蒙抗大与军委批准,正整装待发,旋以中央决定暂停向敌后派遣干部,未果。调任军直政治部文艺室主任,主编《部队文艺》杂志和《蒺藜》板报,成立以发展部队文艺创作为宗旨的文艺社团"鹰社",成员三十余人,每月召开座谈会一次。同时写了《鸟枪的故事》《哈喽,胡子》《我爱》等诗。作为整风的一个重要环节,1942年5月参加延安文艺座谈会,聆听毛泽东同志关于文艺问题的重要讲话,受到很大启发和教育。随后调转鲁迅艺术文学院文学系任教。整风过后,于1944年秋与天蓝同志同赴南泥湾访问,是年冬与鲁艺戏音系孟波、刘炽、于兰、唐荣枚四同志一道赴绥德地区,下乡闹秧歌并采录民歌。这期间写的唱词,后来编印为一本诗集《十里盐湾》;采录的民歌与何其芳诸同志一同加以整理,编成了一本《陕北民歌选》。又集录并补编"信天游",写成一首长诗《共产党引我上青天》;就《移民歌》首段改编并填词,写成《东方红》歌曲,这是抗战胜利到达东北时才由东北文艺工作团集体完成的,不曾采用"领导人民闹斗争"的词句,保留了"大救星"的字眼,事后想来,是接受农民意识的反映。

1945年"八一五"日寇投降以后,参加由舒群、沙蒙同志任正副团长的东北文艺工作团,近六十人;于9月2日从延安出发,10月底到达沈阳。做短期文艺宣传工作和党的地方工作。在三年解放战争期间,主要从事学校教育,曾任东北大学教育长、教育学院院长、第二部主任、第三部主任及东北师范大学教授兼副教务长等职,主讲《中国革命问题》《战后国际问题》《新民主主义文化》等政治课,讲授中文系的《历代诗选》,并编写了一些相应的讲义。参与《东北文化》杂志的编委会。建国前夕出版诗集《哈喽,胡子》。1949 年 10 月 1 日在沈阳街头,看到第一面五星红旗升起,写《中华人民共和国颂歌》。随着新中国的建立,我也重新组成了家庭。时间:1950 年 2 月 3 日,地点:长春。是经过三年多秘密的有时是内心的恋爱的结合,日近中天,才真正体验到"女人是男人的一半"。尔后得妻翔之助,得与寄养在西安的女儿取得了联系,还和困留在原籍久违的父母重得团聚,并使两个儿子得到补修学习的机会。1951 年 9 月由于在东北师范大学被批判执行了"右倾机会主义教育路线",主要是对于如何向正规化过渡进行过一些建议和探索,调任鞍钢教育处处长,遵照毛泽东同志"出钢铁,出人材"的指示,全力献身于黑色冶金企业的职工和干部的培训工作,也写过几首像《鞍山行》《鞍钢小唱》等短诗。1954 年夏调转中国作家协会沈阳分会,编印诗集《中华人民共和国颂歌》,与杨公骥同志合写《中国原始文学》,共同拟就"中国文学史纲目"。秋调北京任中国文学讲习所副所长、所长,兼中国作家协会青年作家工作委员会副主任,直到 1958 年。这几年间,依照"纲目",编写过一本《中国文学史讲义》(油印,未正式出版),写过若干篇诗歌评论及有关诗歌创作的论文,汇集过一本评论集,出版过两本诗集:《黄花集》《崩溃》,以龚棘木的名义发表过一些有关《诗经》及先秦寓言的译释和论文,这些都是写作文学史的副产品。1958 年春夏间,作为中国作家协会的代表,赴匈牙利及罗马尼亚,在文化交流上主要是宣传"双百方针";介绍中国文艺战线"反右斗争"的情况。如同受着一种什么不可知的力量的嘲弄似的,七月底归来,回到中国作家协会,自己也被指控为与由中宣部党委会构成的所谓"反党集团""互相呼应,进行反党活动",而被划为"资产阶级右派分子",并被开除党籍。同时,中国文学讲习所亦由中宣部及文化部决定停办。在京四年间,主要精力,用在青年作家培训和青年诗歌评论两个方面,同一代文艺战线上的新人建立了亲密的联系,生命也从而感到充实。1958 年 10 月戴帽后,积存未复的来信与诗文稿仍有二百多件,带着负罪的愧疚心情,悄悄地分作四五批挂号邮退,其情其景,黯然神伤,这是我同北京东总布胡同中国作协举行的告别仪式。再补述一桩纯属个人生活范围的私事:我的父母于此一年前,1957 年 3 月 8 日深夜,在文学讲习所宿舍,为邻室倒灌来的煤气窒息致死于梦中,这件事曾使我深感悲痛,也给诸弟妹造成终生遗憾。但到 1958 年 10 月以后,每念及此,反觉轻松,两位老人如果再多活四百五十天,看到我如何结束文讲所的工作并离开文讲所的情景,不知将感到多少惶恐和迷惑。想到他们是在微笑的梦中离开这个世界的,可以算死得其时,死得其所了!

1958 年腊月三十日,丢下妻子儿女在北京,只身下放长春,任吉林省图书馆馆员。半劳动,半工作,既锻炼了身体,也学到了一点图书馆的业务知识,并且还获得了一个潜心读书的绝好机会。在这期间,曾由组织指定,参加了歌剧《青林密信》的创作活动。1961年5月初,又由组织指定,列名于省直农场"毛主席著作学习班",这个学习班又是生产队,专收右派分子,进行教育改造。作为生产队成员,任积肥组组长;作为学习班学员,任学习委员,每周听讲后,负责组织讨论。半年后毕业。春播、夏锄、秋收,参加了一个全过程;毛泽东选集一至四卷通读了一遍。摘去右派帽子,回到人民队伍中来,名字下又复现了"同志"二字,家眷也由北京调来长春,时在1962年1月。被调任吉林大学中文系教员兼代系主任,讲授"中国文学史""诗经","先秦寓言","古典诗论"及"毛主席诗词"等基础课和专题课,都编写一些讲义,仅油印,未正式出版。风驰电掣,四年过去了。"文化大革命"期间,曾被批斗审查,两次抄家。1969年后,便解除隔离,获得"解放",一如常人。七十年代,参加了开门办学,同"上管改"的工农兵学员一同上山下乡进厂,同吃同住同劳动同学习。1973年初还一度在军宣队和工宣队领导下参加了"教改学习访问团",与吉大文科教师二十多人结伴出访了北京、南京、上海、杭州、广州、武汉各主要高等院校,是批左还是批右,虽言人人殊,各院校领导都稀里糊涂,总算还开了很大眼界,"文化大革命是大革文化命",这个结论在内心里更加明确了。尔后在有些活动中便益发"主动"起来:比如在批儒评法期间,于论孟荀韩外,用更多心计,也读了一遍老庄,特别在长沙马王堆三号汉墓中出土的帛书《老子》甲乙本上,付出较大功力,写成《老子校读》初稿,是这一时期的主要收获;另外,

《论商颂》也是借"批儒评法"之机动手的。至于到后期"查谣""爬坡""批邓"诸运动,就基本上都自动自觉地"因病请假"了。与下放到桦甸走"五七"道路的杨公骥同志,定期交换"读书心得"的通信,也是这一期间"自得其乐"的一件快事,我写的比较简单浮泛;他每个月、至多两个月便写一封长信,短的亦近千言,长的要有三、四、五、六千言不等,一律工笔小楷,文史哲经,古今中外,无所不及。这些通信,我一直视为至宝,妥为保存,于"四人帮"垮台后,又整齐地交还给他。后来他整理为《桢干篇》及有关中国古代社会史论的文章。每读其文,辄分享到"龚棘木"的由衷愉悦。

1979年1月被错划为右派分子的问题得到改正,恢复了党籍。回顾二十年,深深体会到了共产主义世界观,不只在正常情况下更须在特殊情况下,不只在顺境中更须在逆境中,要着意培养:"父母生身党给魂,骄阳霹雳炼精神"。改正十二年以来,主要是党的十一届三中全会进入社会主义建设新时期以来,环境改变了,责任骤然加重了:在我所隶属的吉林大学恢复了教授的职称,又一度兼任了中文系主任及副校长、学术委员会主任等职;社会活动也多起来,参加了第四次、第五次文代会,第三次、第四次作代会,担任了一些委员、理事、主席、副主席等等名义,大有负债累累,力不从心之感。主要精力还是集中专注于教学、创作与科研三个方面:十二年间招收了六届中国文学专业研究生,教材每年都有更新;出版《公木诗选》及《公木旧体诗抄》两个诗集;诗论有《诗要用形象思维》《诗论》《中国诗歌史论》,专著有《老子校读》

《老子说解》《老庄论集》，另外有《先秦寓言概论》及《中国历代寓言选》（上下卷）。近年更以大部力量参加并主编《中国诗歌史》，已出版两卷，还有四卷尚在编写中，这后者已定为"哲学社会科学国家重点研究课题"，列在"七五"规划项目中，完成当在"八五"规划期间吧。预期它得成为我竭尽绵薄，投向具有中国特色的社会主义意识形态理论建设系统工程的一沙一石或片砖片瓦。

公木草写于 1990 年 3 月长春

附录(二)　张松如年表及著述系年

刘　旸

1910年(清宣统二年)1岁

农历五月十五日生于直隶(今河北省)束鹿县(今辛集市)北孟家庄的一个富农家庭。

原名张永年、张崧甫。现名张松如。笔名公木。曾用笔名：木农、四名、席外恩、章涛、龚棘木、魂玉等。父张存义,憨厚农民。母李梅,掌管家务。有兄弟二人,妹四人。家庭内外和睦。父母为其取名顺通。

1918年(民国七年)9岁

公木在外祖父的资助下入北孟家庄私塾,读《百家姓》《三字经》《孟子》《诗经》。塾师是旗人张西陆,祖父行。

1919年(民国八年)10岁

转入村办初级小学。读了一年"子曰诗云",后又学习"小桥明月凉风"之类白话文,开始受到"五四"时期先进思想文化的熏陶。学会了拼音。

教师王名胜为其起学名张永年,号崧甫。

1921年(民国十年)12岁

家里为他包办了婚姻,妻子比他大六岁。

1922年(民国十一年)13岁

春,于深泽县河疃高级小学读书。教师曹席卿(清光绪秀才),博学多才,治学严谨,重实践与训练。开设国文、语文、数学、史地、英语、音体美、博物等课程。课余又以《独秀文存》《胡适文存》等白话文为辅助读物,为公木的文化学习打下坚实的基础。

1924年(民国十三年)15岁

暑期考入直隶正定省立第七中学,名列前茅。

在国文教师赵召德的指导下,学习用白话填词,对文艺创作产生兴趣。

曾祖父死,作祭文。

1925年(民国十四年)16岁

5月30日(五卅惨案)全校师生停课,到四郊、石家庄宣传,声援工人反帝爱国斗争,在政治上受到启蒙教育。

1926年(民国十五年)17岁

开始向京津报纸投稿。

1927年(民国十六年)18岁

春,正定中学学生、共产党员高克谦惨遭军阀杀害。学校召开追悼大会,控诉军阀暴行。

作诗《脸儿红》,署名魂玉。载《大公报·副刊·小公园》。

1928年(民国十七年)19岁

5月3日(五三惨案)全校师生停课,到四郊农村游行宣传,声援人民反帝爱国斗争。在中学的学习期间,受到校内党团活动的影响。

秋,考入北平辅仁大学。由于学校条件差,读了两个月退学。

冬,考入国立北平大学第一师范学院预科。

创作小说《孟老先生歪传》,对国民党与地方封建势力相勾结的丑行,进行揭露与讽刺。载《新晨报》。

1929 年(民国十八年)20 岁

春,在政治上处于茫然、求索状态。为了探求中国革命的道路,和同学赵慎馀、刘锡麟、孙秉哲等人自发组成"农村经济问题研究社",研究讨论中国农村问题。"研究社"引起北师大党组织的关注,派郝培庄引导、扶植。

1930 年(民国十九年)21 岁

春,于北师大加入中国共产主义青年团,在校内发起"中国社会科学家联盟""北方左翼作家联盟"和"北方左翼教联",任执委。参加"北平文总"举办的活动。

8 月 1 日参加纪念南昌起义两周年、庆祝长沙解放及反对军阀混战的示威游行,捣毁国民党党部。被捕,并押于北平警备司令部监狱。

10 月获释。

创作小说《革命家》,载《教育报》(秘密刊物)。

1931 年(民国二十年)22 岁

"九一八"事变前后,全力投入救国救亡运动。

主编由"社联"成员领导的《鏖尔》杂志。与"左联"谷万川、王志之等同学筹办"北方左联"刊物《文学杂志》。在文艺思想上深受"文学是宣传"思想的影响。在诗歌创作领域:一方面要利用旧形式;另一方面要致力于为大众所了解的新形式。

1932 年(民国二十一年)23 岁

3 月 18 日参加抗日救亡活动被捕,关押于北平市公安局。

4 月由北师大学生会和抗救会联合保释出狱。北师大校长徐旭生辞职。学生会和抗救会主持校务工作。

夏,"教联"主办北师暑期学校,任文书主任。

11 月 27 日与王志之、潘炳皋访问并邀请鲁迅到北师大演讲《再论"第三种人"》。

编辑共青团秘密刊物《红孩儿》,作《鲁迅先生访问记》,发表于《文艺月报》创刊号,署名张永年。

1933 年(民国二十二年)24 岁

春,国民党到北师大搜捕进步青年。被迫离校,回到家乡,经"教联"介绍到山东滋阳省立第四乡村师范学校执教。与"教联"成员在学校和鲁南几个县的小学教师中发展成员,建立"教联"鲁南支部。

与谷万川、李树藩、杨殿旬创作《时事打牙牌》400 多首。

8 月 15 日所作《父与子》(诗)、《新诗歌的内容与形式》(论文)、《时事打牙牌》(诗)、《批评家须知》(通信),载《文学杂志》第 3、4 号。

与 12 岁时家里给包办的妻子商定离婚,并立下字据为证,把家产交给她。

1934 年(民国二十三年)25 岁

在山东与高铭(涤薪)结婚。

1935 年(民国二十四年)26 岁

春,在北平建立了家庭。应聘赴河北正定中学任教,讲授"国文讲读""中国文学史",并从事拉丁化新文字运动。

作《屈原研究》(论文),载《新东方》杂志。

4 月作《中国文字学概论》(专著),由北平新亚印书局出版,署名张松如。

1936 年(民国二十五年)27 岁

女儿白桦生于正定。

12 月 12 日西安事变爆发,全国人民要求团结抗日的浪潮高涨。正定中学学生为反对国民党当局到学校逮捕学生,举行罢课。学校当局向省教育厅密告公木为幕后策划人。

1937 年(民国二十六年)28 岁

春,到北平安顿家庭。回北师大中文系复学。与几位同学筹划恢复"教联"组织,未成。参加"民先"活动。

作《白茶斋九歌注》(文)。

8 月携妻女乘车去天津,旋乘船去青岛,转乘车到达济南。根据组织决定拟去河北找孙殿英部队。后去西安。

秋,作《孤儿叹——调寄小白菜》(诗)。载《新诗歌》第 1 期。

作《弃儿记》(散文),载《战地》1 卷 2 期。

作《留别白桦》(诗)。

冬,去晋绥解放区,于二战区战地总动员委员会宣传部编辑《动员》。不久,成为巡视团成员。又担任某游击队政治处宣传股长、神池县干训班主任、岢岚行署干训班指导员等。

1938 年(民国二十七年)29 岁

5 月作《岢岚谣》(诗)。开始正式用"公木"这一笔名。

8 月底离开山西,护送几位女同志去延安,于抗日军政大学学习。加入中国共产党。

1939 年(民国二十八年)30 岁

春,于抗大结业,被分配至抗大政治部宣传科任时事政策教育干事。

夏,抗大总校渡黄河东迁,在延安另建三分校。留三分校工作。

作《八路军大合唱》歌词,计有《八路军军歌》《八路军进行曲》《快乐的八路军》《八路军和新四军》《子夜岗兵颂》《炮兵歌》《骑兵歌》和《军民一家》。由作曲家郑律成谱曲。延安鲁迅艺术学院戏音系将《八路军大合唱》油印成册。

作《新歌诗论》(已散失)。

作曲家郑律成为《岢岚谣》谱曲,名为《岢岚谣大合唱》。另有人将诗改编为戏剧上演。

1940 年(民国二十九年)31 岁

夏,《八路军军歌》和《八路军进行曲》刊于《八路军杂志》(一说最早载于八路军总政治部出版的《前线画报》)。

与萧三、刘御、师田手、海稜等人发起建立延安诗社,开展街头诗、朗诵诗活动。编印《新诗歌》。参加以萧三为核心的"新诗歌会"。

9 月通过萧三介绍和"怀安诗社"交往,改变了把旧体诗与发辫、小脚等同起来的错误观点,认为旧体诗也可以为抗战服务。作《希望》(诗),载《新诗歌》。

在此期间发生婚变。

10 月 1 日作《百团大战歌》(诗),《论"发辫小脚"与"圆颅方趾"》,载《新诗歌》第 2 期。

1941 年(民国三十年)32 岁

筹建军委直属队政治部文艺室,任主任。主编《部队文艺》,组织文学团体"鹰社",出《蒹葭》板报,发表《小围墙》(诗),《大围墙》(诗)。

7 月 18 日作《希特勒底十字军》(诗),载《新诗歌》第 3 期。

8 月初诗人艾青、严辰来延安,出版《诗刊》。公木与之交往,撰稿。

8 月由吴玉章等任评委,由毛泽东、周恩来等捐助奖金的"五四中国青年节奖金委员会"于《中国文化·抗战四周年纪念专号》上公布了获奖名单。其中获得"音乐类甲等奖"名列首位的是《献给八路军的军歌合唱集》(即《八路军大合唱》)。

9月3日,作《我爱诗》(诗),后改为《我爱》,载《新诗歌》第6期。

作《水》(诗),载《诗创作》第8期。

作《自己的歌》(诗)、《冬夜》(诗),载《诗创作》。

11月10日作《鸟枪底故事》(诗),载《部队文艺》。

翻译《我坐着来观望》(诗)、《啊:舰长！我的舰长哟!》(诗)(美国沃特·惠特曼作),载《新诗歌》第5期。

1942年(民国三十一年)33岁

3月15日作《哈喽,胡子!》(诗),载《部队文艺》第1集第2期,《希望》(重庆版)第5期。

4月作《再见吧,延安》(诗),载《诗刊》。

作《护士之歌》(歌词,麦新谱曲)。

5月延安文艺界开始整风,收到毛泽东同志请柬。2月,以部队代表身份参加延安文艺座谈会。毛泽东同志接见。聆听《讲话》。

夏,作《万纳太太》(诗),载《解放日报》。

8月20日作《鞋底歌》(诗),载《诗创作》第16期。

9月调至鲁艺文学系任教,讲授"中国文学史",后改教"民间文学"。

《快乐的军歌》(即《快乐的八路军》,郑律成谱曲),载《新音乐月刊》(桂林版)第4卷第6期。

10 月 20 日作《我看见你们了》(诗),载《解放日报》。

《鸟枪底故事》(长诗),延安边区文协出版拉丁文单行本。

作《毛泽东之歌》(歌词。与小川合作,李伟谱曲)。

《崩溃》(诗),载《部队文艺》。

诗人创作达到高峰。在民族解放战争中确定了文学创作道路。在此期间,由于进一步深入群众生活,和人民建立起一定感情,在创作上更有意识地向民歌学习。在诗歌的创作上主张民族化和大众化,并提出新诗歌可分为歌诗和诵诗两类。

1943 年(民国三十二年)34 岁

作《我们的进行曲》(词)。

1944 年(民国三十三年)35 岁

春,在延安鲁艺与厂民等同志采录整理陕北民歌,以信天游体创作《共产党引我上青天》(长诗),并作《信天游》(七律)。

5 月 15 日《风箱谣》(诗),载《新华日报》。

秋,与诗人天蓝赴南泥湾访问。

冬,与鲁艺戏音系孟波、刘炽、于兰、唐荣枚赴绥德地区十里盐湾,帮助盐工闹秧歌并采录民歌,编写唱词。作《十里盐湾》。

作《十五大任务打花鼓》《联合政府领唱秧歌》《下南路》(词)。

1945 年(民国三十四年)36 岁

9 月参加东北文艺工作团,开赴东北。作《出发》(诗)、《大道》(诗)。

10 月底到达沈阳,作短期的文艺宣传工作和党的地方工作。

作《给 L》(诗),载《东北日报》2 版。

随军撤离沈阳。

1946 年(民国三十五年)37 岁

任中共本溪市委宣传部副部长。筹备东北大学。

3 月任东北大学教育长。随着时局变化,东北大学由本溪迁往安东(今丹东市),旋又迁往通化。

12 日作《怎样过民主生活》(文)。

24 日《忘掉它,这屈辱的形象》,载《东北日报》第 3 版。

4 月～5 月在长春,扩大招生。

23 日东北大学师生从长春乘火车北上,途经丁家园时遭国民党反动派飞机扫射,5 名学生遇难。

作《五二三悼词》,载《知识》3 卷 4 期。

8 月作《世界反动中心》(文),载《知识》1 卷 3 期。

10 月 10 日参与筹办《东北文化》,任编委。作《新民主主义与共产主义》(上),(论文),载《东北文化》创刊号 1 卷 1 期。

25 日《新民主主义与共产主义》(下),载《东北文化》1 卷 2 期。

12 月 1 日诗《三皇茆》,载《东北文学》创刊号。

1947 年(民国三十六年)38 岁

5 月作《追记》,载《知识》3 卷 4 期。

《鸟枪的故事》(插图本长诗),东北书局出版。

8 月 15 日作《崩溃——献给新解放的人民,我的同胞》(诗),

署名公木,载《知识》4卷4期。

1948年(民国三十七年)39岁

5月赴吉林,与新建的吉林大学联系合校问题。

作《美国是一个什么样的国家》(文),收入《美国是什么样的国家》一书,大连大众出版社出版。

暑期东北大学由佳木斯市迁至吉林市。任第2部主任、教务长。

《美国是什么样的国家》张松如等,大连大众书店出版社出版。

8月《陕北民歌选》(与何其芳合编),光华书店出版。

讲授《诗经今译》(油印讲义)。

11月随东北大学由吉林市迁至长春市。

1949年40岁

任东北大学第3部主任。东北大学改为东北师范大学,任教授兼副教务长。

任第一次全国文代会代表,因故未出席。

8月歌词《东方红》,载《大家唱》第2集。署名张松如改词(按:《东方红》原歌词长达10余段。1945年10月初公木执笔,与东北文艺工作团有关成员,对原歌词第1段作了修改并增添了2、3、4段,在沈阳只唱了3段,即现今流传的《东方红》歌词)。

9月去沈阳,参加东北教育会议。

10月中华人民共和国宣告成立。作《中华人民共和国颂歌》

（诗），载《东北日报》第 4 版。

1950 年 41 岁

2 月 3 日与吴翔结婚。

为东北师大中文系讲授《诗经》。

2 月 1 日《十里盐湾》（诗），载《人民文学》1 卷 4 期。

3 月 1 日《种盐英雄郭负才》（诗），载《群众文艺》创刊号。

作《咱们提防着哩》（诗），载《东北文艺》1 卷 2 期。

4 月 1 日《盐工曲》（诗），载《群众文艺》1 卷 3 期。

5 月作《〈石不烂赶车〉读后感》（文），署名章涛。载《群众文艺》2 卷 3 期。

27 日《签名在呼吁书上》（词），载《东北日报》第 4 版。

6 月《人人都说种盐好》（诗）、《十瓢水》（诗），载《东北文化》2 卷 5 期。

《高主席捎话来》（诗），载《东北文艺》1 卷 6 期。

8 月作《烈士赞》（诗），载《东北文艺》2 卷 2 期、《东北日报》第 4 版。

为电影《白毛女》作词（与贺敬之合作）。

1951 年 42 岁

1 月编著《诗经选读》，由东北师范大学教务行政处出版科出版。选《诗经》33 首。

4 月 1 日诗集《哈喽，胡子！》，由五十年代出版社出版。收《哈喽，胡子！》《再见吧，延安》《鸟枪底故事》等篇。

在师大工作期间由于主张正规化办大学，遭到"左倾"路线的排挤与打击，被定为"右倾机会主义"者，留党察看。后东北局予以平反。

5月在全国开展了电影《武训传》的讨论。

9月调鞍山钢铁公司，任教育处长，致力于职工的培训工作。执笔的《鞍山培训教育工作》，得到毛泽东同志赞许。

10月歌词《高歌猛进》（为影片《高歌猛进》作词），载《大家唱》第6集，后收入上海陆开记书店《新中华歌选》（上）。

编写《教育工作手册》，由鞍钢内部印发。

《陕北民歌选》署名：何其芳，张松如，上海海燕书店。

1953年 44岁

2月诗集《十里盐湾》由人民文学出版社出版。收《盐工曲》《十里盐湾》《十瓢水》等篇。

3月6日作《斯大林底太阳永远照耀》（诗），载《东北日报》第3版。

7月23日修改长诗《共产党引我上青天》，载《东北文学》1954年6月号。

赴北京参加第二次全国文代会。

9月《速成培养工人技术员的经验》，由东北人民出版社出版。

10月作《纪念鲁迅，学习鲁迅》（文），载《东北日报》第3版。

作《黄花颂》（诗），纪念鞍山钢铁公司成立四周年。

1954 年 45 岁

5 月 3 日作《争吵》(诗),载《文学月刊》第 5 期。

夏,为中国作家协会沈阳分会驻会作家。

作《论中国原始文学》(文)(与杨公骥合著),载《文学丛刊》第 1 辑。

与杨公骥合拟《中国文学史纲目》。

作《鞍山散诗》(诗)。

秋,调北京中国作协文学讲习所任副所长、所长。中国作协青年工作委员会副主任。

9 月 20 日作《忌讳》(诗),载《人民文学》12 月号。

10 月全国文联主席团和作协主席团联合召开多次扩大会议,对《红楼梦》研究中的问题进行了批评和讨论。

10 月 31 日作《如此这般》(诗)。

12 月诗集《中华人民共和国颂歌》,由作家出版社出版。收《斯大林底太阳永远照耀》《烈士赞》《中华人民共和国颂歌》等。

1955 年 46 岁

1 月 28 日作《请吧,艾克》(诗)。

2 月作《强盗底逻辑》(诗)。

2 月 4 日作《艾登爵士底哲学》(诗),载《文艺报》第 4 期。

2 月 28 日《如此这般》(诗),载《人民文学》10 月号。

10 月作《寄鞍山》(诗),载《文学丛刊》第 2 辑。

作《风波》(诗),载《中国工人》第 3 期。

12 月作《邵燕祥的诗》(文),载《人民文学》1 月号。

1956 年 47 岁

参加全国青年文学创作者会议,在会上做《关于青年诗歌创作问题》的专题发言。收入《全国青年文学创作者会议专集》,中国青年出版社出版。

作《读〈新春〉和海边的诗——写给青年诗人张永枚的一封信》(文),载《文艺学习》第 2 期。

1 月作《忘我精神》(诗)。

作《爬也是黑豆》(诗)。

2 月作诗《在站长室里》。

作《怒海轻骑——水兵歌之一》(诗),载《人民文学》第 3 月号。

作《正因为我们心里充满了爱情——水兵歌之二》(诗)。

3 月作《据说开会就是工作,工作就是开会》(诗),载《文学月刊》第 14 期。

作《读张天民的〈谷场诗草〉》(文),载《文艺学习》第 6 期。

作《永远跟着共产党》(词)(与白朗合作),载《大家唱》(修订本)第 4 集。

4 月 8 日《几年来青年诗歌创作上的成就》,载《文艺学习》第 4 期。

5 月作《战国寓言选释·绪言》,载《北京日报》5 月 24 日第 3 版。

作《战国寓言选释》:列子《亡铁·说符篇》《纪昌学射·汤问篇》,载《北京日报》5月31日第3版。署名龚棘木。

作《建设的歌》(文),载《文艺报》第10号。

6月作《战国寓言选释》:《效颦》《远水不解近渴》,载《北京日报》6月7日第3版,署名龚棘木。

作《广州》(诗)。

作《战国寓言选释》:《攘鸡》《揠苗助长》《欹器》,载《北京日报》6月14日第3版。署名龚棘木。

作《战国寓言选释》:《赵襄王学御》《棘刺母猴》,载《北京日报》6月28日第3版。

7月编写《中国古典诗歌的传统》,由中国作家协会文学讲习所油印出版。

编写《中国文学史》(先秦部分),由中国作家协会文学讲习所油印出版。

随作家访问团到各地参观访问。

暑期作《屈原与楚辞》(《中国文学简史》中的一章)。

8月作《把呼声高扬起来,高扬起来吧》(诗),载《人民文学》11月号。

作《诗经今译三首》:《君子于役》《无衣》《氓》。

8月26日作《太原》(诗)。

8月28日作《难老泉》(诗),载《北京日报》10月14日第3版。

9月作《诗经今译》:《墙有茨》《遵大路》《陟岵》。载《文艺学习》第 9 期、《人民日报》9 月 26 日第 8 版。

9 月 11 日夜作《灯标船颂》(诗)。

9 月作《怀友二首》(诗)。

9 月 13 日作《登雨花台有感》,载《北京日报》10 月 14 日第 3 版、《人民日报》10 月 16 日第 8 版。

9 月 15 日党的第八次全国代表大会召开。

10 月 1 日《武汉纪游三首》(诗),载《长江文艺》第 86 期。

11 月 3 日作《警告》(外一首),载《中国青年》第 22 期。

11 月 10 日作《谈〈和平的最强音〉》,载《文艺学习》第 12 期。

作《以色列》(诗),载《北京日报》11 月 11 日第 3 版。

11 月 18 日《诗经今译》:《载驰》《摽有梅》,载《北京日报》第 3 版。

11 月~12 月作《匈牙利,连心的亲爱的兄弟》(诗)。

12 月 10 日夜作《谈中国古典诗歌传统问题》。

12 月 18 日作《听琶杰同志发言》(诗),载《人民文学》1957 年 4 月号。

12 月 23 日作《昆独仑召即兴》(诗)。

12 月作《冬猎》(诗)。

作《铁牤牛》(诗)。

作《夜巡》(诗)。

作《诗经译解》:《卷耳》《柏舟》,载《星星》第 7 期。

作《标签颂》（文），载《文艺报》第 23 号。署名龚棘木。

著《中国文学史》（讲义）上册，分 4 编。由中国作家协会文学讲习所印刷。

1957 年 48 岁

1 月《谈中国古典诗歌传统问题》，载《长江文艺》1 月号。

4 月 7 日《继承与发扬中国诗歌传统》，载《红岩》第 4 期。

5 月 25 日作《简论中国古典诗歌传统问题》，载《诗刊》5 月号。

6 月 1 日《再论诗歌传统兼答宋谋玚同志》，载《长江文艺》6 月号。

7 月 1 日《怀友二首》，载《星星》第 7 期。

7 月 17 日作《〈写给诗人们底公开信〉读后感——致诗人李白凤》，载《人民文学》8 月号。

作《和初学写诗的同志漫谈关于写诗的问题》。

8 月作《格律论》（上、下），载《热风》9、10 月号，署名公木。

《谈诗歌创作》（评论集），由新文艺出版社出版。收《我爱》（代序）、《邵燕祥的诗》《谈中国古典诗歌传统问题》《继承与发扬中国诗歌的现实主义与浪漫主义传统》等篇。

《诗经语译》，载《长春》9 月号。

12 月 1 日《论中国古典诗歌的语言技巧与表现手法》，载《作品》12 月号。

《十月之歌》（诗），载《长江文艺》第 12 期。

12 月 8 日《这样是否浪费青春?》,载《文艺学习》第 12 期。

12 月《黄花集》(诗),由作家出版社出版。收《鞍山行》《争吵》《风波》《冬猎》《风箱谣》《我爱》《哈喽,胡子!》《共产党引我上青天》等篇。

《崩溃》(诗集)由新文艺出版社出版。收《忘我精神》《请吧,艾克!》《希特勒底十字军》《万纳太太》《崩溃》等篇。

1958 年 49 岁

2 月 25 日《跃进歌》(诗),载《诗刊》2 月号。

3 月《口唱山歌劲头足——采风新录》,载《人民文学》3 月号。

作《赠别》(诗),载《诗刊》4 月号。

3 月 9 日作《诗歌底下乡上山问题》,载《人民文学》5 月号。

4 月作为中国作家协会代表赴匈牙利访问。同行的还有因翻译与介绍匈牙利诗人裴多菲等人的诗作而被邀请受勋的孙用同志。

作《杨琪再没有回家》(诗)。

6 月赴罗马尼亚进行友好访问。

6 月~7 月作《同志老来红》(诗)。

自编诗集《人类万岁》。十年浩劫时被抄。

10 月被错划为"资产阶级右派分子"。年末,下农场"劳动改造"。

1959 年 50 岁

春下放吉林省图书馆,半劳动,半工作。读中国哲学史,涉猎有关老庄著作,为研究老子打下坚实的基础。

1961 年 52 岁

5 月去省直农场毛主席著作学习班"劳教"。

暑期作《先秦寓言简论》,1963 年 1 月由吉林大学油印出版。

11 月摘掉"资产阶级右派分子"帽子。

作《我从昨天来,我到明天去》(诗)

作《夜行吟》(诗)。

12 月到吉林大学报到。

1962 年 53 岁

2 月回北京,携家眷迁至长春。

3 月任吉林大学中文系教授,讲授中国文学史、古典诗论及毛泽东诗词等课。

9 月讲授《语言学概论》。任代理系主任。兼任中国作家协会吉林分会理事。

11 月 15 日作《啄木鸟》(诗)(为吉林大学中文系三年级学生墙报《啄木鸟》题辞)。

12 月 17 日作《咏松》(诗)(为吉林大学中文系三年级学生墙报《新松》题辞)。

1963 年 54 岁

春编写《诗经》讲义。署名张松如,吉林大学教材科印发。

《歌诗与诵诗》写成。

《中国古典诗歌的现实主义与浪漫主义》初稿完成,由吉林大学中文系油印出版。

《古典诗论》由吉林大学油印出版。

作《中国古典诗歌的语言与格律问题》。

作《英雄赞歌》，影片《英雄儿女》歌词。

1964 年 55 岁

2 月 5 日作《金缕曲》(诗)。

8 月《中国诗化》(讲义)由吉林大学油印出版。

《先秦寓言概论》由吉林大学油印出版。

11 月作《述怀》(一)(诗)。

年末下乡参加"四清"工作，前后达 10 个月。

1965 年 56 岁

7 月下乡归来。继续在吉林大学中文系任教。

8 月作《中国文学史教学大纲》，由吉林大学油印出版。撰写
《毛主席诗词》讲义，由吉林大学油印出版。

1966 年 57 岁

被打成"反动学术权威""牛鬼蛇神"。开始写作旧体诗。

1967 年 58 岁

秋作《述怀》(二)(诗)。

1968 年 59 岁

冬作《述怀》(三)(诗)。

1969 年 60 岁

作《念奴娇·更无豪杰怕熊罴》(诗)。

5 月作《述怀》（四）（诗）。

9 月 22 日作《挽歌》（诗）。

作《光辉的历程》（诗）。

10 月被"解放"。

10 月 6 日作《赠 Y 君》（诗）。

10 月 24 日夜～25 日晨作《无题》（诗）。

12 月 14 日作《学农》（诗）。

1970 年 61 岁

4 月 5 日作《清明》（诗）。

1972 年 63 岁

5 月作《扬州慢·颂歌》（词）。

夏作《答友人》（诗）。

12 月 17 日作《驰车夜过兖州》（诗）。

12 月 26 日作《沁园春·丛中笑赞·祝八十寿辰》（词）。

1973 年 64 岁

春随吉林大学教师参观访问团南去广州中山大学，遇友人张海（校党委副书记），于宴席间共叙延安抗大旧事。

1974 年 65 岁

作《商颂论》。

冬作《读〈柳河东集〉》（诗）。

1977 年 68 岁

春作《怀念》（诗），载《束鹿文学》第 3 期。

2月22日作《虞美人》(诗)。

4月作《持枪跃马经殊死,秉笔勤书记战程》。

5月作《书怀》(一)(诗),载《吉林日报》7月5日第3版。

7月作《横扫千军笔阵开,史诗句句兵风霜——喜读〈陈毅诗词选〉》,载《吉林文艺》8月号。

9月作《秧歌队员的歌》(初稿)(诗)。

作《颂党,献给"十一大"》,载《辽宁文艺》第10期。

12月17日作《挽辞联曲》(诗)。

作《李斯秦刻石铭文解说》,载《理论学习》1978年第1期。

冬赴吉林省农安县教师进修学校讲学《关于毛泽东诗词创作的体会》。

1978年69岁

1月作《沁园春·颂歌》(诗),载《新长征》第1期。

2月作《在民歌和古典诗歌基础上发展新诗——学习毛主席〈给陈毅同志谈诗的一封信〉》,载《吉林文艺》3月号。

3月作《祖国颂——献给第五届全国人民代表大会》,载《吉林文艺》3月号。

4月作《李贺诗值得一读》(文),载《辽宁文艺》第4期。

4月23日～26日在吉林省文联三届二次全体委员(扩大)会议上,当选为省文联副主席。

5月修改《秧歌队员的歌》(诗),载《诗刊》7月号。

5月1日《老子校读》(专著),载《社会科学战线》1、2期。

5 月 22 日作《〈秧歌队员的歌〉附记》。

为影片《豹子湾战斗》主题歌作词《清格朗朗的延河水》,载《电影歌曲选》第 3 集。

6 月赴哈尔滨师范学院,在学术讨论会上做专题发言《诗要用形象思维》。载《哈尔滨师院学报》第 3 期。

9 月 1 日作《同志老来红》(诗),载《诗刊》9 月号。

作《答友人》的《追记》,载《北方文学》第 9 期。

11 月《棘之歌》(诗),载《长春》10、11 月号。

为《棘之歌》写《追记》,载《长春》10、11 月号。

应徐州师院中文系之约,撰写《自传》。

1979 年 70 岁

赴北京参加诗歌讨论会。

1 月《读〈天安门诗抄〉》(诗),载《长春》1 月号。

作《我爱〈天安门诗抄〉》,载《新吉林》第 1 期。

《东风歌——为纪念周总理诞辰八十周年而作》,载《理论学习》第 1 期。

2 月 10 日《无题》(诗),载《诗刊》2 月号。

作《书怀》(二)、(三)、(四),载《长春》4 月号。

5 月作《青年们准备接班》(诗),载《吉林青年》5 月号。

6 月 20 日《回忆与偶感》(散文),载《文艺报》第 6 期。

6 月 30 日～7 月 1 日在长春主持召开了中国作家协会吉林分会三届四次理事会议。

《道的写状——〈老子校读〉摘抄》，载《吉林大学学报》第4期。

7月作《发人深思的诗》(论文)，载《诗刊》7月号。

9月《坚持毛泽东思想》(诗)，载《长春日报》第3版。

10月赴北京参加中国文学艺术工作者第四次全国代表大会。当选为全国文联委员、中国作家协会理事。

10月《诗要用形象思维——学诗杂记》，由河北人民出版社出版。

10月、11月《访匈诗草》，载《长春》10月、11月号。

12月作《坚持双百方针，自己解放自己》。

1980年 71岁

1月《坚持双百方针，自己解放自己》，载《长春》1月号。

1月5日作《论老子》，载《吉林大学学报》第1期。

1月10日主持吉林省文学艺术工作者第四次代表大会，致开幕词。

作《在民歌和古典诗歌的基础上发展新诗》，载《社会科学战线》第2期。

《"氓"的译释》，载《春风》第1期。

2月《赠桂友兼悼张海》(诗)，载《新苑》第2期。

4月1日随中国代表团访问日本，任秘书长。

10日《徘句》(诗)，载《诗刊》4月号。

4月《关于新诗发展问题的一封信》，载《诗刊》4月号。

《清明》（诗），载《安徽文学》第 4 期。

作《咏富士山》（诗）。

作《虹》（诗）。

5 月《狼虱赞》（诗），载《安徽文学》第 5 期。

5 月 10 日《申请》（诗），载《北京文艺》第 5 期。

5 月～6 月《啄木鸟》（诗）、《咏松》，载《江城》5、6 月号。

6 月《歌诗与诵诗》（论文），载《文学评论》第 6 期。

《枫亭望月》（诗），载《人民文学》6 月号。

7 月 10 日～17 日出席吉林省《社会科学战线》编辑部和吉林省文学学会召开的"中国古典文学研究座谈会"，在会上作《应该探讨文学发展规律》的专题发言。

8 月全国毛泽东文艺思想研究会成立，被选为会长。

《游新宿御苑杂咏》（诗），载《长春》8 月号。

《游桂离宫》（诗），载《诗刊》8 月号。

全国古典文论年会在武汉召开，被选为研究会理事，向大会提交论文《中国古典诗歌的现实主义与浪漫主义》（全文共 6 段，年会会刊选登了其中 3 段）。

9 月《读〈知非集〉》《挽吉川幸次郎先生》《赠森田茂、小岛悦吉》《咏富士山》。

10 月《读〈沈阳诗歌作者作品小辑〉》，载《芒种》第 10 期。

《虹》（诗），载《上海文学》10 月号。

《赤子之心——读曲有源的政治抒情诗》（论文，与朱晶合作),载《文艺报》第 10 期。

12 月《应该探讨文学发展规律》(发言摘要),载《社会科学战线》第 4 期。

1981 年 72 岁

1 月～4 月《话说第三自然界》(论文)(初稿),载《诗探索》第 4 期。《光明日报·百家争鸣》第 147 期予以介绍:公木的《第三自然界概说》。

《中国古典诗歌的语言与格律问题》,载《吉林大学学报》第 1 期。

4 月 25 日《史诗与剧诗——兼论所谓市民诗歌》,载《社会科学战线》第 2 期。

5 月因长期勤奋工作与著述,患心肌梗塞住院治疗。

《老子校读》(专著),署名张松如,吉林人民出版社出版。

《自传》,载《中国作家传略》(上册),四川人民出版社出版。

7 月《庄子哲学初探》,载《中国哲学史研究》第 3 期。

7 月 7 日《论萧三的诗》载《文艺报》第 13 期。

《公木诗选》由吉林人民出版社出版,收诗人 1933 年到 1980 年 4 月所创作的新旧体诗 115 首和一篇《后记》。

8 月 26 日赴大连辽宁省干部疗养院疗养。

9 月《灯标船颂》,收入《中国现代抒情短诗一百首》,上海文艺出版社出版。

9 月～12 月《话说第三自然界》(修订稿)完成。

10 月《真实万岁》(诗),载《星星》10 月号。

作《夜读二首》(诗)。

《中国古典诗歌的现实主义与浪漫主义》(论文)定稿。

《别清水正夫》(诗),载《上海文学》12 月号。

1982 年 73 岁

1 月作《〈心声集〉序》,载《光明日报》。

4 月《啊:舰长! 我的舰长哟!》译稿完成,载《春风》第 3 期。

6 月出疗养院。赴京参加全国文联委员会及中国作协理事会议。

《诗碑歌》(诗)、《别清水正夫》,载《当代诗词》第 2 集。

6 月 10 日《读史断想三题》(诗),载《诗刊》6 月号。

《"大众化"与"化大众"》(论文),载《文学报》。

8 月中旬赴丹东讲学:《谈诗歌创作》。

9 月 1 日《话说第三自然界》,载《吉林大学学报》第 53 期。接见记者朱晶,介绍了写诗历程和体会,阐述了关于新诗创作、发展以及诗人的素养等见解(访问记发表于《诗刊》1983 年 1 月号)。

9 月~11 月作《读诗随想》(文)(一、二、三),载《春风》函授青年文学讲习所教材第 3、4、5 期。

12 月《啊,伯萧,伯萧哟》(诗),载《诗刊》12 月号。

为第一届(1979~1982 年)全国优秀新诗评奖委员会委员。

作《评舒婷〈双桅船〉》。

12 月 26 日为《歌诗之路》作序。

应延安文艺丛书编委会之约,编选在延安时期的诗作。

1983 年 74 岁

在吉林大学中文系主持编写《中国诗史》。

1 月《再谈谈民歌——读诗随想》,载《星星》1 月号。

1 月~3 月作《读诗随想》(四、五、六、七),载《春风》函授青年文学讲习所教材第 7、8、9 期。署名公木。

2 月《诗论小札四则》,载《芒种》第 2 期,署名公木。

13 日作《七十三岁自寿》(诗)。

3 月《真实万岁》(诗),收入《81 年诗选》,人民文学出版社出版。

3 月~4 月修改《七十三岁自寿》,载《文学报》《作家》8 月号。

4 月 1 日《病中欣闻六中全会"决议"》(诗),载《长春》4 月号。

5 月 20 日赴成都参加全国毛泽东文艺思想研究会 1983 年年会。

26 日在会上致开幕词,题为《朝着我们选定的目标,前进!再前进》。

5 月作《蜀行杂吟》(诗)。

30 日作《重逢九首》(诗)。

6 月《纪念〈讲话〉学习〈讲话〉坚持真理》,载《毛泽东文艺思想研究》第 2 期。

《川行杂吟》(诗),载《龙门阵》第 6 辑。

6月20日作《游汉阳归元寺》(诗)。

《赠萧军同志》(诗),载《锦花》第6期。

7月作《致词》(文),载《春风》第2期、函授青年文学讲习所教材第1期,署名公木。

8月改诗题《怀念》为《周年祭歌》。

《入冬木瓜海棠重华四首》《又二首》《寿冬芳同志》,载《海燕》8月号。

整理《坠柬拾零十首》。

8月初编《学诗札记》(后改为《诗论》)。

9日夜作《哭智建中》(诗),载《新苑》第4期。

《遵循党的十二大精神,积极开展萧军创作研究——萧军创作学术讨论会开幕词》,载《萧军创作研究论文集》(吉林大学社会科学丛刊,1983年第2辑)。

应辽宁人民出版社之约,书挽联《沉痛悼念律成同志》,载《作曲家郑律成》,辽宁人民出版社出版。

8月30日作《朝着我们选定的目标,前进! 再前进》,载《毛泽东文艺思想研究通讯》第6期。

9月作《八路军大合唱是怎样产生的》,载《作曲家郑律成》,辽宁人民出版社出版。

《古典诗歌中的民主精华与封建糟粕——关于作为主流的人民诗歌》,载《文学论丛》第1辑(吉林省文学学会编)。

《历代寓言选》(上册),与朱靖华共同编选,中国青年出版社出版。

9月10日《文艺不能脱离政治》,载《长春日报》。

为东北师范大学中文系1979级同学录题词:"真理像道路一样,弯曲而没有尽头。莫矜夸已经占有,只贵在永生追求。"

9月21日下午"中秋诗会"暨"诗社"于长春市群众艺术馆成立,任社长。

12月13日《坚持和发展毛泽东文艺思想》,载《长春日报》。

17日《拟中国现代派》(诗),载《长春日报》。

12月《评舒婷〈双桅船〉》,载《书林》第6期,署名公木。

8日作《中国古典诗歌鸟瞰》(初稿)。

1984年75岁

1月《通化》(诗),载《长白山》1月号。

2月《虹》(诗),载《日本文学》第2期。

3月《护士之歌》(歌词),收入《〈大刀进行曲〉及其他》一书,人民音乐出版社出版。

《自传》,载《松辽学刊》第3期。

《读〈双桅船〉随想》,载《克山师专学报》第3期。

为张黎《歌诗之路》作序,文化艺术出版社出版。

6月中旬《公木旧体诗抄》,收1944年春～1983年期间古旧体诗107首,四川人民出版社出版。

8月赴兰州,参加中国现代文学学会年会。

22日《〈孙用小传〉补正》,载《新文学史料》。

9月《朝着我们选定的目标,前进！再前进》(开幕词),载《毛泽东文艺思想研究》第3辑。

10月长白山诗社成立,任社长兼《长白山诗词》主编。

作《答〈星星〉诗刊问》(诗),载《星星》第12期。

《眼睛》(诗),载《诗刊》第11期。

《商颂论》(讲义),署名张松如,吉林大学教材科印发。

12月《先秦寓言概论》(专著),由齐鲁书社出版。

1985年 76岁

1月《望秋月》《诗词六首》,载《长白山诗词》第1期。

作《致丁耶》(书信),署名公木,载《作家》第1期。

《寄语学员》署名公木,载《作家之路》第1期。

3月《中国古代没有民族史诗吗》(论文),载《文史知识》第4期。

作《中国新诗歌的发展道路——现代化、民族化、多样化》(续完),载《吉林大学学报》第4期。

20日《关于八行体诗的通信》,载《人民文学》第3期。

《夜行吟》(诗),载《诗林》第4期。

《历代寓言选》(下册),与朱靖华共同选编,中国青年出版社出版。

去武汉参加黄鹤楼笔会。

5月《诗论》,由四川文艺出版社出版。

为《唐诗三百首译析》作序,载《文艺时报》第8期第3版。

改写沙鸥的诗作《与公木重逢》，载《文艺时报》第 8 期第 3 版。

8 月《中国诗歌史论》（专著），由吉林大学出版社出版。

《致一位不相识的青年诗人》，载《沱江文艺》8 月号。

《神女峰》（诗），载《诗刊》8 月号。

《痛苦的燃烧——读蔡其矫〈山的呼唤〉》（诗），载《星星》第 9 期。

9 月《黄淮诗集〈命运与爱〉序》，载《诗人》第 9 期。

10 月 5 日《在我的一字师启示下》（随笔）和《神女峰》（修改稿），载《吉林日报》第 3 版。

10 月 13 日～15 日吉林大学中文系、科研处为庆祝公木诞辰 75 周年、从事创作和学术活动 55 周年，于吉林大学召开"公木创作学术讨论会"。

13 日在会上作《我的道路》报告。老同志、老战友和学生到会致敬、祝贺。老诗人艾青、臧克家、老作家萧军、陈明等发来贺电与贺信。中国作协主席团委员、著名老诗人朱子奇在会上作了热情洋溢的发言。作家鄂华宣读了中国作协书记处的贺信。会后放映了电视录像片：《革命诗人公木》。

14 日与会同志就公木的创作宣读了论文。公木在会上作了讲话：《当前诗歌创作》。

11 月 5 日出席《人民文学》创作函授中心召开的首届优秀学员代表大会，发表了讲话。

12 月《读鲁黎〈鹅毛集〉》,载《人民文学》第 12 期。

1986 年 77 岁

继续主持《中国诗史》的编写工作。

作《真正的争鸣在于追求》(论文),载《文艺争鸣》第 1 期。

作《挑选——莱辛店启示录》(诗),载《文艺时报》第 2 期。

4 月为《精神文明辞书》作《序言》,展望出版社出版。《冰雕女》(诗),载《吉林日报》,《诗林》。

为东北师范大学校歌作词,载《东北师范大学庆祝建校 40 周年纪念刊》(吕远曲)。

5 月去西安师范大学讲学之后,到北京参加国家社会科学会议,又参加中国作家协会理事会议。

7 月作《心态与历史——读曲有源的诗集〈爱的变奏〉》(论文,与朱晶合作),载《文艺报》7 月 26 日版。

8 月作《致乔迈——〈爱之外〉序》(文),载《作家》第 8 期。

10 月作《赠诗翁——献给臧克家学术研究会》(诗),载《长白山诗词》第 8 期及《山东大学学报增刊》。

《祝〈日本学者中国文学研究译丛〉出版序》(文),载《吉林教育》。

作《回顾与前瞻——为〈作家〉创刊 30 周年而作》(文),载《作家》第 10 期。

《屈原与楚辞》(论文),收《耕耘集》,吉林大学出版社出版。

《读诗随感》(论文),载《命运与爱》(诗集),时代文艺出版社出版。

1987 年 78 岁

1月去北京体检,排除病变。

1月 20 日于北京参加 1983～1984 年度新诗、诗集的评奖工作。吉林省诗词学会成立,当选为会长。

作《读〈迷人的色块〉序》(文)。

《读张讴〈第二种大陆〉》(文),载《当代文坛》第 5 期。

4月《老子说解》(专著),齐鲁书社出版。

4月《老庄论集》(与赵明、张军、陈鼓应合著),齐鲁书社出版。

6月去桂林参加旅游文学笔会。

7月 20 日于长春松苑宾馆,参加吉林省作家进修学院首届学员毕业典礼。

作《中国共产党是全民族抗日战争的中流砥柱》(论文),载《社联通讯》。

《老子说解》引言,署名张松如,载《博览群书》第 7 期。

《唐宋诗词趣话三百篇》序言,署名张松如。吉林人民出版社出版。

《晴川阁之夜》(诗),载《诗刊》第 7 期。

8月《匈牙利,连心的亲爱的兄弟》(诗),载《诗人》第 7、8 期。

为九台诗社作词。

《桂林吟》(诗),载《桂林日报》8 月 19 日。

9 月作《世纪谣》。

为《泪洒寒夜》作序,吉林文史出版社出版。

《不应将中国古代诗歌放诸"死海"》(论文),载《文艺争鸣》第5 期。

《葛洲坝放歌——献给党的十三大》(诗),载《协商报》。

1988 年 79 岁

1 月《说与"北海若"诸神君……》(文),载《诗刊》第 1 期。

2 月《人类万岁》(诗),《星星》第 2 期。

3 月《在塞尔苏村——悼诗人尤若夫·阿蒂拉》(诗),《作家》第 3 期。

《申请以及申请的申请之序与跋》(诗),《作家》第 4 期。

5 月《诗道三味——读张讴〈流动的旋律〉》(文),《文艺争鸣》第 5 期。

5 月去南昌参加毛泽东文艺思想研究年会,去井冈山革命老区参观学习。路经吉安,到吉安师范学院讲学。

5～6 月《谈军旅诗的现实主义和思想性问题》(文),载《解放军报》。

7 月《悼萧军》(诗),载《东北文学研究史料》第 7 辑。

7 月 25 日中央军委主席邓小平签署命令,决定将《中国人民解放军进行曲》正式确定为《中国人民解放军军歌》。

8 月为《耦耕集》作序,载《东北文学》第 8 期。

《中国诗歌史》(先秦两汉),张松如主编,吉林大学出版社出版。

1989 年 80 岁

1 月《说〈诗经・卫风・氓〉》（文），载《名作欣赏》第 1 期。

《彷徨》（诗），载《文坛风景线》第 1 期。

5 月去大连参加毛泽东文艺思想研究会年会。

《蔡之歌》《汽球》《阿 Q 之歌》（诗），载《作家》第 5 期。

为《钢都颂》写序。

《读〈风从四方来〉》（文），载《文艺争鸣》第 3 期。

6 月《胜人者有力，自胜者强——告别挚友杨公骥同志》，载《长春日报》6 月 29 日第 3 版。

7 月为《中国文学的对句艺术》作序。

8 月《歌声琅琅激延水——纪念八・一怀念军歌曲作者郑律成》（文），载《长春晚报》。

8 月 1 日为《美神》一书作序。

《读李维君〈学吟集〉随想》。

11 月《波峰浪谷尽风流——七十年新诗的诞生和发展》（文），载《文艺争鸣》第 6 期。

12 月《假如——七十九岁述怀》（诗），载《江海诗刊》第 12 期。

为《当代中国寓言大系》作序。

《中国诗歌史》（魏晋南北朝）张松如主编，吉林大学出版社。

1990 年 81 岁

1 月《公木副主席在省文联工作会议上的讲话》,载《吉林文苑》第 1 期。

1 月《坠枣拾零》(诗),载《诗林》第 1 期。

2 月为《爱的注视》作序。

3 月《逶迤的笔调,透明的诗章——〈美神〉读后》(文),载《新长征》第 3 期。

3 月《治学亦即为人之道》(序言),载《公木序跋集》,长春出版社出版。

4 月《关于诗的对话》,署名公木,高新昌,载《河北文学》第 4 期。

4 月《知其雄守其雌辩》(文),载《社会科学战线》第 4 期。

《学习〈邓小平文艺〉》(文),载《作家》第 4 期。

5 月《回忆与断想——延安文艺座谈会 48 周年纪念》,载《吉林文艺》第 2 期,《诗刊》第 5 期。

《读〈灵犀集〉随想》序言。

《真诚而且真实的人》,为《吴伯箫纪念专集》作序。

《感觉是重要的,但不能跟着感觉走——与青年诗人王松林同志谈诗》,载《文艺争鸣》第 3 期。

《颁定"军歌"随想》,载《文坛风景线》第 2 期。

《我爱——公木自选诗集》后记,载《诗人》第 5 期。

5 月去延安参加全国毛泽东文艺思想研究会成立十周年纪念会。写《坚持、运用、发展毛泽东文艺思想》,载《毛泽东文艺思想研究实践、思考与追求》,湖南文艺出版社出版。

5月《我爱——自选诗》(诗集),署名:公木,时代文艺出版社出版。

6月吉林省作协、省文联、吉林大学联合为公木召开《庆创作六十年祝八十寿辰》庆祝大会。

6月16日为《唐代美学思潮》作序,载《思潮》6月16日。

7月《读〈我的苦恋〉随想》(文),载《春风》第7期。

11月《且听文化巨人诉说》(文),载《吉林日报》11月27日。

12月为《穆木天研究论文集》写序,时代文艺出版社出版。

《寄刘锡麟》(诗)。

12月《我的几点感想和意见——在省作协四届五次理事会上的讲话》,载《文坛风景线》第7期。

1991年82岁

3月《世界,警惕啊!》(诗),载《中流》第3期。

3月《实践唯物主义——完善并发展辩证唯物主义与历史唯物主义》(论文),载《人文杂志》第3期。

3月《文化视野中的艺术〈艺术文化学〉序》(文),载《文艺评论》第4期。

4月《〈心灵的探索与探索的心灵〉序》,载《城市晚报》4月5日。

6月去杭州参加全国毛泽东文艺思想研究会年会,大会发言《毛泽东美学思想发微》(文),载《毛泽东文艺思想研究》第7期,湖南文艺出版社出版。

《读江天〈土地的呐喊〉》（文），载《诗人》第3～4期合刊。

6月《书怀——献给党的七十年生日》（诗）。

《我的童年》（散文），载《作家》第6期。

《军直政治部文艺室——延安生活540天》（回忆录），载《延安诗人》6月30日。

《燃烧的云》（诗），载《作家》第7期。

《摆正诗与政治的关系——读〈共产党员自白诗〉随想》，载《诗刊》第8期。

8月8日《一部弘扬中国思想文化的传世之作——评〈中华思想宝库〉》（文），载《光明日报》。

《与张同吾的通信》，载《诗人》第7～8期合刊。

为张钧编注《顾太清诗词叙录》作序。

《现实主义诗美的辉煌胜利——艾青诗歌艺术论》（论文），载《文艺报》。

《长白雄魂放歌》（诗），载《诗刊》第10期。

8月17日《鲁迅总司令麾下的列兵》（诗），载《厦门日报》8月17日。

10月15日《心灵化和生活化》（散文），载《远东诗歌》10月15日。

11月《诺贝尔和平奖》（诗），载《诗人》第11～12期合刊。

1992年 83岁

《继承・借鉴・创新——读〈毛泽东评点圈阅的中国古典诗词〉》（论文），载《长白论丛》创刊号。

《新诗和旧诗都要创新》（论文），载《江海诗词》第 1 期。

3 月 21 日《警句就是诗魂——〈全唐诗佳句类典〉序》，载《吉林日报》周末版。

3 月 25 日《颂理性、祝诗缘》（祝词），载《诗缘》。

《〈楚辞"九歌"整体系解及考证〉序》（序文），署名张松如。

5 月《〈在延安文艺座谈会上的讲话〉百读感言》（论文），载《人民文学》第 5 期。

《〈讲话〉照耀我们前进》（论文），载《吉林文苑》第 3 期。

5 月去大庆参加全国毛泽东文艺思想研究会年会，著《为建设而纪念，以建设作纪念》（论文），署名张松如，载《毛泽东文艺思想研究》湖南文艺出版社出版。

5 月 28 日《毛泽东熟读古诗词》（论文），载《人民日报》海外版。

《纪念・建设——为〈讲话〉50 周年而作》（论文），载《作家》第 5 期。

《讽刺诗谈片——读〈带刺的幽默〉随想》（论文），载《诗刊》第 6 期。

《说〈禅宗与中国古代诗歌艺术〉》（序文），载《学术研究丛刊》第 4 期。

《我和丁耶》（散文），载《文坛风景线》第 2 期，《作家》第 7 期重刊。

《辟唯心主义先验论与神秘主义直观论——〈老子〉47、48 章解析》(论文),署名张松如,载《吉林大学学报》第 4 期。

《〈老子校诂〉商兑——关于第一章章句章旨》(论文),署名张松如,载《社会科学战线》第 4 期。

《读〈毛泽东文艺思想体系论稿〉随想》(序文),载《论稿》一书,武汉出版社出版。

《悼苏联》(诗),载《文坛风景线》第 4 期。

8 月 20 日《心韵悠长、撩人意绪——为杨迪散文诗集〈心韵〉序》(序文),载《长春日报》第 4 版。

《十月之歌》(诗),载《中流》第 11 期。

11 月 18 日《我与中国古典诗词》(论文),载《古典文学知识》。

《中国诗歌的文化史路——〈中国诗歌史论〉总序》,载《中国诗歌史论丛书》,吉林教育出版社出版。

1993 年 84 岁

1 月《吉林省作协第六次会员代表大会开幕词》,载《文坛风景线》第 1 期。

2 月 18 日《读〈申身诗选〉》(文),载《河北作家》。

3 月《世纪印象——文学与政治》(论文),载《文艺争鸣》第 2 期。

《文坛边上浮想》(诗),载《文艺争鸣》第 5 期。

《延安时期毛泽东文艺思想》序言,载《公木序跋选集》,长春出版社出版。

《民族解放战争的大众诗歌——〈中国新文艺大系·诗歌卷〉序言》,载《作诗·治学·为人》,长春出版社出版。

《海外华人作家名作丛书》序言,载《作诗·治学·为人》,长春出版社出版。

《毛泽东思想永放光芒——读〈文学的阵痛〉联想》,载《作诗·治学·为人》,长春出版社出版。

《读丁元〈音乐喷泉〉联想》,载《作诗·治学·为人》,长春出版社出版。

6月5日《小小诗集,其重千钧——公木致晏明》(文),载《文艺报》。

6月8日《为何出这第一本书》,载《长春晚报》3版。

《新颖·丰富·广博——〈先秦大文学史〉读后印象》(文),署名张松如,载《中国图书评论》第5期。

《中国古典诗词与东方文化》(论文),署名张松如,载《长白论丛》第5期。

《论史诗与剧诗》(论文),载《诗经学会论文集》。

6月《第三自然界概说》(专著),署名公木,吉林教育出版社出版。

10月去无锡参加全国毛泽东文艺思想研究会年会,讲话《坚持运用发展毛泽东文艺思想,建设有中国特色社会主义文艺》(论文），载《毛泽东文艺思想研究》（9），吉林大学出版社1994年出版。

《关于晏明〈东城错那梦幻〉的通信——公木致晏明》，载《银河系》1993年11期。

11月18日《虎虎有生气——序中申〈火焰与微笑〉》（序文），载《长春日报》。

11月27日《毛泽东文艺思想和有中国特色的社会主义文艺》（论文），载《文艺报》。

《建设有中国特色社会主义文艺——纪念毛泽东诞辰百周年》（论文），载《吉林教育学院学报》第3～4期合刊。

《毛泽东与现代中国文艺之路——纪念毛泽东诞辰百周年》（论文），载《文艺争鸣》第6期。

1994年 85岁

1月《青春诗歌》（诗），载《青春诗歌》创刊号。

《简论有无及无有——〈老子〉十一章章句章旨》（论文），署名张松如，载《河北师院学报》第1期。

2月《善美唯真、志情为理——为〈"山海经"与世界文化之谜〉序》（序文），署名张松如，载《〈山海经〉与世界文化之谜》。

3月20日《祝愿东北文化繁荣昌盛》（论文），署名张松如，载《长白丛书》。

4月《说"得一"——〈老子〉三十九章悬解》（论文），署名张松如，载《中州学报》第4期。

为《清代第一才子纪晓岚全传》序,载《吉林经济报》和《文坛风景线》冬季号。

《大有可为,迎接"新世纪"》(论文),载《理论与创作》第 5 期。

《恍惚·恍惚八十四岁志感》(诗)。

6 月《贺方敬 80 诞辰》(诗),载《四川作家报》83 期。

《虫的生命哲学》(诗),载《诗刊》第 7 期。

7 月《创造有中国特色的社会主义诗歌》(论文),载《中流》第 7 期。

《中国诗歌美学史》序言,载《作诗·治学·为人》,长春出版社出版。

《浪淘沙》(诗),载《浪淘沙》创刊号。

9 月《毛泽东诗词鉴赏》(专著),署名:公木,长春出版社出版。

10 月去重庆出席全国毛泽东文艺思想研究会年会,讲话《社会主义市场经济与有中国特色的社会主义文学》,载《毛泽东文艺思想研究》第 10 期,西南师大出版社出版。

《中国诗歌美学史》张松如主编,吉林大学出版社。

12 月《现实主义诗美的长虹——贺臧克家同志九十寿辰》(诗),载《诗刊》第 12 期。

《说老年心志,把握好老年精神状态》(小品文),载《长春晚报》。

12 月 13 日为《曾阅撰诗人蔡其矫年表》作序,载《诗探索》第

12 期。

12 月《如画江山如梦诗》(论文),载《香港文学》116 期。

《生活不是河,是路》(论文),给吉林大学学生作的报告。

1995 年 86 岁

1 月《慧木狂吻放歌》(诗),载《山西文学》第 2 期。

3 月《生活·祝〈绿风〉百期》(诗),载《绿风》第 3 期。

《语言·格律·遵守·突破·创新》(论文),载《中华诗词》第 3 期。

《迎接港澳回归感赋》(诗),为山东潍坊市迎香港回归展而作。

4 月《给孔孚〈外一首〉——读诗论集〈远龙之扪〉》(诗),载《诗刊》第 4 期。

《〈老子说解〉自述》(论文),署名张松如,载《长白论丛》第 3 期。

为《辽金诗史》作序,载《北方论丛》第 3 期。

《祝词》,载《中韩书画展》。

《大红枣》(诗),载《吉林税务》第 4 期。

5 月去鹿邑参加"老子"国际研讨会。带论文《周族史诗译释——早周史说初探》,署名张松如。

5 月《忆丁玲》(诗),载《新文化报》5 月 23 日。

《伟大卫国战争胜利 50 周年庆典》(诗),载《华诗报》第 5 期。

6 月《商颂研究》(专著),南开大学出版社出版。

10月《作诗·治学·为人——公木序跋选》,长春出版社出版。

12月《中国诗歌史论》(十卷本丛书),张松如主编,吉林教育出版社出版。

《在金景芳老师启导下读〈老子〉扎记片断》(论文),署名张松如,载《金景芳九五诞辰纪念文集》,吉林文史出版社出版。

1996年87岁

7～8月因病住院治疗。

《毛泽东诗词十首赏析》未发表。

《汇英雄气与儿女情于一腔——毛泽东〈贺新郎〉词赏析》(论文),载《吉林日报》东北风版,1996年6月7日。

《有中国特色社会主义诗歌理论——我的诗路历程》(论文),署名张松如,载《我的学术思想》,吉林大学出版社出版。

为《诗词曲律说解》作序:《遵守·改革·创新》,北方妇女儿童出版社出版。

《好学易学》序,《长春日报》6月26日7版。

10月《中国新文艺大系——1934—1949》(诗集),张松如主编,中国文联出版公司。

12月《道家哲学智慧》,(与邵汉明合著),吉林人民出版社出版。

1997年88岁

1月为于雷同志《苦歌集》写序。

1 月书面回答有关《毛泽东诗词鉴赏》问题。

2 月《怀念邓小平》（悼文），载《人民日报》海外版。

2 月 22 日《我是怎样学习作文的》，载《初中数语外辅导》第 6 期。

《回忆与近感》，载《军营文化天地》第 8 期。

《大智光波璀璨——世界犹太文化名人传》序，载《长春日报》1 月 10 日。

3 月《迎着历史主线前进》（论文），载《中流》第 5 期。

8 月去黑龙江哈师大参加"20 世纪中国古典文学研究回顾与前瞻国际研讨会"，提交论文《中国古典文学研究之研究·史之史》（论文）。

《彩绘新童谣》评价。

《宋代美学思潮》序言，长春出版社出版。

《永不凋谢的红星》《诗歌之路》《读龙彼德的〈瀑布鸟〉》等（论文），载《青春诗歌》第 3 期。

《一个人和一首歌》（论文），载《沈阳日报》6 月 18 日。

《香港回归颂》（诗），载《吉林日报》6 月 16 日。

《自适》《病休》《偶感》（诗），载《银河系》25、26 合刊。

《读雁翼·说雁翼》（诗），寄雁翼作品研讨会。

1998 年 89 岁

《光照人间》为纪念周恩来诞辰百周年诗歌散文大奖赛获奖作品选作序。作品选《光照人间》，太白文艺出版社出版。

3 月《周族史诗研究》(与郭杰合著),长春出版社出版。

4 月《老子说解》(修订版),齐鲁书社出版。

《卧游吟》(诗),载《河北日报》4 月 6 日。

《十月万岁》(诗),载《中流》第 4 期。

10 月 30 日逝世。

11 月 19 日“当代诗词的变革之路”(评论文),载《光明日报》。

1999 年

“萧三评传”(上),载《新文学史料》第一期。

“萧三评传”(下),载《新文学史料》第二期。

1 月《诗经》,(与赵雨合著),春风文艺出版社。

1 月《毛泽东诗词鉴赏》(珍藏版),长春出版社。

1 月《人类万岁》(诗集),署名:公木,解放军文艺出版社出版。

1 月《鹏城颂》——致张朔》(诗),载《深圳特区报》1 月 3 日。

9 月《毛泽东诗词·注释赏析》(与赵雨合著),珠海出版社。

2000 年

11 月《古诗今读》(与赵雨合作),长春出版社。

2001 年

8 月《公木文集》(1—6 卷),吉林大学出版社出版。

刘旸为山东大学(威海)图书馆副研究馆员

修订版后记

公木(张松如)教授是我国现当代著名诗人、中国人民解放军军歌词作者、诗歌理论家、著名学者、教育家，也是我们敬仰的授业之师。1984年我们酝酿写作《公木评传》，1988年完成初稿。在写作过程中，我们多次访问先生，公木先生在百忙中热情接待并耐心地回答我们提出的所有问题。初稿写成后，先生仔细地核对了史实。吉林大学中文系刘柏青教授在本书的写作过程中给予许多指导和帮助，并审阅了初稿。我国著名诗人臧克家先生欣然命笔为本书题写书名。中国作家协会主席团成员、中国笔会副会长朱子奇先生的《公木，我尊敬的诗兄》作为初版《公木评传》代序。1990年4月在长春出版社的大力支持下，《公木评传》得以出版。当时正值先生80寿辰、创作学术活动60周年之际，因此，本书在当时出版意义非凡。

如今，公木先生离开我们已近12年了。他崇高的人格魅力，高尚的道德风范，在诗歌、诗学理论以及学术研究方面所建树的不朽业绩将长留史册，永远激励人们奋发进取。由于初版《公木评传》出版较早(90年代初)，而90年代中、后期，公木先生一直笔耕不辍,并且出版了著名的学术专著《第三自然界概说》《毛泽东诗词鉴赏》《老子说解》(修订版)等。还出版了诗集《我爱——公木自选诗》《人类万岁》等重要诗作。应师友们的殷切期望和迫切要求,我们对《公木评传》做了修订。

1. 增加了"卓有建树的学术研究"专章。

2. 对原书中的某些章节进行修订和充实。

3. 增加了"军歌送君行"一章。

4. 删去了原书的附录部分。

修订版的附录部分是:

附录(一)公木自传

附录(二)张松如年表及著述系年。

本书在修订过程中,著名诗人、诗评家、山东大学文学院吴开晋教授在百忙中为之作序;修订中参考、吸收了师友的一些研究成果;吴翔师母提供了公木先生的重要照片和一些资料;长春出版社对本书的修订再版给予大力支持,在此一并深致谢忱!

在公木先生诞辰一百周年之际,修订再版本书是对公木先生最好的缅怀和纪念。

作者

2010 年 4 月于北京

《公木评传》修订版再版后记

公木(张松如)先生是我国现代著名诗人,中国人民解放军军歌歌词作者,诗歌理论家,著名学者,教育家。

公木先生离开我们已25年了。每当中国人民解放军军歌奏响时,我们都激动无比,热泪盈眶,仿佛又见到了公木先生,聆听教诲,如沐春风,催人奋进。公木先生深厚的学养,崇高的人格魅力,高尚的道德风范,诲人不倦的精神,永远是我们学习的榜样。他在诗歌、诗歌理论以及学术研究方面均有重要建树,留下了宝贵的精神财富。我们有幸写作《公木评传》,亲聆公木先生的教诲,了解他丰富的革命经历、崇高的理想、博大的胸怀,实属弥足珍贵的事情。《公木评传》是经先生生前审阅、唯一能够全面了解公木先生的一部书。修订再版的《公木评传》,如能让更多的人认识公木、了解公木、学习公木,弘扬公木精神,这是我们最大的心愿。

上海三联书店鼎力支持《公木评传》修订再版,黄韬先生为之付出了很大努力,我们致以诚挚的谢意!

张宇宏　樊希安

2023年7月28日

图书在版编目(CIP)数据

公木评传/张宇宏,樊希安著.—修订版.—上海:上海三联书店,2024.11

ISBN 978-7-5426-8285-7

Ⅰ.①公⋯ Ⅱ.①张⋯②樊⋯ Ⅲ.①公木(1910—1998)—评传 Ⅳ.①K825.6

中国国家版本馆 CIP 数据核字(2023)第 201995 号

公木评传(修订版)

著 者/张宇宏 樊希安

责任编辑/黄 韬 樊 钰
装帧设计/徐 徐
监 制/姚 军
责任校对/王凌霄

出版发行/上海三联书店
(200041)中国上海市静安区威海路 755 号 30 楼
邮 箱/sdxsanlian@sina.com
联系电话/编辑部:021-22895517
发行部:021-22895559
印 刷/上海展强印刷有限公司

版 次/2024 年 11 月第 1 版
印 次/2024 年 11 月第 1 次印刷
开 本/890 mm×1240 mm 1/32
字 数/290 千字
印 张/14.75
书 号/ISBN 978-7-5426-8285-7/K·747
定 价/68.00 元

敬启读者,如发现本书有印装质量问题,请与印刷厂联系 021-66366565